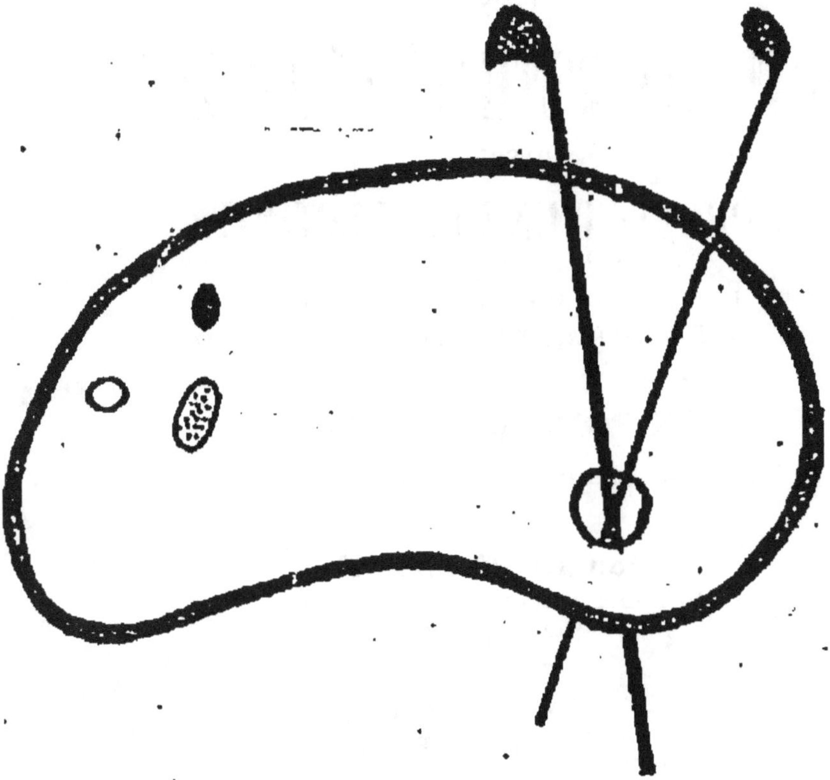

DEBUT D'UNE SERIE DE DOCUMENTS
EN COULEUR

DES
CONTRATS D'UTILITÉ GÉNÉRALE

PASSÉS
AU PROFIT D'UNE COLLECTIVITÉ

LES CONTRATS SYNDICAUX ET MUNICIPAUX
LEUR SYSTÈME JURIDIQUE

THÈSE POUR LE DOCTORAT

Présentée et soutenue le Jeudi 13 avril 1905, à 2 h. 1/2

PAR

Édouard BOURDON

ÉLÈVE DIPLOMÉ DE L'ÉCOLE DES SCIENCES POLITIQUES
AVOCAT A LA COUR D'APPEL

Président :   M. SALEILLES, *professeur.*
Suffragants : { MM. PIEDELIÈVRE, *professeur.*
            TISSIER, *agrégé.*

PARIS

LIBRAIRIE NOUVELLE DE DROIT ET DE JURISPRUDENCE

ARTHUR ROUSSEAU, ÉDITEUR

14, RUE SOUFFLOT ET RUE TOULLIER, 13

1905

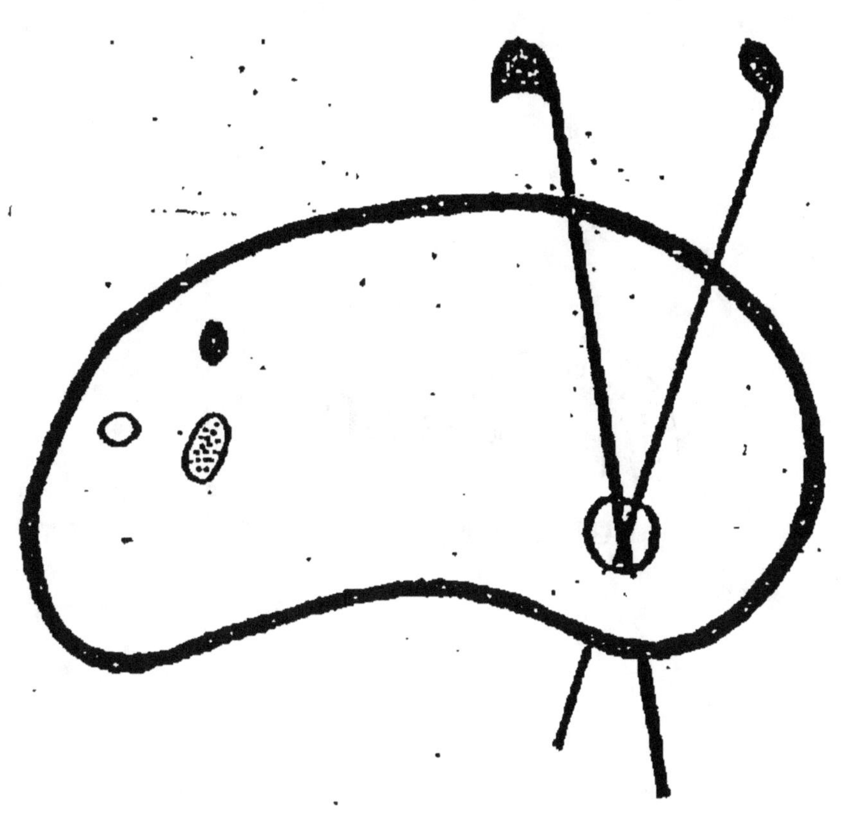

FIN D'UNE SERIE DE DOCUMENTS
EN COULEUR.

THÈSE

POUR LE DOCTORAT

DES
CONTRATS D'UTILITÉ GÉNÉRALE

PASSÉS

AU PROFIT D'UNE COLLECTIVITÉ

LES CONTRATS SYNDICAUX ET MUNICIPAUX
LEUR SYSTÈME JURIDIQUE

THÈSE POUR LE DOCTORAT

L'ACTE PUBLIC SUR LES MATIÈRES CI-APRÈS

Sera soutenu le Jeudi 13 avril 1905, à 2 h. 1/2

PAR

Édouard BOURDON

ÉLÈVE DIPLÔMÉ DE L'ÉCOLE DES SCIENCES POLITIQUES
AVOCAT A LA COUR D'APPEL

Président :   M. SALEILLES, *professeur.*

Suffragants : { MM. PIEDELIÈVRE, *professeur.*
           TISSIER, *agrégé.*

PARIS

LIBRAIRIE NOUVELLE DE DROIT ET DE JURISPRUDENCE

ARTHUR ROUSSEAU, ÉDITEUR

14, RUE SOUFFLOT ET RUE TOULLIER, 13

1905

À MON PÈRE

Paris,   Mars 1905.

BIBLIOGRAPHIE

Sources générales.

Annuaire statistique de la Ville de Paris.
BERTHELOT. — La Grande Encyclopédie.
Bulletin municipal de la Ville de Paris.
CARPENTIER. — Codes et lois. – Répertoire du droit français.
DALLOZ. — Jurisprudence générale.
GUYOT. — Répertoire de jurisprudence.
JOHANNE. — Dictionnaire géographique et administratif de la
     France.
Journal Officiel.
LABORI. — Répertoire du droit français.
LAROUSSE. – Dictionnaire du xixme siècle.
LEBON. — Arrêts du Conseil d'État.
Pandectes françaises périodiques.
Procès-verbaux du Conseil municipal.
SIREY. — Jurisprudence de la Cour de Cassation.
VILLEVAULT ET DE BRÉQUIGNY (DE). — Ordonnances des Rois de
     France de la 3e race.
WEISS   Pandectes françaises (Répertoire).

Revues et Journaux.

Annales des Chemins de fer et Tramways.
Annales des Sciences politiques.
Annuaire de Législation étrangère.
Annuaire des Syndicats professionnels.
Bulletin de la Société d'études législatives.
Bulletin de l'Office du travail.
Le Correspondant.
Le Droit.
L'Économiste Français.
La Gazette du Palais.
La Gazette des Tribunaux.
Journal des Économistes.
Journal des Prud'hommes.
Labour Gazette.
La Réforme sociale.
Recueil périodique de Jurisprudence (R. et L.)
Revue de Législation.
Revue trimestrielle de droit civil.
Revue pratique de droit industriel.
Revue des sociétés.
Statistique des grèves.
Les Journaux quotidiens.

Articles et Travaux.

ALFY ET BOULOT. — Guide pratique des syndicats professionnels. Rousseau, 1893.

ARTOIS (D'). — Des syndicats agricoles. Léopold Cerf, 1895.

ALBERT BABEAU. — La Ville sous l'ancien régime, — Didier et Cie, 1884.

CH. BENOIST. — L'organisation du travail. — *Revue des Deux Mondes*, 13 janvier 1899.

A. BÉRGERON. — Du droit des syndicats d'ester en justice Rousseau, 1898.

H. BOUET. — Le socialisme municipal. — *Journal des Économistes*, août 1900.

PAUL BOITEAU. — La liberté de la Boulangerie. — *Journal des Économistes*, juillet 1863.

BOULLAY. — Code des syndicats professionnels. Pedone-Lauriol, 1886.

LUJO-BRENTANO. — La question ouvrière (Trad. Caubert, 1885).

BRIQUET — La législation belge des unions professionnelles, 1900.

BUFNOIR. — Propriété et contrat. Rousseau, 1900.

CAMBERLIN. — Une société de commerce est-elle capable de recevoir par donation entre vifs ou par testament? *La Loi*, 8 mai 1881.

CHAMPEAU. — Des stipulations pour autrui. Larose, 1893.

CHEYSSON. — Du municipalisme. Guillaumin, 1904.

CLÉMENT. — Projet de réglementation générale de la Boulangerie. *Journal des Économistes*, juillet 1859.

JEAN CRUVEILHIER. — Essais sur les concessions d'éclairage électrique. Berger-Levrault, 1899.

DELAMARE. — Traité de la police, 1722 à 1738.

DEREUX. — De l'interprétation des actes juridiques privés. Rousseau, 1905.

DESLANDRES. — Note sous Cass , 1er février 1893. — *Pandectes françaises*, 1894.

MAXIME DU CAMP — Les voitures publiques à Paris. —*Revue des Deux Mondes*, 15 mai 1867.

ESQUIROS. — La Néerlande et la vie hollandaise — *Revue des Deux Mondes*, 1er juillet 1855.

J. Finance. — Les syndicats ouvriers aux États-Unis, 1894.

Gain. — Les associations syndicales. Chevalier-Marescq, 1884.

Garnier et Dauvert. — Concessions de gaz et d'électricité. — *Journal des usines à gaz*, 1882-1896.

Girard. — Manuel élémentaire de Droit romain, 3ᵉ édition. Rousseau, 1901.

Glotin. — Etude sur les syndicats professionnels. Larose, 1892.

G. Guillaumot. — Note sur les sanctions destinées à assurer l'exécution des obligations et des charges qui incombent aux Compagnies de chemins de fer. — *Annales de Chemins de fer et Tramways*, 1900.

F. Hérard et Ch. Sirey. Les canalisations d'éclairage électrique. Marchal et Billard, 1894.

Hesse. — Code du Théâtre. — Stock, 1903.

R. Jay. – Personnalité civile des syndicats professionnels, 1888.

Labbé. — Note sous Cass. Belge. 21 juillet 1888. Sirey, 1889.

Lambert. - Des stipulations pour autrui. Giard et Brière, 1893.

Laveleye (de). — Grandeur et décadence de l'Internationale. — *Revue des Deux Mondes*, 15 mars 1880.

Paul Leroy-Beaulieu. - Projet sur la régie municipale du gaz à Paris. — *Économiste Français*, 19 mars 1904.

Levasseur. L'Ouvrier américain. Larose, 1898.

Louis de Loménie. — Beaumarchais et son temps. — *Revue des Deux Mondes*, 1ᵉʳ novembre 1852.

Lotmar. - Der Arbeitsvertrag. Duncker et Humblot, Leipzig, 1902.

Lyonnais. - Rapport sur les propositions de loi concernant les syndicats et l'arbitrage. — *Journal Officiel*, 1889.

Arthur Mangin. — Essais de rajeunissement du socialisme. — *Économiste Français*, 27 septembre 1879.

Martin Saint-Léon. — Les anciennes corporations de métiers et les syndicats professionnels, 1899

Meynial. - Note sous Cass. 26 mai 1894. Sirey, 1896.

Michoud. — Rapport sur la houille blanche. - *Bulletin de la Société d'études législatives*, 1902.

MOULIN. — Note sous Paris, 31 mars 1896. *Pandectes françaises* 1896.

MOUY (DE).   Note sur les subventions accordées aux chemins de fer d'intérêt local et aux Tramways. — *Annales des Chemins de fer et Tramways*, 1899.

FRÉDÉRIC PASSY. — La commune des Cinq-Etangs — *Journal des Économistes*, 15 novembre 1859.

PAUL BONCOUR. — Le fédéralisme économique : étude sur les rapports de l'individu et des groupements professionnels, 1900.

EDOUARD PAYEN. — La houille blanche. — *Économiste Français*, 29 août 1903.

PLANIOL. — Traité de Droit civil. F. Pichon. 2ᵉ édition.

PIC. — Traité élémentaire de législation industrielle. Rousseau, 1902.

PICARD. — Traité des eaux. Rotschild 1890.

RAYNAUD. — Le contrat collectif de travail. Rousseau, 1901.

RICHTER. — Où mène le socialisme ? (Traduction). Le Soudier.

ROUSIERS (DE).   Le Trade Unionisme en Angleterre, 1896.

ROUSSE. — De la capacité civile des associations professionnelles, 1897.

CH. SAINCTELETTE. — Des contrats d'utilité publique. — *Revue de droit international*, 1888.

R. SALEILLES. — Etude sur la théorie générale de l'obligation d'après le premier projet du Code civil pour l'Empire allemand, 2ᵉ édition. F. Pichon, 1901.

STEHELIN. — Essais de socialisme municipal. Larose, 1901.

STOTTER. — Législation des Tramways et des Chemins de fer d'intérêt local. — *Annuaire des Chemins de fer et Tramways*, 1903.

HUBERT VALLEROUX. — Les Associations ouvrières et les Associations professionnelles 1886. — Le contrat de travail, 1895. — Les Coopératives socialistes en Belgique. — *Économiste Français*, 2 avril 1892. — Deux villes aux prises avec des corps de métier. — *Économiste Français*, 8 avril 1893.

ALBERT VAUDOYER. — Les sociétés vigneronnes de la Touraine.—
    La Réforme sociale, 1899.

S. WEBB. — La guerre industrielle en Angleterre. — *Revue de
    Paris*, 15 décembre 1897.

B. ET S. WEBB. — Histoire du Trade-Unionisme. — Trad.
    A. Métin, 1899 — Industrial Democracy, London, 1897.
    — Problems of modern Industry, London, 1898.

F. W. WILLOUGHBY. — L'arbitrage et la conciliation aux États-
    Unis (trad. f. de M. H. Barrau). — Circulaire Musée
    social, septembre 1901, n° 9.

DES
CONTRATS D'UTILITÉ GÉNÉRALE

PASSÉS

AU PROFIT D'UNE COLLECTIVITÉ

INTRODUCTION

On fête à peine le centenaire du Code civil (1), et pourtant, dans bien des cas, il apparaît déjà comme une législation désorientée au milieu de générations nouvelles, incapable de comprendre leurs goûts ou d'interpréter leurs aspirations.

C'est que, depuis un siècle, bien des révolutions se sont produites, bien des évolutions aussi : économiques, politiques ou sociales.

Le travail des esprits a abouti à des découvertes merveilleuses ; la vapeur, l'électricité, ont révolutionné les modes de production ; là où 5 ou 6 artisans maniaient leurs outils dans un modeste atelier, une immense usine

____

(1) 29 octobre 1901.

réunit aujourd'hui plusieurs milliers d'ouvriers autour de ses machines mues par des centaines de chevaux vapeur.

Les transports ont suivi la même voie. Les quelques riches maîtres de poste entre les mains de qui se trouvait tout le roulage de la France, ont disparu pour faire place aux immenses compagnies de chemins de fer, monstres aux mille têtes, qui furent une des premières manifestations de la puissance collective.

Enfin, dans les villes principalement, les besoins de confort de la civilisation moderne ont amené à créer une foule de services publics, ignorés de nos pères ou à peine soupçonnés d'eux, services que l'on dut concéder également à de puissantes compagnies, à cause de l'importance des capitaux devenus nécessaires.

C'est ainsi que se fondèrent successivement, dans toutes les agglomérations, des compagnies pour la distribution de l'eau, du gaz, de l'électricité, de l'air comprimé ; des compagnies de chemins de fer, de voitures, d'omnibus et de tramways, et jusqu'à cette compagnie du Métropolitain de Paris, dont les travaux sont en cours d'exécution.

Mais ce nouvel état de choses, tant dans la production que dans les transports, devait forcément amener des changements au point de vue juridique ; des formes inconnues de contracter, se sont créées, où l'individu disparaît derrière la collectivité qui le masque et l'englobe ; soit qu'une personne contracte avec une collectivité, soit que deux collectivités contractent entre elles.

Tels sont les contrats que nous voyons tous les jours s'élaborer dans la vie courante, contrats d'un patron ou d'un syndicat de patrons avec un syndicat d'ouvriers, contrats d'un syndicat agricole ou foncier, contrats enfin, d'une commune ou d'une administration avec une compagnie concessionnaire d'un service public, contenant stipulations en faveur de ses futurs clients.

Tous ces rapports juridiques nouveaux, le Code semble impuissant à les expliquer ; bien mieux, ses textes ont souvent l'air de les prohiber, et, aujourd'hui encore, malgré quelques lois postérieures qui ont fixé certains points, sans donner d'ailleurs de vues générales sur la matière, c'est à la jurisprudence qu'il faut s'adresser pour échafauder une théorie juridique.

Cette théorie, nous allons essayer de la dégager, sans nous dissimuler que la tâche est singulièrement complexe et ardue.

La matière est des plus nouvelles, les faits sur lesquels on doit s'appuyer sont relativement peu nombreux et souvent d'une actualité brûlante.

En ce qui concerne particulièrement les syndicats ouvriers, les intérêts en jeu sont parfois tellement opposés, les passions tellement bouillantes, qu'il est indispensable, en abordant cette question, de faire appel à une impartialité entière pour se souvenir à tout moment que le travail entrepris est celui d'un juriste et non pas une œuvre de polémique.

PREMIÈRE PARTIE

LES CONTRATS SYNDICAUX

NOTIONS PRÉLIMINAIRES

Il convient, avant de commencer cette étude, d'en dessiner, si j'ose ainsi dire, le schéma.

Les contrats peuvent être collectifs sans avoir un caractère d'utilité générale, ou vice versa.

Et voici déjà écartés quelques contrats qui, tout en s'appliquant à des collectivités, ne sont cependant pas d'utilité générale.

Tels sont, par exemple, les concordats en matière de faillite ou de liquidation judiciaire, par lesquels une certaine majorité de créanciers peut accorder au failli une remise plus ou moins forte sur son passif et imposer cette réduction à la minorité qui ne l'a point votée.

Collectif encore, le contrat d'assurance conclu par un patron au profit de tout ou partie de ses ouvriers non désignés nominalement.

Pourtant, il n'entre pas dans le cadre de ce travail

d'étudier ces deux genres de contrats qui manquent du caractère de généralité, ne s'appliquant, en somme, qu'à un nombre toujours assez restreint d'individus.

Aussi bien, le champ qui nous reste ouvert, demeure assez large, et ce ne sont pas quelques pages, mais des volumes qui pourraient être écrits sur cet immense sujet.

Les contrats conclus par ou avec les syndicats ouvriers ou patronaux, sont une inépuisable mine d'études, dont les documents s'accumulent chaque jour sous nos yeux ; — ceux des syndicats fonciers et agricoles créés par les lois du 21 juin 1865, des 15 et 22 décembre 1888, quoique moins fréquents, ne sont pas sans intérêt ; ceux enfin des municipalités et des diverses administrations publiques sont appelés, comme nous le verrons dans la seconde partie de cet ouvrage, à prendre de plus en plus de développement, et pas un de nous, dans les conditions d'existence actuelles, n'y peut demeurer étranger.

Ce sont ces trois genres de contrats déjà mentionnés dans notre Introduction, qui feront l'objet exclusif de cette étude.

Nous consacrerons notre première partie à examiner les contrats des syndicats ouvriers, agricoles et fonciers, mais nous devons nous souvenir que c'est le problème juridique seul que nous avons à traiter.

Nous laisserons les économistes et les sociologues approfondir les autres parties du problème — et déjà ils n'y ont pas manqué : les études abondent où notre sujet a été traité sous ces différents aspects ; — au contraire, la théorie juridique s'est moins nettement dégagée.

Nous nous contenterons donc d'un bref résumé historique, laissant voir comment, peu à peu, sont nés, par la force même des choses, les contrats collectifs et d'intérêt général ; puis, nous plaçant en face des différents articles du Code intéressant notre sujet, nous nous demanderons si les contrats qui nous occupent ne sont pas inconciliables avec eux.

Nous chercherons si on ne peut pas les rattacher à une théorie de droit civil quelconque ; à défaut d'une stipulation pour autrui valable, n'y pourrait-on pas voir, par exemple, un mandat ou une gestion d'affaires.

Ou bien faut-il considérer ces contrats comme formant une classe *sui generis*, pour ainsi dire amphibie, indépendante de certains principes de droit civil, différente sur d'autres points, des notions de droit public, et tenter, en un mot, de construire pour eux, une théorie nouvelle et spéciale.

Tel est notre but ; il est bien haut pour que nous osions espérer y atteindre complètement ; une théorie juridique ne s'élabore ni en un jour, ni par un homme, mais par le lent effort de générations successives, heureux si nous n'étions pas trop au-dessous de notre tâche et si nous pouvions fournir à la lumière future, une seule de ces minuscules étincelles qui la font naître.

CHAPITRE PREMIER

HISTOIRE ET LÉGISLATION

I

Les contrats provenant des trois sources que nous avons citées plus haut, ne sont nécessairement pas identiques entre eux, et force nous est d'établir pour chaque espèce, une section spéciale où nous les étudierons indépendamment les uns des autres.

Parmi eux, les plus importants — tout au moins par les discussions qu'ils soulèvent — sont, sans contredit, les contrats passés par les syndicats professionnels.

Ils sont nés — je parle des syndicats comme de leurs contrats — du besoin d'union qu'ont ressenti d'abord les ouvriers, pour obtenir de leurs patrons, des conditions de travail plus avantageuses, puis, les patrons, qui n'ont trouvé que ce moyen de résister à des prétentions souvent exagérées de la part de leur personnel.

D'après cet aperçu, nous pouvons donc définir, avec M. Raynaud, ces contrats « tous arrangements relatifs aux conditions du travail concernant plusieurs ouvriers » (1); accords conclus entre syndicats patronaux et

(1) Raynaud. *Le contrat collectif de travail.* Rousseau, 1901, p. 1.

ouvriers, tarifs élaborés et acceptés par eux, procès-verbaux de conciliation ou d'arbitrage, ne sont, en ce sens, autre chose que des contrats collectifs.

Si on en juge d'après cette énumération, on voit qu'ils ne sortent pas du droit commun et qu'il n'y a aucune raison, de prime abord du moins, pour que les règles ordinaires des contrats ne s'appliquent pas à eux. Nous verrons plus loin si cette proposition est tout à fait exacte.

Quelque naturelle qu'elle semble, cette idée n'a cependant pas été acceptée sans discussion par tous les auteurs.

Il est vrai que les contrats collectifs sont relativement nouveaux, et que leur essor a longtemps été empêché par des lois qui revenaient presque à les prohiber.

Ce n'est pas que l'organisation ouvrière n'existât point avant la Révolution, les corporations remontent au xie et au xiie siècle et elles n'étaient elles-mêmes qu'une réminiscence des collèges ou hétaïries de Rome et de Grèce. Mais on ne connaissait pas pour cela le contrat collectif de travail dans le sens où nous prenons ce mot aujourd'hui.

Les statuts mêmes des corporations le rendaient non seulement impossible, mais complètement inutile.

Pourquoi, en effet, aurait-on cherché à maintenir, au moyen d'un contrat collectif, un certain taux de salaires, puisque la réglementation légale de chaque corps de métier y pourvoyait. Cette réglementation s'étendait, de plus, à tout ce qui concernait l'apprentissage.

Malgré quelques pratiques d'allures modernes, comme l'interdit contre le maître qui diminuait le salaire de l'ouvrier, le contrat de travail, fût-il individuel, n'existait théoriquement même pas ; pour contracter, il faut entre les parties une certaine égalité et l'ancien régime ne reconnaissait entre maître et ouvrier qu'une hiérarchie.

A cette époque, dit M. Raynaud, le contrat de travail « relève plus encore de la police royale que du droit civil ; le contrat collectif se trouve, en quelque sorte, masqué par le point de vue pénal » (1).

Un mouvement en avant, dû aux idées des Physiocrates, se produisit bien ; en 1766, un édit supprimant les jurandes fut présenté au Parlement qui refusa de l'enregistrer. En 1776, nouvel édit préparé par Turgot, enregistré en lit de justice tenu par le Roi au Parlement de Paris le 12 mars. C'était un début, la Révolution ne devait pas tarder à achever cette œuvre.

Une loi des 2-17 mars 1791 abolit, en effet, les maîtrises et les jurandes, et établit le grand principe de la liberté du travail ; mais l'idée de contrat collectif n'en fit point un pas de plus, au contraire.

Ce qu'on voulait établir, c'était un contrat de travail individuel, par suite d'une pensée de réaction contre les règlements corporatifs, « un contrat libre entre deux volontés équipollentes » (2) et la Constituante le prouva en votant, dès le 14 juin de la même année, une loi prohibant les associations professionnelles et les coalitions.

Cette loi n'était pas inutile, car, à peine les corporations abolies, une série de coalitions s'étaient formées à Paris,

(1) Raynaud. Thèse précitée, p. 15.
(2) Raynaud. Thèse précitée, p. 16.

entre ouvriers charpentiers, tailleurs de pierres, maréchaux, chapeliers, etc. (1).

A vrai dire, la Constituante ne prohibait pas expressément le contrat collectif, mais elle l'entourait d'un tel luxe d'entraves, qu'il était pratiquement irréalisable.

Qu'est-ce qu'un contrat collectif, en effet, qu'on n'a le droit d'obtenir qu'amiablement et sans coalition ?

En somme, la première manifestation de la liberté du travail tenta de revêtir une forme collective ; c'est ceci qu'il faut avant tout retenir pour bien comprendre la lente poussée qui, à travers une grande partie du XIXe siècle, devait aboutir aux lois du 25 mai 1864 et du 21 mars 1884.

En effet, l'apparition des Codes ne changea rien à l'état antérieur ; les articles 414, 415 et 416 du Code pénal maintenaient l'interdiction des coalitions, et les quelques associations professionnelles qui se formèrent alors, durent se cacher pour subsister sous des masques divers (2), et ne vécurent jamais que sous un régime de fait.

Il convient d'ajouter, d'ailleurs, que l'administration fermait volontiers les yeux, surtout après 1848, voyant, dit Glotin, « dans l'existence des chambres syndicales, plutôt un moyen de faciliter l'action de l'autorité, qu'une organisation destinée à veiller aux intérêts généraux de la profession » (3).

Il y a bien, avant 1848, quelques timides essais de

(1) Pour détails, voir le *Contrat collectif de travail*, par Raynaud, p. 19 et suiv.

(2) Sociétés de secours ou de crédit mutuels.

(3) Glotin. *Étude sur les Syndicats professionnels*, p. 106 (d'après Dalloz).

contrat collectif, mais on peut remarquer qu'ils n'aboutissent que lorsqu'ils sont acceptés à l'amiable.

En 1831, par exemple, les tisseurs de Lyon *obtiennent de représentants* plus ou moins autorisés des patrons, un tarif qu'une partie de ceux-ci refusent ensuite d'appliquer sous prétexte de non-consentement de leur part, d'où émeutes graves, les 21, 22, 23 novembre, qui finissent par une véritable prise de la ville. Le duc d'Orléans s'y établit avec le maréchal Soult, et ce dernier rapporte, le 7 décembre, le tarif signé le 25 octobre.

Deux ans plus tard, en 1833, les ouvriers charpentiers de Paris établissent, eux aussi, *d'un commun accord* avec les patrons, un tarif valable pour dix ans. En fait, ce tarif dura davantage, mais, en 1845, de nouvelles demandes ayant été formulées et suivies de grèves, des poursuites furent exercées, bien qu'une partie des patrons eût fini par céder.

Berryer lui-même, malgré son éloquence, ne put sauver les grévistes de l'application du terrible article 414.

Enfin, l'année 1843 nous fournit encore un exemple de contrat collectif de fait. *A l'amiable*, les typographes parisiens obtiennent également des patrons un tarif. Ce tarif dura jusqu'en 1850, époque à laquelle on le revisa, changeant peu de choses aux salaires, mais introduisant, dans la nouvelle rédaction, des clauses extrêmement intéressantes concernant l'exécution du contrat collectif et son mode de revision.

Toute organisation professionnelle sérieuse tend donc, à cette époque, au contrat collectif ; mais nous sommes toujours, en définitive, sous le régime de la loi de 1791 ; le spectre de la coalition paralyse tous les efforts en obligeant à attendre le bon vouloir des patrons.

Telle est, en résumé, la situation quand la révolution de 1848 ramène au pouvoir les républicains. Ce qui devait se produire, se produisit.

Le courant des idées semblant propice, une proposition fut, en 1849, déposée sur le bureau de l'Assemblée nationale, par MM. Doutre et Benoist. Il s'agissait d'abroger purement et simplement les articles 414 et 415.

La proposition n'aboutit, d'ailleurs, qu'à une modification de détails, mais le seul compte rendu des débats prouve combien les esprit s'étaient modifiés depuis cinquante ans.

« ..... La nécessité, dit M. Benoist, un des auteurs de la proposition, est une loi suprême à laquelle l'ouvrier ne peut pas échapper, sa femme, ses enfants sont dans son cœur, qui luttent en faveur du maître..... » il ne peut combattre à armes égales, « qu'en s'unissant à d'autres ayant des intérêts conformes aux siens » (1).

Un autre orateur, M. Morin, s'exprime en ces termes : « Le débat ne deviendra égal entre le chef d'industrie et l'ouvrier, que lorsque l'universalité de ses ouvriers, ou du moins la très grande majorité d'entre eux, se présentera devant lui et lui dira : ce n'est pas un seul ouvrier, ce ne sont pas trois ou quatre de vos ouvriers qui se présentent devant vous, c'est la masse, c'est l'universalité ou la très grande majorité d'entre eux. Nous nous sommes entendus, nous nous sommes concertés et nous venons débattre avec vous les conditions du salaire ; nous trouvons ce salaire trop bas et nous vous demandons de l'élever..... Pour faire valoir nos arguments

____

(1) Discours de M. Benoist, du Rhône, séance du 11 octobre 1849. (*Moniteur* du 12.)

d'une manière suffisante, nous nous présentons devant vous, et, comme mesure extrême, comme ressource dernière qui sera plutôt nuisible à nous-mêmes qu'à vous, nous faisons valoir l'abandon de l'atelier en masse (1). »

Quelle meilleure analyse pourrait-on faire du contrat collectif?

M. Sainte-Beuve prend à son tour la parole pour démontrer que « barrer la route au contrat collectif, c'est faire un pas vers le socialisme ».

Ses adversaires mêmes ne le combattent que par des moyens détournés. M. de Vatimesnil, rapporteur de la loi, ne repousse pas le contrat collectif; ce qu'il combat, c'est la grève.

Des amendements vont plus loin; celui de M. Valette voudrait ne poursuivre que la coalition injuste ou abusive. MM. Faure et Boysset défèrent toute coalition *d'ouvriers ou de patrons* au Conseil des Prud'hommes, en enlevant ainsi la connaissance au tribunal correctionnel.

D'autre part, l'amendement Woloswki propose d'admettre la coalition sans contrainte ni violence entre ouvriers d'un même atelier, se contentant de prohiber celle qui unirait les ouvriers d'entreprises différentes.

Nous savons quel petit résultat suivit ces efforts oratoires; l'heure n'était pas venue, il fallut l'attendre jusqu'en 1864 (2).

Deux faits principaux, concernant notre matière, se produisirent durant cette période.

(1) *Moniteur*, même séance.
(2) Des lois et décrets de moindre importance furent promulgués sur la matière, les 10 avril 1834, 28 juillet 1848 et 27 novembre 1849.

Après la revision du tarif des typographes, en 1850, une commission mixte de patrons et d'ouvriers avait été établie ; brusquement, en 1858, les patrons l'abolissent de leur propre autorité ; jusqu'en 1860, pas de réclamation ; mais à cette date, une *Société de secours mutuels* (1) ayant été formée, des listes de pétitions demandant une élévation de salaire, se couvrirent bientôt de 3.000 signatures ; après de multiples incidents, dont le récit dépasse le cadre de cette étude (2), une grève s'ensuit, et, une fois encore, Berryer plaida inutilement et ne put éviter une condamnation aux typographes poursuivis pour coalition.

Enfin, en 1862, les délégations ouvrières envoyées à Londres, au moment de l'exposition universelle, furent frappées de l'organisation professionnelle que possédaient les Anglais, et certaines d'entre elles, celle des ouvriers du bronze en particulier, exprimèrent très nettement dans leur rapport, leurs desiderata à ce sujet ; c'est alors que, poussées par l'opinion publique, les Chambres abrogèrent, par la loi du 25 mai 1864, les articles 414 et 415, et proclamèrent la liberté de coalition.

On fit même mieux, on tenta d'organiser légalement le contrat collectif au moyen d'une conciliation obligatoire avant la grève, mais le gouvernement repoussa le projet, et le mot « contrat collectif » ne fut pas écrit dans la loi.

Seulement, en repoussant la conciliation obligatoire, il obligeait, dans bien des cas, le parti ouvrier à faire la

(1) Certaines de ces sociétés se réunirent, pendant un temps, clandestinement dans le bois de Vincennes.

(2) Voir Raynaud, thèse précitée, p. 56.

guerre pour avoir la paix, et rares devaient être les accords conclus sans lutte et sans grève.

Telle est la fin de la première étape vers le contrat syndical.

On peut, en effet, dans l'histoire de ces contrats, remarquer trois degrés successivement franchis.

Il y a d'abord les mouvements spontanés, premiers prodromes de l'organisation syndicale ; c'est l'entente simple entre les ouvriers, qui se produit avant la loi de 1864. Ils se concertent pour présenter simultanément leurs revendications qui prennent du poids par la multiplicité des réclamants.

Puis la loi de 1864 accorde la faculté de coalition ; les syndicats se forment, ils interviennent, et la jurisprudence, comme nous le verrons plus loin, en proclamant leur illégalité, atteste leur existence et constate, de leur part, une intervention qui se traduit par la conclusion de certains contrats collectifs.

Enfin la loi de 1884 forme le troisième degré, et ce n'est qu'après l'avoir franchi, que le contrat collectif syndical acquiert la physionomie spéciale dont l'étude est le but de ce travail.

II

Avec la loi de 1864, une ère nouvelle s'ouvre pour les contrats collectifs.

Ce n'est pas que tous les obstacles soient encore aplanis devant eux ; les articles 291, 292, 293, 294 du Code pénal, sur les associations, subsistent toujours, mais la tolérance administrative permet néanmoins aux groupements tant patronaux qu'ouvriers, de se constituer peu à peu.

Les différentes expositions qui se succèdent, l'Exposition universelle de 1867, notamment, tendent à répandre les idées d'entente collective.

Les rapports de tous les corps de métier expriment nettement ce désir ; la création de syndicats serait, d'après eux, un moyen d'éviter les grèves.

Vers 1864, la fondation en Angleterre d'une association internationale pour la réglementation des salaires, mit, de plus en plus, ces questions à l'ordre du jour, et donna aux revendications ouvrières un appui, plus moral qu'effectif, par la crainte qu'on avait de cette « Internationale » — c'était le nom de l'association — crainte d'autant plus grande, que l'institution était moins connue (1).

Des assemblées ouvrières et même patronales, telles que la Société des Ingénieurs civils, reconnaissent et proclament, de leur côté, la nécessité du contrat collectif. Voici la page que nous trouvons dans un rapport de cette dernière Société.

« Vue de la fonction désintéressée que nous occupons, il paraît évident que, pour les ouvriers de la grande industrie, la collectivité seule garantit la vraie liberté du travail basée sur la liberté de discussion des prix. Le patron de mille ouvriers possède, par rapport à chacun d'eux pris isolément, une force, une autorité qui est dans le rapport de mille à un. Il n'y a pas équilibre ; il peut y avoir oppression. Si, au contraire, les mille ouvriers peuvent discuter collectivement, l'équilibre est rétabli. Au lieu de conditions et de prix imposés, il y a conven-

____

(1) De Laveleye. Grandeur et Décadence de l'Internationale (*Revue des Deux Mondes*, du 15 mars 1880.)

tions librement acceptées ; au lieu d'antagonisme, il y a harmonie, et la vraie condition naturelle du concours mutuel du capital et du travail, se trouve réalisée au mieux des intérêts réciproques.»

Nous avons tenu à citer entièrement ce passage remarquable sous la plume de signataires tels que M. Normand, directeur des Grands Ateliers de constructions maritimes du Havre.

Dès lors, les congrès se succèdent, où les projets abondent. M. Lockroy voudrait donner force de loi aux conventions entre syndicats de la même industrie (1) ; d'autres demandent l'abrogation des articles 291 et 294 du Code pénal ; tous se prononcent nettement en faveur de la reconnaissance légale du contrat collectif.

Pendant ce temps, dans le domaine des faits, les tisseurs de Roubaix et de Lyon, les typographes à Paris, les ouvriers en rubans à Saint-Etienne, nous fournissent des exemples d'essais d'entente collective dont certains sont couronnés de succès (2).

Mais l'instabilité des associations professionnelles, jointe à la menace perpétuelle de ne pouvoir obtenir en justice l'exécution des contrats fait, de plus en plus, remarquer l'imperfection du régime légal.

Les syndicats, malgré une apparence de légalité, — on les déguisait sous forme de sociétés, — n'en tombaient pas moins sous l'application de la loi pénale (article 291) ; au point de vue civil, leurs actes étaient frappés de nullité (Tribunal de Saint-Etienne, 29 juin 1876) (3).

(1) Premier projet Lockroy 1876.
(2) Pour détails, voir Raynaud, thèse précitée, p. 67.
(3) Voir *infra*. p. 25.

De tous côtés, la reconnaissance légale était demandée.

Un projet de loi fut déposé le 22 novembre 1880 sur le bureau de la Chambre par M. J. Cazot, ministre de la Justice, et M. Tirard, ministre de l'Agriculture et du Commerce. C'est ce projet qui, après quatre ans de débats à la Chambre et au Sénat, est devenu la loi du 21 mars 1884.

<h3 style="text-align:center">III</h3>

Cette loi, en organisant le mouvement syndical, vint donner au contrat collectif le point d'appui qui lui manquait.

Les articles 291-292-293-294 du Code pénal n'étant plus applicables aux syndicats professionnels, ils peuvent désormais se constituer librement sans autorisation du gouvernement (art. 1er et 2), à condition que les administrateurs en soient français et jouissent de leurs droits civils (art. 4).

Les syndicats peuvent former entre eux des unions ne pouvant ni posséder ni ester en justice (art. 5). Ils jouissent au contraire, personnellement, sous certaines réserves, de ces deux droits (art. 6).

Enfin, la loi sauvegarde, dans l'article 7, la liberté individuelle, en permettant à chaque membre, nonobstant les clauses contraires, de se retirer à tout instant de l'association.

Telle est, en résumé, cette loi capitale dans l'histoire de la législation du travail (1).

______

(1) On admet même aujourd'hui, ce qui peut paraître abusif, la constitution de syndicats entre ouvriers de l'État, tels que ceux des Arsenaux ou les Employés des Postes.

Nous avons cru devoir en rappeler tous les points principaux pour faire mieux saisir les différents documents de jurisprudence que nous allons étudier plus loin.

Et maintenant, avant de terminer ce bref résumé historique, considérons quels furent, dans la pratique, les résultats de cette loi de 1884.

Les innombrables associations ouvrières plus ou moins clandestines qui depuis longtemps s'organisaient tant bien que mal, purent, dès lors, se montrer au grand jour ; malheureusement, trop d'entre elles semblent avoir passablement oublié l'article 3 de la loi précitée, ainsi conçu :

« Les syndicats professionnels ont exclusivement pour objet l'étude et la défense des intérêts économiques, industriels et commerciaux. »

Beaucoup d'entre elles ont empiété sur le terrain politique, trop portées à se transformer en arme de guerre pour la grande lutte des classes.

Il n'est donc pas étonnant de voir, en général, les patrons mettre peu d'empressement à entrer en négociations avec les syndicats.

Aussi n'est-ce pas sans motif que la Chambre s'efforça d'aplanir certaines difficultés en votant, le 27 décembre 1892, une loi « sur la conciliation et l'arbitrage *facultatifs* en matière de différends collectifs entre patrons et ouvriers ou employés ».

C'est, en quelque sorte, une résurrection du projet repoussé en 1864 par le gouvernement, avec cette différence que le mot *facultatif*, en remplaçant le mot *obligatoire*, ne laisse plus à la loi que la valeur d'un bon conseil.

Pourtant, il est indéniable que depuis l'organisation des syndicats, les contrats collectifs ont pris un énorme développement.

Deux volumes, publiés par l'Office du travail, en contiennent un relevé assez exact complété chaque jour dans le bulletin du même Office.

Les uns ont été conclus à la suite de grèves, après arbitrages, d'autres par un accord spontané ; c'est ainsi qu'un tarif existe dans l'industrie tulliste de Calais, depuis 1890, dans celles du bâtiment, de la blanchisserie (1891), du gaz (1899), de la cordonnerie (Lyon, 1896).

Quelques compagnies de voitures, les ouvriers tanneurs de Tarbes (1894), les bûcherons du Cher (1892), vivent aussi sous le régime de contrats collectifs.

Certains ont été élaborés par des syndicats mixtes comme ceux établis par l'Union corporative de la fabrique lyonnaise dans l'industrie du tissage (1).

Enfin, citons deux industries où ce contrat s'est particulièrement développé : l'industrie minière et la typographie.

M. Raynaud, dans sa thèse sur le contrat collectif de travail, a longuement étudié ces deux points qui appartiennent à l'économie politique et ne rentrent pas dans notre sujet ; nous y renvoyons le lecteur (2).

Ces nombreux exemples prouvent toutefois que, sous le régime légal actuel, le contrat collectif peut naître et vivre. Mais quelle existence incertaine et pleine d'imprévus est la sienne : c'est ce que nous allons voir en

(1) Et celui de la blanchisserie, cité plus haut.
(2) Raynaud. Thèse précitée, p. 78 et suiv.

étudiant les différents exemples de jurisprudence que nous possédons.

Ce n'est pas tout à fait le cas de dire avec La Fontaine :

« Selon que vous serez puissants ou misérables,
« Les jugements de cour vous feront blancs ou noirs. »

Mais on peut traduire hardiment : selon que vous serez jugés ici ou là, au nord ou au midi, vous aurez tort ou raison.

Nous tâcherons, malgré tout, de dégager parmi des jugements souvent contradictoires, quelques principes généralement admis et qu'il y aurait intérêt à voir consacrer par une loi.

CHAPITRE II

I

L'ébauche d'historique qui précède, nous a fait voir qu'en fait, les syndicats professionnels concluent des contrats collectifs ; il serait maintenant intéressant d'étudier ce que la jurisprudence pense de ces contrats, dans quelles limites elle les admet, et les moyens qu'elle reconnaît aux syndicats pour les faire exécuter. Tel sera l'objet du présent chapitre.

Les premiers documents de jurisprudence, sur notre sujet, remontent à une époque où les articles 414 et suivants sont encore en vigueur, c'est donc devant les tribunaux de répression que viennent les rares affaires qui nous intéressent.

L'arrêt de Cassation suivant paraît être un des plus anciens documents sur la matière. Il date de 1839 et se réfère, historiquement parlant, à la période où le contrat collectif n'est qu'un groupement de contrats individuels sans la présence du syndicat ; il n'entre par conséquent pas dans notre sujet directement, mais nous intéresse comme formant la première étape vers l'état actuel.

Des ouvriers s'étaient concertés pour cesser simultané-ment le travail, après avoir, six semaines d'avance, donné régulièrement congé à leurs patrons. Le motif était que quelques patrons refusaient certaines conditions de travail accordées par d'autres.

C'est sur ces entrefaites qu'intervint un arrêt de la Cour de Cassation du 24 février 1859.

« Le fait, dit ce jugement, de la part des ouvriers d'une ou plusieurs fabriques, de quitter, à la fois et par suite d'un concert, les ateliers, même après avoir donné les avertissements prévus par les règlements, en réclamant des modifications aux conditions actuelles de leur travail, constitue la coalition réprimée par le deuxième para-graphe de l'article 414 du Code pénal, modifié par la loi du 27 novembre 1849, alors même que cette réclamation paraît être légitime.

« Attendu, dit la Cour, qu'il y a contrainte ou pression sur les patrons, toutes les fois que les ouvriers d'une ou plusieurs fabriques agissant à la suite d'un concert, quittent à la fois les ateliers, même après avoir donné les avertissements prévus par le règlement...

« Qu'il importe peu que les causes de cette réclamation puissent paraître, en elles-mêmes, légitimes, que la loi, en effet, exclusivement préoccupée de protéger la liberté de l'industrie, a prévu la coalition, indépendamment de ses motifs et par cela seul que les ouvriers qui se sont concertés, agissent collectivement, avec le but, en sus-pendant ou en tentant de suspendre le travail des ate-liers, de forcer les patrons d'en modifier les condi-tions..., etc. » (1).

(1) S. 1859. 1. 630.

C'est le régime de l'ancien article 415 du Code pénal dans toute sa rigueur, et la négation du contrat collectif qui suppose nécessairement entente préalable des ouvriers et au besoin cessation concertée du travail.

Il est vrai que la loi de 1864 accordait, peu après, cette indispensable liberté de coalition, mais les tribunaux restent imbus des idées anciennes, et nous pouvons encore trouver dans la jurisprudence de l'année 1876 une décision du Tribunal civil de Saint-Étienne, en date du 29 juin, qui s'inspire des mêmes idées (1).

Cette fois, nous nous trouvons en présence d'un syndical de fait, et par là même, une seconde étape a été franchie.

L'union des fabriques de rubans de Saint-Étienne ayant établi un tarif, avait décidé de mettre à l'amende tout contrevenant patron ou ouvrier. Un fabricant ayant refusé de payer l'amende, fut poursuivi devant ce tribunal.

« Attendu, dit le jugement, que, de cet ensemble de stipulations, il résulte que l'ouvrier n'est plus libre de discuter ses salaires, et le patron ses prix, qu'entre eux se place un syndicat, qui ne connaît que la volonté de la majorité des membres de l'association, qui en publie les résolutions, et qui les fait exécuter ; que les ouvriers et les patrons de l'union stéphanoise ne sont pas seulement liés les uns vis-à-vis des autres, mais encore vis-à-vis des tiers, qu'ils ne peuvent traiter qu'en se conformant aux tarifs votés par un grand nombre et dans des conditions de maximum et de minimum qu'il serait impossible de prévoir et qui sont susceptibles de varier à l'infini;

(1) Office du travail. *Assoc. prof. ouvr.*, t. II, p. 352.

qu'ainsi leur liberté individuelle est aliénée au profit de la majorité s'ils n'en font pas partie, et qu'une telle condition, qu'elle soit à terme ou indéfinie, est absolument nulle parce qu'elle est contraire aux règles de l'ordre public, etc. »

Telle est donc encore, en 1876, l'idée que la jurisprudence se fait du contrat collectif : il est contraire à la liberté individuelle et à l'ordre public, le syndicat n'est qu'un intermédiaire. D'ailleurs, légalement, il n'existe pas.

Cette décision, pour être isolée, n'en est que plus curieuse, étant le reflet de la mentalité d'une époque.

II

Avec la loi de 1884, une nouvelle question se pose : aujourd'hui, légalement, le syndicat existe ; mais la conclusion de contrats collectifs est-elle comprise dans ses attributions ?

L'article 3 de la loi dit simplement : « Les syndicats professionnels ont exclusivement pour objet l'étude et la défense des intérêts économiques, industriels, commerciaux et agricoles. »

L'obtention, par un syndicat, d'un certain salaire, la limitation du travail à un certain nombre d'heures pour ses adhérents, doivent-ils être considérés comme compris dans « la défense des intérêts » dont parle l'article 3 ?

Et si la jurisprudence leur reconnaît le droit de conclure ces contrats, leur accorde-t-elle un moyen quelconque, pour les faire exécuter ? En un mot, quelle action auront, dans ce cas, les syndicats et jusqu'à quel point sera légale la pression exercée par eux, entre autres à l'aide de menaces ou mises à l'index ?

Ici, les documents ne manquent malheureusement pas, attestant par leur nombre et la diversité de leurs solutions, combien le cadre de la loi est vague et imprécis et combien une législation plus détaillée serait nécessaire.

La première affaire que nous trouvons, ayant trait à la conclusion de contrats par un syndicat, est un procès venu devant la Cour d'Aix, le 26 janvier 1887.

A la vérité, il ne s'agit pas ici de contrat collectif, mais d'une chambre syndicale de négociants en tissus agissant, au nom de ses membres, contre un tiers en concurrence déloyale.

Ce qui fait toute la valeur de ce document, c'est une consultation de M. Waldeck-Rousseau, le promoteur même de la loi de 1884, qui y est annexée et fut produite devant la Cour.

L'auteur fait la théorie générale de la personnalité civile des syndicats, et pose les principes généraux de leur action en justice ; pourtant il ne parle pas de leur droit de passer des contrats collectifs. « Sans doute, parce que cela va de soi », dit M. Raynaud (1). En effet, on ne conçoit pas l'existence d'une action en justice pour forcer à l'exécution d'un contrat inexistant.

Il insiste sur la différence entre l'intérêt du syndicat et l'intérêt individuel de ses membres, lui accordant l'action dans le premier cas ; la refusant dans l'autre (2).

L'affaire connue sous le nom d'affaire de Chauffailles, est plus explicite encore.

(1) Raynaud. Thèse précitée, p. 230.
(2) *Recueil périodique de procéd. civile* (Rousseau et Laisney) 1887, p. 49 et suiv.

Au cours d'une grève, le syndicat des ouvriers tisseurs avait obtenu des patrons une augmentation de salaires et une réglementation des heures de travail ; la chambre syndicale signa l'acte avec cette mention qui semble avoir, devant la Cour de Cassation, joué un certain rôle dans le procès : Accepté par les soussignés, membres de la chambre syndicale de Chauffailles, « *au nom des ouvriers* ».

MM. Vialar, Guéneau et Chartron n'ayant pas observé ces engagements, la Chambre syndicale les poursuivit devant le Tribunal de commerce de Charolles. Celui-ci donna gain de cause au syndicat (1).

Les défendeurs invoquaient, en droit, deux moyens : « Nul en France, disaient-ils, d'après la règle connue, ne plaide par procureur », et ils prétendaient, en outre, que les demandeurs n'avaient pas pouvoir pour représenter le syndicat.

« Considérant, dit le jugement, que le syndicat est régulièrement constitué... qu'un syndicat est une personne morale qui peut ester en justice, il convient de rechercher si l'objet de l'instance introduite, rentre dans la catégorie d'actes en vue desquels la formation des syndicats a été autorisée », suivent des exposés de MM. Tolain et Barthe au Sénat, et le Tribunal conclut au droit absolu du syndicat, les contrats passés par lui rentrant dans la catégorie des intérêts généraux qu'il a mission de défendre.

La légitimité du droit, pour les syndicats, de passer des contrats collectifs ne fut, d'ailleurs, contestée ni par la

____

(1) Trib. de Charolles, 1890. *Revue des Sociétés*, 1890, p. 318. — P. fr. pér., 1894. 1.

Cour de Dijon, ni par la Cour de Cassation, devant lesquelles l'affaire fut ensuite portée.

Quant à l'incapacité d'ester en justice des administrateurs, le tribunal répond « qu'il y aurait pour les demandeurs une singulière contradiction à reconnaître au syndicat qualité pour la convention en traitant avec lui et de lui refuser le moyen de la faire respecter. »

Ce jugement fut réformé par un arrêt de la Cour de Dijon rendu le 23 juillet 1890 (1).

« Considérant, dit-il, que s'il est incontestable que la fixation des salaires et la réglementation des heures de travail, rentrent dans la catégorie des intérêts généraux pour la sauvegarde desquels un syndicat d'ouvriers peut se constituer, que si, par suite, les membres de la Chambre syndicale de Chauffailles ont pu intervenir pour faire, au nom des ouvriers syndiqués, la convention du 14 septembre 1889, il est certain que le syndicat ne peut, en son nom, exercer les droits et actions qui, à la suite d'une prétendue inexécution de cette convention, appartiennent individuellement et personnellement à une partie de ses adhérents. »

Le syndicat, n'ayant pas subi de préjudice personnel, en tant que personne morale, la Cour lui refuse l'action, tout en reconnaissant son droit de passer des contrats collectifs. Le préjudice ayant été causé personnellement aux ouvriers et ouvrières, eux seuls peuvent intenter l'action.

Battu, le syndicat se pourvut en Cassation qui se contenta de renforcer l'arrêt de Dijon, en se basant sur ce fait que la convention avait été acceptée « au nom des

(1) D. 1893. 1. 241.

ouvriers » (1). Le syndicat, prétendit la Cour, n'avait été qu'intermédiaire et non pas partie au contrat.

Deux principes sont à dégager de ces jugements :

1° Le syndicat a qualité pour passer des contrats collectifs ;

2° Il aurait qualité pour intenter une action à l'occasion de ce contrat, si un intérêt inhérent à sa personnalité juridique elle-même, était en jeu.

Voici un autre jugement des Prud'hommes de la Seine (13 avril 1895) qui déclare que, lorsqu'il est intervenu entre un syndicat patronal et un syndicat ouvrier de la même industrie, un accord portant établissement d'un tarif pour une certaine période, la convention individuelle conclue ultérieurement, pendant la période fixée entre un patron et un ouvrier, membres l'un et l'autre des syndicats qui ont traité, et fixant des tarifs inférieurs à ceux du traité, est nulle. Il faut donc en conclure que le contrat collectif est valable (2).

Citons encore sur ce point, un jugement, curieux par une restriction de son dispositif.

Un conflit éclata, en mai 1891, entre la Compagnie des Omnibus et son personnel. Un contrat avait été conclu avec le syndicat qui fixait en principe à douze heures la journée de travail depuis la sortie du dépôt jusqu'à la rentrée, non compris une heure et demie accordée pour les deux repas.

La Compagnie prétendit ne pouvoir exécuter cette clause à la lettre, et le syndicat lui demanda 50.000 francs de dommages-intérêts, plus l'exécution du contrat.

(1) Cass. 1er février 1893. P. fr. pér. 1894. 1. — *Revue des Sociétés*, 1893, p. 172. — D. 1893. 1. 242.

(2) *Revue prat. de Droit industriel*, 1895, p. 205.

Le tribunal de la Seine, dans un jugement en date du 4 février 1892, répond par les considérants suivants (1).

« Attendu que dans ces circonstances, il y a lieu de rappeler la Compagnie des Omnibus à l'observance du contrat, en disant que, dans un délai, et *sous une contrainte* à impartir, elle sera tenue de ne faire travailler ses employés que 12 heures par jour, depuis la sortie du dépôt jusqu'à la rentrée au dépôt, non compris le temps des repas fixé à 1 heure 1/2. »

Les conventions intervenues, entre les patrons et leur personnel syndiqué, pour la fixation de la durée du travail, constituent donc un véritable contrat. Les patrons peuvent être rappelés à son observance, et son exécution peut être ordonnée sous astreinte.

Quant aux dommages et intérêts demandés, le Tribunal déclare :

« Attendu que la chambre syndicale fait plaider que, par suite de refus de la Compagnie d'observer les conventions du 26 mai, elle a éprouvé un préjudice matériel dont elle serait fondée à demander réparation ;

« Attendu, en ce qui touche le préjudice moral, que le rappel de la Compagnie des Omnibus au respect de ses engagements et la condamnation de celle-ci aux dépens sont la seule réparation à laquelle la chambre syndicale puisse prétendre ;

« Attendu en ce qui touche le préjudice matériel, que la demande de la chambre syndicale n'est pas recevable ;

« Qu'en effet, tout syndicat professionnel, organisé conformément à la loi du 21 mars 1884, entre personnes

____

(1) *Revue prat. de Droit industriel*, 1893, p. 72, et *Revue des Sociétés*, 1893, p. 197.

exerçant la même profession, doit avoir pour objet la défense d'intérêts généraux communs à l'universalité des membres qui la composent; qu'il forme une personne civile, ayant ses droits et sa capacité essentiellement distincts de ceux qui appartiennent individuellement à chacun de ses membres; qu'il peut ester en justice, mais seulement pour la défense des intérêts communs et collectifs en vue desquels il a été créé; d'où il suit qu'il n'est recevable que dans les instances où le jugement à intervenir est de nature à intéresser l'association et non l'un ou plusieurs des membres du syndicat à l'exclusion des autres.

« Et attendu que le préjudice dont la réparation est demandée, a pour base le payement des heures supplémentaires que la Compagnie des Omnibus aurait fait faire à un certain nombre de ses employés;

« Que ce préjudice, en admettant qu'il fût justifié, ne saurait être réparé qu'à l'égard de ceux auxquels il a été causé;

« Qu'il s'agit là, non d'intérêts communs à l'universalité des membres du syndicat, mais bien des droits individuels pour la poursuite desquels la chambre syndicale n'a pas qualité pour ester en justice;

« Qu'en conséquence, il échet de déclarer ce chef de demande non recevable et mal fondé...

« Par ces motifs :

« Dit que, dans le mois de la signification du présent jugement, la Compagnie générale des Omnibus sera tenue de ne faire travailler ses employés que 12 heures par jour, depuis la sortie du dépôt jusqu'à la rentrée au dépôt, non compris le temps des deux repas fixé à 1 heure 1/2, sinon, et faute de ce faire dans ledit délai, et celui-ci

passé, la condamne dès à présent à payer à la demande-
resse la somme de 100 francs par jour de retard pendant
1 mois, après lequel délai il sera fait droit :

« Déclare la chambre syndicale des employés non recevable, même d'office et mal fondée en sa demande en
dommages-intérêts ; l'en déboute.

« Condamne la Compagnie générale des Omnibus aux
dépens. »

Donc, malgré la reconnaissance du droit pour le syndicat de faire exécuter son contrat, le tribunal le déboute
sur ce qui concerne les dommages-intérêts, car le préjudice ne lui est pas personnel, il n'atteint qu'une partie de
ses membres, et eux seuls peuvent en demander individuellement réparation pour le passé.

Quelques décisions, cependant, ne considèrent le
syndicat que comme un intermédiaire dans tous les cas.
Les intéressés, ouvriers ou patrons, ont, d'après elles,
seuls qualité pour agir individuellement en justice, car
leur adhésion à un syndicat ne leur a pas, affirment-elles,
fait renoncer à leur volonté, à leur liberté, à leur droit
naturel de régler les accords de leur travail.

S'il en était autrement, dit-on, la loi de 1884 aurait
soumis les travailleurs à la plus odieuse des tyrannies.
(Voir dans ce sens, discours de MM. Goblet, Rouher et
Feuillée. *Journ. off.*, débats parlementaires, Sénat, 24 et
25 mai 1881, p. 979 et 1001. Déclaration Tolain. *Journ. off.*
débats parl. Sénat, 29 juillet 1884 p. 195. Rouen, 24 mai
1890 et conclusions de M. Ronjat sous arrêt de la Cour de
Cassation du 22 juin 1892. *Pand. fr. pér.* 1893. 1. 425 *Rev.*
des Soc. 1892 p. 392. D. P. 1892. 1. 449. Cass. 1er février
1893. *Pand. fr. pér.* 1894. 1. 1 *Rev. des Soc.* 1893 p. 172.
Le Droit du 16 février 1893. S. 96. 1. 329. D. P. 1893. 1. 241.

Avant d'étudier les différentes opinions des auteurs sur ce point, signalons en dernier lieu une curieuse décision du Tribunal des Prud'hommes de Marseille (1), concernant la durée du contrat ; ce jugement, d'ailleurs fort contestable quant à ses attendus, annule une convention parce qu'elle était faite pour une durée illimitée ;

« Attendu, dit-il, que cette convention constitue une grave atteinte à la liberté du travail, du commerce et de l'industrie, qu'à ce titre elle est nulle aux termes des articles 1113 et 1133 du Code civil... etc. »

Il eut été, semble-t-il, plus simple de déclarer que cette convention, étant un engagement à durée illimitée, tombait comme tel, sous le coup de l'article 1780 modifié par la loi du 27 décembre 1890, et, qu'étant fait sans détermination de durée, il pouvait cesser par la volonté d'une seule partie.

Quoi qu'il en soit, pour ce qui concerne le pouvoir des syndicats, de conclure des contrats collectifs, la doctrine est, d'une façon générale, d'accord avec la jurisprudence.

« Ils (les syndicats) pourront, dit M. Glotin, faire tous contrats s'appliquant à l'étude et à la défense des intérêts généraux et économiques de la profession, et en demander l'exécution aux tribunaux. Ainsi, pour donner un exemple de ces conventions, un syndicat ouvrier peut parfaitement s'entendre avec les patrons sur la fixation du taux des salaires et la réglementation des heures de travail. Cette convention touche en effet essentiellement aux intérêts généraux et économiques dont la défense est dévolue aux syndicats professionnels par la loi de 1884 (2). »

(1) 28 mars 1893. *Journ. des Prud'hommes*, 1893.
(2) Glotin. *Étude sur les syndicats professionnels,* p. 240.

Pour M. Hubert-Valleroux, non seulement les syndicats ont le droit de conclure des contrats, mais ils ont, dans tous les cas, celui d'ester en justice au sujet de ces contrats.

« On se demande, dit-il, pourquoi, le droit de faire une telle convention étant reconnu aux syndicats, le droit de la faire respecter leur serait dénié (1). »

« Du droit de posséder, dit à son tour M. Pic, découle logiquement le droit de contracter... ce droit de contracter, d'accomplir librement les divers actes de la vie civile, a été formellement reconnu dans les travaux préparatoires et affirmé dans la circulaire ministérielle du 25 août 1884...

« Le droit, pour les syndicats, de traiter avec les patrons au nom de la généralité de leurs membres, découle, selon nous, jusqu'à l'évidence, soit de la personnalité civile que la loi leur confère, soit de l'objet qu'elle assigne à leur activité. Il serait contradictoire, en effet, de décider que les syndicats « ont exclusivement pour objet l'étude et la défense des intérêts » de la profession, et de leur refuser les seuls moyens efficaces pour la réalisation de cette défense collective (2). »

Une note de M. Deslandres, dans les *Pandectes françaises* de 1894, formule ainsi la question au sujet de l'affaire de Chauffailles.

« Un syndicat ouvrier peut-il contracter, dans l'intérêt de ses membres, avec leur patron, pour obtenir de lui certaines conditions de travail ; un pareil contrat est-il valable, et comment doit-il être analysé ? »

(1) *Revue des Sociétés*, 1893, p. 172, note.
(2) Pic. *Revue de Dr. civil*, 1902, p. 518.

Et la question étant ainsi posée, M. Deslandres y répond de suite en ces termes :

« Si le syndicat ne pouvait pas faire valablement un pareil contrat, il ne serait pas armé, en effet, comme il doit l'être, pour jouer le rôle qui doit être le sien dans les luttes du travail et du capital. Intervenir dans ces conflits, y soutenir la cause de la classe ouvrière, c'est la fonction essentielle des syndicats professionnels ouvriers.

« Quand et comment cette intervention se produira-t-elle ?

« Le groupement des ouvriers formés en syndicat leur permet de se concerter, de formuler d'une façon collective leurs doléances, d'arrêter la déclaration de guerre s'il y a lieu. *Ici, la personnalité du Syndicat n'intervient pas.* Mais une fois la lutte engagée, son rôle commence. La grève prive l'ouvrier de salaires, il est vite au bout d'un crédit peut-être déjà ébréché. Le syndicat, capable d'acquérir et de posséder, aura formé, pour ce moment, une caisse de grève, sorte de trésor de guerre qui permet aux ouvriers de prolonger la résistance et peut-être d'arriver à la capitulation du patron. La capacité du syndicat d'avoir un patrimoine est donc une puissante arme de guerre pour la classe des salariés. Ne serait-il pas infiniment triste et regrettable d'arrêter là, cette capacité du syndicat ? Ne devons-nous pas ardemment souhaiter qu'elle serve, non seulement à l'entretien, mais surtout à l'apaisement des luttes ? Pour qu'il en soit ainsi, il faut que le syndicat soit capable d'établir le traité de paix entre les belligérants, de traiter pour les ouvriers avec le patron. Le syndicat est le porte-parole normal, le parlementaire naturel et obligatoire du parti des ouvriers.

« Ils sont incapables de présenter individuellement, à leurs patrons, leurs réclamations, ils seraient arrêtés par la peur d'un ressentiment ou par leur défaut d'intelligence.

« Le syndicat, avec sa chambre syndicale formée de ceux qui se sont montrés supérieurs aux autres par leurs moyens intellectuels, est fait pour parler au nom de tous, mais son intervention serait vaine, s'il fallait, une fois les bases d'entente arrêtées entre le syndicat et le patron, que chacun des ouvriers traitât avec celui-ci.

« Oseraient-ils même alors se présenter isolément devant lui, et sauraient-ils maintenir les conditions promises ?

« Non, et pour que le syndicat puisse efficacement jouer son rôle de pacificateur, il faut qu'il puisse traiter pour ses membres. J'en conclus, car le législateur n'a pas pu méconnaître cette nécessité et ne faire du syndicat qu'une arme de guerre et non un instrument de paix, que cette capacité existe.

« La loi aurait pu le dire expressément. Elle n'a pas visé d'une façon particulière ce rôle et ce pouvoir du syndicat. Mais ils se déduisent normalement de ses textes. L'article 6 consacre la capacité civile du syndicat, et l'article 3 en détermine la fin et la portée. Les syndicats ont pour objet l'étude et la défense des intérêts économiques de leurs membres (article 3). Eh bien ! les syndicats ouvriers ne pourraient pas se servir plus utilement, pour leurs adhérents et pour la société tout entière, de la capacité juridique qui leur est attribuée, qu'en passant à leur profit ces traités qui améliorent leur condition ; elle doit leur permettre de les contracter.

« Je pourrais, des travaux préparatoires de la loi, tirer

plusieurs passages dans lesquels on verrait cette préoccupation du législateur, que le syndicat doit agir, en effet, pour obtenir la hausse des salaires et la réduction des heures de travail. (V. notamment, proposition d'amendement de M. Bertholon, à la Chambre, séance du 17 mai 1881, *Journal Officiel*, 1881, page 928; discours de M. Allain-Targé, rapporteur, séance du 23 mai 1881, *Journal Officiel*, 1881, page 978). Je me contenterai de citer ce fragment d'un discours de M. Floquet. Il me semble montrer jusqu'à l'évidence le syndicat appelé par le législateur à traiter pour ses membres : « que veulent donc faire les associations syndicales, sinon de vendre la plus précieuse des marchandises, le travail humain, et de le vendre aux meilleures conditions? Jusqu'à ce jour, la marchandise qu'on appelle le travail a été vendue en détail, parcelle par parcelle, par des hommes isolés, maintenant il faut, au moyen de l'association, établir le commerce en gros, collectif, de cette marchandise qu'on appelle le travail humain ». (Chambre des députés, séance du 21 mai 1881, *Journal Officiel*, 1881, page 966). Ce n'est plus l'ouvrier qui vendra son travail, c'est le syndicat, le législateur le dit ; c'est sa raison d'être. Le législateur a donc dû lui donner la capacité juridique nécessaire pour agir ainsi.

« Ne pas reconnaître la validité du contrat passé par le syndicat pour ses membres, ce serait méconnaître le rôle social du syndicat, l'esprit de la loi saisissable dans ses dispositions formelles, flagrante dans les déclarations de ses auteurs (1). »

Qu'on nous pardonne cette longue citation, mais elle

(1) P. fr. pér. 1894. 1, Note de M. Deslandres.

dépeint si bien la situation juridique, que nous n'avons pas cru pouvoir la passer sous silence, ni même l'écourter.

Citons enfin l'opinion d'un membre de la Faculté de Paris, M. Marcel Planiol, qu'il exprime en ces termes dans son *Traité de droit civil* :

« Les engagements relatifs au travail, dit-il, tendent à se former d'une manière collective, par *l'intermédiaire des syndicats* (1). Il arrive souvent qu'à la suite d'une grève, un groupe de patrons s'entend avec la population ouvrière par un contrat général qui fixe les conditions futures du travail, les prix, les heures d'entrée et de sortie, la durée de la journée, etc. Ces contrats sont faits ordinairement par les représentants des syndicats patronaux et ouvriers qui en discutent les termes. *Ils sont valables*, soit qu'on les considère comme conclus, au nom des ouvriers, par leurs représentants munis de pouvoirs réguliers, soit qu'on préfère y voir des stipulations pour autrui (2). »

On voit qu'ici M. Planiol, entre ces deux systèmes, n'a pas voulu nous dévoiler ses préférences ; nous ferons, comme lui, réservant pour un suivant chapitre cette question délicate.

« Mais, continue M. Planiol, ils (ces contrats) soulevèrent une grosse question qui est de savoir *à qui appartient l'action en justice*, au cas où, dans la suite, les patrons ne s'y conforment pas. »

(1) Pour la question de savoir si le syndicat est partie ou intermédiaire, voir *infra*.

(2) Planiol. *Traité de Droit civil*, 2ᵉ édition, t. II, p. 571, nᵒ 1838.

III

Sur ce point, la jurisprudence est fort contradictoire, comme la doctrine d'ailleurs ; en général, on admet qu'il faut distinguer suivant les cas. On se perd tout d'abord dans les décisions sur la forme ; il semble que les tribunaux s'y arrêtent volontiers, chaque fois qu'ils le peuvent, pour éviter de juger le fond.

Tel est un jugement du Tribunal de commerce d'Alger, en date du 30 novembre 1898, qui, plutôt que de juger le point qui lui est soumis, se contente de déclarer que l'action n'est pas recevable, car, dit-il, le syndicat n'a pas été régulièrement constitué (1).

Il est, de plus, nécessaire que le syndicat soit exclusivement composé de personnes appartenant à la même profession, ainsi le décide du moins un jugement du Tribunal de commerce du Havre du 17 janvier 1899 (2), ou à des professions connexes (Trib. Seine, 4 novembre 1885. Sous Paris, 20 janvier 1886. *Pand. fr. pér.* 1886. 2. 47. — Paris, 4 juillet 1890. *Gazette des Tribunaux* du 9 juillet 1890. D. P. 1891. 2. 68). Tel est aussi l'avis de MM. Glotin, Alpy et Boulot.

Enfin, si l'article 5 de la loi de 1884 nous apprend que les unions de syndicats ne peuvent ester en justice, le Tribunal de la Seine a jugé que, par une juste réciprocité, ils n'y pouvaient pas être actionnés (10 août 1899) (3) ;

(1) Le dépôt du nom des membres du bureau n'avait pas été effectué et tous n'étaient pas français. Voir *Revue des Sociétés*, 1899, p. 311.

(2) *Gazette des Tribunaux* du 24 mars 1899.

(3) *Revue des soc.*, 1899, p. 537.

d'ailleurs, d'après le Tribunal de Cholet, ces unions n'empêchent pas chaque syndicat d'ester personnellement (1) ; et un jugement du Tribunal de Toulouse, du 30 janvier 1899, décide, qu'à ce point de vue, une bourse du travail n'est qu'un groupement de syndicats (2).

Le jugement précité du Tribunal de Cholet répond à une question bien autrement débattue.

Quel est l'intérêt nécessaire et suffisant pour que le syndicat puisse intenter l'action ?

Ici les avis sont fort partagés, les uns exigent un intérêt syndical, refusant l'action quand l'intérêt individuel des membres est seul en jeu ; d'autres, plus rares, accordent l'action dans tous les cas, sans s'occuper de savoir si le syndicat a traité en son propre nom, ou simplement comme mandataire.

Dans l'affaire qui nous occupe, les syndicats des ouvriers tisserands de Cholet, avaient passé avec les patrons un contrat collectif établissant un prix ; l'un d'eux, Allereau, ne l'exécutant pas, est poursuivi par le syndicat et condamné par un jugement dont les attendus mettent en lumière l'intérêt collectif :

« Attendu qu'il n'est pas contestable... que la réglementation du tarif des salaires rentre dans la catégorie des questions générales que les syndicats sont autorisés à traiter... ;

« Attendu que ce règlement dispose que les patrons ne consentent à y souscrire qu'à la condition qu'il sera signé

(1) *Revue des soc.*, 1897, p. 303.

(2) *Revue pratique de droit industriel*, 1899, p. 97. — Dans le même sens : Lyon, 17 mars 1899, le *Droit* du 13 juillet 1899. *Annales de droit commercial*, 1899, p. 439.

et appliqué par tous les fabricants de toiles et de mouchoirs de la région, et que, si la non-application du tarif par plusieurs fabricants venait à être constatée, les signataires pourraient se considérer comme dégagés... ; Qu'en présence d'une pareille disposition, il serait difficile de soutenir que les ouvriers d'Allereau sont les seuls qui puissent être atteints par les infractions relevées contre lui, que, sans doute, ils profiteront personnellement de l'action introduite par les syndicats, mais que c'est là une conséquence indirecte de la demande, non son véritable objet, que la question est plus haute et qu'il s'agit de savoir si toute l'économie du tarif pourra être impunément compromise par le fait d'un seul... ;

« Attendu que le défendeur invoquerait vainement la maxime : Nul en France ne plaide par procureur; que les Chambres syndicales plaident pour elles-mêmes, non pour autrui, pour l'intérêt professionnel qu'elles ont mission de défendre et à raison duquel elles ont stipulé. »

Le tribunal l'explique longuement, c'est uniquement à cause de l'intérêt syndical qu'il admet l'action.

C'est d'ailleurs sur cette même idée que se base la décision de la Cour de Cassation précitée dans l'affaire de Chauffailles pour repousser la chambre syndicale qui n'a été, dit-elle, « *qu'intermédiaire* » ; donc ici, aux yeux de la Cour, pas d'intérêt syndical, pas d'action.

Il est non moins certain que le syndicat ne peut ester en justice que pour la défense du contrat qu'il a lui-même passé. C'est ainsi que le Tribunal de justice de paix de Saint-Nazaire a déclaré que les syndicats professionnels ne peuvent agir en justice pour leurs membres, en raison d'une convention passée avec un patron par ces membres, avant la création du syndicat (15 mars 1894).

Pour tout dire, à côté de ces décisions nous en trouvons d'autres en sens contraire, et nous avons vu plus haut le Tribunal de Charolles (1) ne pas exiger d'intérêt syndical, dans un cas, il est vrai, où le contrat avait été conclu par le syndicat, et déclarer « qu'il y aurait une singulière contradiction à reconnaître au syndicat, qualité pour la convention, en traitant avec lui, et de lui refuser le moyen de la faire respecter. »

En doctrine, M. Hubert-Valleroux se range à cet avis et ne fait aucune distinction entre le cas où l'intérêt en jeu est syndical ou individuel. Mais telle n'est pas l'opinion générale ; bien plus, si le syndicat est mandataire seulement d'une partie de ses adhérents, l'action n'est pas recevable (Tribunal de Nantes. *Revue des Sociétés*, 1898, p. 131).

M. Pic est de cet avis et n'admet pas qu'un syndicat puisse défendre l'intérêt privé d'un de ses membres n'intéressant pas un contrat collectif. « Il serait désirable, ajoute-t-il, que ceci fût constaté législativement. »

M. Waldeck-Rousseau fait, dans sa consultation au sujet de l'affaire d'Aix citée plus haut, ressortir cette idée en ces termes : « Le syndicat envisagé comme personne morale, n'est point la somme et, pour ainsi dire, la résultante des intérêts privés de chacun de ses membres. Il en demeure parfaitement distinct, et les droits qu'il représente, les intérêts qu'il personnifie, sont précisément ceux qui, n'étant dans le patrimoine d'aucun des sociétaires, ne peuvent être exercés par aucun d'eux (2). »

(1) Jugement précité.
(2) *Recueil de procédure civile* (R et L); 1887, p. 56.

M. Deslandres va encore plus loin : « Quelque désireux, dit-il, qu'on puisse être de voir les syndicats multiplier leurs services et étendre leur sphère d'activité, je ne crois pas qu'on puisse leur permettre, en thèse, d'exercer en justice les droits de leurs adhérents, *fussent-ils collectifs...*

« Mais la situation change du tout au tout, quand il s'agit, pour le syndicat, d'exercer, non pas un droit quelconque de ses membres, mais un droit qu'il a fait naître lui-même, en traitant pour eux... (1).»

C'est là, je crois, la solution qu'il convient d'adopter. Le syndicat peut ester en justice pour *défendre un intérêt collectif que lui-même a fait naître, comme partie au contrat et non comme mandataire.*

Mais avant d'arriver à cet ultime moyen qu'est un appel devant la justice, — moyen dont le moindre défaut est d'être fort long, — le syndicat, apte à conclure des contrats, n'a-t-il pas d'autres façons de les faire exécuter? Autrement dit les grèves, les menaces, les mises à l'index, sont-elles légales, et un syndicat peut-il encourir une responsabilité à raison des agissements que réprimait l'ancien article 416 du Code pénal?

IV

Ici, la jurisprudence est plus mal fixée que partout ailleurs; c'est un véritable maquis rempli de décisions différentes, voire même contradictoires.

Au point de vue des indemnités à accorder aux syndi-

____

(1) *Pand. fr.*, 1894. p. 4 et 5. Note de M. Deslandres. Sous Cass. 1er février 1893.

çats, par exemple, ceux qui veulent donner l'action, quel que soit l'intérêt en jeu, leur accordent naturellement une indemnité pour l'inexécution du contrat, même s'il s'agit d'un intérêt purement individuel de leurs membres, ainsi concluent un jugement du Tribunal de la Seine, un arrêt de la Cour de Paris (*Revue des Sociétés*, 1886, p. 147) et les jugements des Tribunaux de Saint-Etienne (17 déc. 1889, *Revue des Soc.*, 1890, p. 318) et de Charolles (18 février 1890. *Revue des Soc.*, 1890, p. 318) cités plus haut.

Mais les décisions en sens contraire sont, au moins, aussi nombreuses et, à notre sens, plus motivées; c'est ainsi que jugea la Cour d'Arras dans un arrêt du 13 juin 1888. La décision de la Cour d'Aix, citée plus haut (1), ainsi que les arrêts rendus dans l'affaire de Chauffailles, sont dans ce sens.

Nous admettrons donc que l'indemnité n'est due au syndicat que dans le cas où l'intérêt en jeu est lui-même syndical.

Mais n'a-t-il pas à sa disposition un moyen coercitif de faire exécuter le contrat?

Voici deux décisions judiciaires qui prouvent que le syndicat peut, dans certains cas, déclarer justement la grève, puisque toutes deux condamnent des syndicats pour y avoir eu *illégalement* recours:

« Si dans certains cas, dit la première (2), la grève est un moyen légal auquel les ouvriers peuvent recourir, sont des actes illicites les entraves apportées à X... par des tiers, dans l'espèce une chambre syndicale ouvrière,

____

(1) Page 27.
(2) Genève, 24 février 1899. *Pand. fr.*, 1899, V, p. 47.

au libre exercice de sa profession, soit en mettant à l'index, par voie d'affiches ou d'articles, son usine ou son atelier, *soit en incitant ses ouvriers à se mettre en grève*, alors surtout que ceux-ci se déclarent satisfaits de leurs salaires et de leurs rapports avec leur patron. »

L'autre déclare que « les menaces de grèves *peuvent* constituer une faute, *quand elles sont inspirées par un pur esprit de malveillance*, et qu'elles ont pour seul but, d'imposer au patron le renvoi d'un chef d'équipe qu'aucun grief sérieux ne pouvait motiver » (1).

Il est vrai qu'un premier jugement du Tribunal de Nantes, avait décidé auparavant (7 février 1894) dans un sens diamétralement opposé, prétendant que « le fait de menacer de grève un patron, s'il ne renvoyait pas un contremaître, ne constituait pas une responsabilité civile, car le patron était libre de choisir entre son contremaître et ses ouvriers ; que, d'autre part, il était arbitraire de remplacer par une responsabilité civile la responsabilité pénale abolie avec l'article 416 du Code p., qu'en agissant comme ils l'ont fait, Renaud et ses camarades n'ont fait que mettre en pratique le principe de la liberté du travail, etc... »

Sur appel du contremaître, qui offrait de prouver que son renvoi avait été demandé sans motif sérieux et uniquement pour lui nuire, la Cour de Rennes, par arrêt du 21 juillet 1894, avait confirmé ce jugement.

En ce qui concerne la grève, citons, ici, un arrêt qui semble unique en son genre, malheureusement, et « qui montre, dit M. Raynaud, combien les règles du contrat

(1) Cass., 9 juin 1896. S. 1897. 1. 25.

individuel de travail, pourraient s'appliquer au contrat collectif (1).

« Le Tribunal de Commerce de Tarare, par jugement en date du 30 décembre 1890 (2), a déclaré que la grève générale ne saurait être considérée comme un cas de force majeure pouvant entraîner la résiliation de plein droit des contrats entre patrons et ouvriers, et les dispenser notamment les uns et les autres de la formalité du congé d'usage.

« Attendu, dit le Tribunal, que la législation nouvelle (loi de 1884) n'a pas donné aux ouvriers le droit de violer les conventions librement formées entre eux et leur patron ; que les délais qui devaient être autrefois respectés par l'individu, doivent l'être aujourd'hui par la collectivité, et que, si l'on peut déclarer la grève générale, elle ne peut produire ses effets qu'après l'expiration des délais fixés, soit par les usages locaux, soit par les contrats. »

Le respect d'une pareille règle éviterait peut-être, par un certain temps laissé à la réflexion, nombre de conflits.

Voici un autre jugement, dans l'affaire Joost contre syndicat de Jallieu, que nous étudierons plus loin en détail (3), qui déclare que « si les menaces de grèves sont licites depuis l'abrogation de l'article 416 du Code pénal, quand elles ont lieu sans violences, ni manœuvres frauduleuses dans un intérêt professionnel, elles ne le sont plus quand elles ont pour but d'imposer le renvoi

(1) Raynaud, Thèse précitée, p. 256.
(2) *Journal des Prud'hommes*, 1891, p. 61.
(3) *Pandectes fr.*, 1893. 1. p. 425.

d'un ouvrier qui s'est retiré du syndicat et a refusé d'y rentrer. »

« Si ces menaces ont été suivies d'effet, déclare la décision, il y a lieu à dommages-intérêts. »

Le Tribunal de Charleville décidait de même, le 31 décembre 1891, qu'un syndicat « n'a pas le droit de faire renvoyer d'une usine sous menaces de grève, un ouvrier, surtout quand, aucun intérêt professionnel n'étant en jeu, le syndicat s'est simplement substitué à des particuliers pour exercer une vengeance » (1).

« Les menaces portant atteinte à la liberté du travail, d'après l'article 414 modifié, ne s'entendent pas seulement, dit la Cour de Cassation, des menaces de voies de fait, telles que les caractérisent les articles 305 et suivants, mais aussi de simples menaces d'interdiction de travail ; toute menace est punissable dès qu'elle a pu avoir pour résultat d'agir violemment ou frauduleusement sur la volonté de l'ouvrier ou sur celle du patron. Ainsi le fait, par quelques ouvriers, d'avoir, en menaçant leurs camarades d'une interdiction de travail et le patron d'une désertion de son atelier, obtenu le renvoi d'un ouvrier mis en interdit par un comité directeur, constitue le délit prévu par l'article 414 (2). »

D'ailleurs, s'il faut en croire les attendus de ce jugement, la simple interdiction de travail, sans menaces, tomberait elle-même sous la disposition de l'article 416.

Nous avons prononcé le mot de mise en interdit; il est temps d'en étudier la portée, et de rechercher jusqu'à quel point les syndicats ont le droit de se

(1) *Gazette du Palais*, 1892. 1. p. 209.
(2) Cass., 5 avril 1867. S. 1867. 1. 228.

servir de cette arme terrible qui peut, du jour au lendemain, faire péricliter une industrie prospère, ou affamer
l'ouvrier poursuivi par ses coups.

Le boycottage n'est nullement un droit pour les
syndicats, qu'ils soient patronaux ou ouvriers, dans la
majorité des cas du moins, ainsi que le démontrent les
décisions suivantes :

« Les coalitions d'industriels et les syndicats, dit la
Cour de Douai, en date du 13 juillet 1900, qui ont le droit
de défendre leurs intérêts par des mesures générales,
font de ce droit un usage illégitime en prenant des dispositions applicables à telle personne individuellement
désignée, de façon à lui nuire et à la gêner dans le libre
exercice de son commerce (1).»

Il s'agissait ici d'un syndicat de teinturiers qui
prétendaient imposer le double tarif à un de leurs clients,
sous prétexte qu'il possédait lui-même, dans son usine,
un atelier de teinturerie.

Voici, dans un autre ordre d'idées, un jugement de
Nancy (14 mai 1892) qui aboutit à une décision similaire
en déclarant que, si la loi de 1864 a abrogé l'article 416
du Code pénal qui réprimait les atteintes portées au libre
exercice de l'industrie ou du travail, à l'aide d'amendes,
défenses, proscriptions, interdictions, prononcées par
suite d'un plan concerté, elle n'a pas dérogé aux dispositions de l'article 1382 du Code civil ni par suite
exonéré les syndicats professionnels de toute responsabilité à raison d'atteintes qu'ils pourraient porter au libre
exercice du commerce ou de l'industrie d'autrui et cela,
sans intérêt professionnel (2).

(1) D. 1903. 2. 148.
(2) S. 93. 2. 20.

C'est ainsi que ce jugement condamne un syndicat à des dommages-intérêts envers un débitant de boissons qui, malgré ses défenses, recevait dans son établissement les « renégats » c'est-à-dire les ouvriers sortis de l'association syndicale, parce que cette dernière avait mis en interdit son établissement, engageant tous les bons citoyens à n'y pas aller.

D'ailleurs les Tribunaux sont unanimes à déclarer que le syndicat n'a nul droit à être un instrument de tyrannie et de despotisme.

Il commet une faute s'il organise, avec intention de nuire, une persécution contre un ouvrier qui travaille dans une maison mise à l'index, en inscrivant son nom au « pilori corporatif » et en adressant, à son nouveau patron, l'ordre de le congédier sous peine de mise à l'index (1).

« S'il est un principe général qui ne puisse être effacé par une loi particulière, dit M. Henri Moulin, chargé de cours à la Faculté de Dijon, dans un article concernant ce jugement, c'est assurément le principe de l'article 1382 du Code civil, car ce texte formule une règle primordiale d'équité, il a, en quelque sorte, une valeur philosophique et constitutionnelle, puisqu'il protège le droit individuel contre les abus du pouvoir, et contre les droits mêmes d'autrui. Par le fait de l'abrogation de l'article 416 du Code pénal, les moyens d'intimidation et de proscription énumérés dans ce texte, ont cessé d'être des infractions pénales ; ils ont aussi cessé d'être des actes illicites en eux-mêmes, des actes que les syndicats n'ont aucun droit de faire en aucune hypothèse, en raison

(1) Code civil, art. 1382. — Trib. Seine, 6 nov. 1895, confirmé par 1re chambre, 31 mars 1896. *P. fr.*, 1896. 2. 161.

même de leur nature intrinsèque ; mais ils peuvent engager la responsabilité civile des syndicats, si le syndicat, en les accomplissant, abuse de son droit ou porte atteinte au droit d'autrui (1).»

Tout ouvrier reste donc libre de ne pas adhérer au syndicat et celui-ci n'a pas le droit, pour cela, de le prendre à parti, ni de provoquer son renvoi par une grève, l'interdiction ne fût-elle pas personnellement dirigée contre lui (Lille, 4 juillet 1901. *Pand. fr. pér.* 1903. 2. 164. Trib. paix Paris, 31 août 1893. *Gaz. du Palais*, 1893. 2. 410. Lyon, 2 mars 1894. S. 1894. 2. 306. Lyon, 15 mai 1895. D. 1895. 2. 310 et S. 1896. 2. 30).

Bien mieux, un autre arrêt de Lyon, du 2 mars 1894, déclare qu'il faut admettre que l'ouvrier, même syndiqué, peut refuser d'obéir à son syndicat, sous réserve, ajoute-t-il, de dommages-intérêts dus au syndicat, s'il y a eu diffamation contre lui (2).

Par contre « à l'égard de l'ouvrier qui enfreint le contrat collectif, les Tribunaux sont arrivés, dit M. Raynaud, à munir le syndicat de l'efficace moyen de l'exclusion possible du syndicat » (3).

C'est ainsi que l'ont décidé deux jugements analogues, l'un du Tribunal civil du Havre (26 octobre 1894) (4), l'autre, du Tribunal de Toulouse, (23 décembre 1897) (5).

Dans le premier cas, un ouvrier charbonnier du Havre avait travaillé au dessous du tarif ; dans le second, un des syndiqués avait refusé de signer le contrat collectif

(1) Note de M. Moulin sous Paris, 31 mars 1896, *P. fr.*, 1896. 2. 161.
(2) S. 1894. 2. 306.
(3) Raynaud. Thèse précitée, p. 260.
(4) *Journal des Prud'hommes*, 1895, p. 43.
(5) Voir *La Loi* du 16 janvier 1898.

après avoir accepté les engagements du syndicat, et en avait violé les clauses. Pour tous deux, les Tribunaux déclarent l'exclusion licite.

Citons maintenant une décision de Lyon, d'après laquelle, dans certains cas, l'interdit serait légitime. « Ne commet pas, dit-elle, de faute, au sens de l'article 1382 du Code civil, le syndicat professionnel ouvrier qui, sans intention méchante, mais pour la défense d'un tarif, *c'est-à-dire pour la défense d'un intérêt professionnel*, notifie à certains patrons, son intention de les mettre à l'index s'ils continuent à faire travailler au dessous du tarif »(1).

La jurisprudence s'est d'ailleurs nettement prononcée contre l'interdit perpétuel, soit qu'il s'agisse de laisser une maison à l'index, même après la fin d'une grève (Seine, 10 août 1899. *Revue des sociétés* 1899. p. 537 et Paris, 5 février 1901. S. 1902. 2. 277), soit que ce soit un ouvrier qu'on veuille indéfiniment empêcher de trouver du travail (Nîmes, 2 février 1897. S. 1898. 2. 127).

Terminons enfin cette longue promenade à travers la jurisprudence, par un court résumé de l'affaire connue sous le nom d'affaire Joost contre syndicat de Jallieu.

Elle mérite ici une place à part, tant parce qu'elle a épuisé toutes les juridictions, qu'à cause des solutions variées que celles-ci lui ont données.

Un ouvrier, nommé Joost, s'était retiré d'un syndicat auquel il était affilié ; pour le contraindre à rentrer dans l'association, les chefs avaient cherché à lui enlever tout moyen d'exercer sa profession, en menaçant d'interdit son patron s'il continuait à l'employer, d'où demande

(1) Lyon, 16 Décembre 1896. *Revue prat. de Droit industriel*, 1897, p. 156.

de dommages intérêts intentée par Joost au syndicat.

Après avoir été jugée une première fois par le Tribunal civil de Bourgoin (11 janvier 1890) l'affaire revint, le 28 octobre de la même année, devant la cour de Grenoble (1) qui confirma le premier jugement en disant que, depuis la loi de 1884 sur les syndicats professionnels, il n'y a plus de délit pénal dans le fait de mise à l'interdit et de proscription de l'atelier, ni par suite, de la simple menace, sans violence, de mise à l'interdit adressée à un patron par un syndicat ouvrier, lors même que cette menace aurait pour but d'obtenir le renvoi d'un ouvrier dissident, et de déterminer cet ouvrier à se faire réintégrer dans l'association du syndicat à laquelle il avait cessé d'appartenir. Ces faits ne sauraient davantage constituer un délit civil à l'égard de l'ouvrier visé dans la menace, la pression morale exercée par des moyens licites, dans un but licite, ne pouvant constituer une faute, ni entraîner une responsabilité.

Une note de M. Marcel Moulin, professeur à la faculté de Dijon, sous ce jugement, défend ce système dans les *Pandectes françaises*, mais faiblement, et comme à regret, reconnaissant que sa théorie est loin de ne laisser aucune prise à la critique.

En effet, Joost, peu convaincu, se pourvut en Cassation : la Cour déclara que les menaces n'étaient licites que lorsqu'elles ont pour motif des intérêts professionnels, et cassa l'arrêt.

« Si, disait-elle, depuis l'abrogation de l'article 416 du Code pénal, les menaces de grèves adressées sans vio-

(1) *Pand. fr.*, pér. 1892. 2. 17. *Revue des Sociétés*, 1891, p. 33. — *Droit* du 26 juin 1892. — D. 1891. 2. 241.

lences ni manœuvres frauduleuses par un syndicat à un patron, à la suite d'un concert entre ses membres, sont licites quand elles ont pour objet la défense des intérêts professionnels, elles ne le sont pas lorsqu'elles ont pour but d'imposer au patron le renvoi d'un ouvrier parce qu'il s'est retiré de l'association, et qu'il refuse d'y rentrer (1). »

Ces considérants ne sont d'ailleurs que l'application de l'article 7 de la loi de 1884.

L'affaire, renvoyée devant la Cour de Chambéry, fut jugée une dernière fois dans le sens de la Cour de Cassation (2).

Les syndicats professionnels peuvent donc commettre des fautes engageant leur responsabilité civile aux termes de l'article 1382 du Code civil. C'est ainsi que nous voyons le syndicat ouvrier, déclaré responsable, parce qu'il agit simplement dans le but de nuire à un tiers et sans intérêt professionnel.

Dans le cas présent, l'individu était indifférent en soi, son maintien ou son exclusion ne pouvait avoir aucune influence sur les salaires et il était, pour le patron, sans utilité spéciale (3).

(1) Cass. 22 juin 1892. D., 1892. 1. 449. — *Pand. fr.*, 1893. 1. 425.
(2) 14 mars 1893. D., 1893. 2. 191. et S., 93. 1. 41.
(3) Citons, comme curiosité, le jugement suivant, qui ne fait qu'effleurer notre sujet et qui a été rendu le 27 mai 1904 par la Cour d'appel de Lyon.
Il s'agissait d'une clause d'amnistie accordée à la suite d'une grève et ainsi conçue : « Tous les ouvriers seront réintégrés, à l'exception de ceux condamnés ou qui pourront l'être, pour violences contre les ouvriers ou employés ayant travaillé au cours de la grève, ou attentats contre la propriété, à la condition expresse que, dès maintenant

En résumé, le contrat collectif peut être conclu par le syndicat en son propre nom, et non pas seulement comme mandataire de ses membres ; celui-ci peut exercer une action au sujet de ce contrat, chaque fois *qu'un intérêt syndical* est en jeu ; il peut aussi user de la grève et de l'interdit dans les mêmes cas. Enfin, toujours pour ce même et seul motif, on peut prévoir des espèces où il aura droit à des dommages-intérêts.

En revanche, ce serait une erreur de croire qu'en abrogeant l'article 416 du Code pénal, la loi de 1884 a également eu l'intention d'écarter l'application de l'article 1382 du Code civil, en ce qui concerne les agissements des syndicats.

Il est, en effet, admis, en droit, qu'une règle spéciale ne

et dans l'avenir, il ne soit exercé aucune mesure vexatoire contre les ouvriers ayant travaillé pendant la grève ; dans le cas contraire, les compagnies reprendraient leur liberté d'action. »

Des violences ayant été commises sur les ouvriers restés dans les chantiers, entre le 21 novembre 1902 (date de la signature de la convention) et le 28 (date de la reprise du travail), six ouvriers ne furent pas repris et attaquèrent la Compagnie de Roche-la-Molière et Firminy à laquelle ils appartenaient.

La Cour, revisant un jugement contraire du Tribunal de St-Étienne (13 juillet 1903), déclare que cette clause d'amnistie doit s'entendre en ce sens que l'inaccomplissement de la condition de fait acceptée au nom de tous est opposable à tous ; et il suffit de rechercher, pour savoir si elle a été remplie, non pas si tel ou tel ouvrier a exercé des représailles, mais s'il a été exercé des représailles par des ouvriers contre d'autres ouvriers.

C'est en vain qu'on dirait qu'un ouvrier qui n'a commis aucune faute ne saurait être responsable du fait de ses camarades, l'accord étant intervenu entre deux groupes dont tous les membres se regardaient respectivement comme solidaires. (*Gazette des Tribunaux* des 26, 27 et 28 septembre 1904.)

peut implicitement abroger une règle générale ; or, s'il
est un principe général qui ne puisse être effacé par une
loi particulière, c'est assurément celui de l'article 1382,
car il formule une règle primordiale d'équité (1).

Tels sont les quelques principes que l'on peut dégager
de la jurisprudence flottante que nous venons d'étudier.

C'est trop laisser à l'appréciation de tribunaux qui,
suivant les milieux et les circonstances, jugent dans un
sens ou dans un autre.

(1) Au sujet de l'obligation pour le patron, quand il peut choisir
entre un syndiqué et un non-syndiqué, de prendre le syndiqué, même
s'il est moins bon ouvrier ou célibataire, et d'embaucher les syndiqués
même sans besoin, chaque fois qu'il y a de la place à l'usine, voir
l'*Économiste français* du 15 juin 1901, p. 841.

CHAPITRE III

PROJETS LÉGISLATIFS

Le besoin d'une règle législative, concernant les contrats syndicaux, se fait impérieusement sentir, et nombre d'orateurs sont déjà montés à la tribune de la Chambre pour la réclamer ; bien des propositions ont été déposées sur son bureau ; nous allons rapidement passer en revue les principales et les comparer à ce qui a été fait dans ce sens à l'étranger.

I

France.

Il ne s'agit, naturellement, ici, que des projets intéressant directement le contrat collectif.

Le premier fut présenté, en 1876, par M. Lockroy, avant par conséquent la loi sur les syndicats ; il était relatif à la reconnaissance légale, à l'organisation et au fonctionnement des chambres syndicales patronales et ouvrières. La loi de 1884 n'a pas fait autre chose, mais le projet Lockroy était bien autrement explicite.

« Les syndicats d'une même industrie, disait l'article 4, composés l'un de patrons, l'autre d'ouvriers, pourront conclure entre eux des conventions ayant pour objet de régler les rapports professionnels des membres d'un syndicat avec ceux de l'autre.

« Ces conventions auront force de contrat, et engageront tous les membres des sociétés contractantes, pour la durée stipulée.

« Les dites conventions ne pourront être établies que pour une durée maxima de 5 ans. »

C'était le contrat collectif à temps, légalement reconnu ; mais malgré le rapport de M. Martin-Feuillée (1) qui concluait à la prise en considération du projet, celui-ci ne fut jamais voté.

Tel devait être aussi, en 1895, le sort d'une autre proposition de loi de M. René Goblet sur le louage d'ouvrage (2). Il y prévoit que « le moment ne tardera pas, où c'est avec les syndicats et non avec les ouvriers isolément que les patrons de la grande industrie seront appelés à traiter » et il s'applique dès lors à réglementer le nouveau contrat.

Il ne pourra avoir lieu, soit directement, soit par l'intermédiaire des syndicats, sans convention écrite (art. 1).

Cette convention devra déterminer la durée du contrat, qui ne pourra être moindre d'une année, le salaire de l'ouvrier, les conditions de payement et, s'il y a lieu, les participations aux bénéfices, les sommes qui devront être

(1) Lu à la séance du 10 août 1876. *Journ. offic.*, 1876, p. 8068, annexe n° 492.

(2) *Journ. off.*, 1895, Chambre, doc. parl. S. O., p. 154, annexe n° 1627.

prélevées sur le salaire ou fournies par l'employeur pour constituer les caisses d'assurances, de secours et de retraites (art. 2).

Devaient être annexés au contrat, après avoir été paraphés par les parties, les règlements intérieurs de l'entreprise et les statuts des diverses caisses sus-nommées (art. 3).

Faute de dénonciation un mois avant son expiration, il y avait tacite reconduction du contrat pour une durée égale à celle primitivement fixée (art. 6).

Enfin l'article 8 établissait, sous forme d'amendes, certaines sanctions pour tout contrevenant à la convention.

Cette idée du contrat passé par écrit était certainement très sage, et aurait fait entrer dans les lois, comme il est entré dans l'usage, le contrat collectif, au même titre que le contrat individuel.

Pourtant, la proposition Goblet, comme tant d'autres, renvoyée à la Commission du Travail, trouva dans ses cartons, un asile d'où elle ne devait plus sortir.

Citons encore, dans cet ordre d'idées, un projet plus récent de M. Basly (1), par lequel il préconise l'adoption d'un salaire minimum.

« Ce salaire est fixé, dit le projet, dans chaque arrondissement minéralogique, par des commissions mixtes composées, pour un tiers, par des délégués des exploitants et pour les deux autres tiers, de représentants désignés en assemblée générale dans le sein des assemblées générales (art. 2).

« Ce sont les préfets qui veillent à l'exécution de la loi et sont chargés de la convocation des délégués pa-

____

(1) Ch. des Députés, 22 octobre 1901.

trons et ouvriers, chaque fois que l'une des parties en formule la demande (art. 3). »

Suivent, en deux articles, des pénalités pour les contrevenants.

Il faut remarquer, dans ce projet, la disproportion choquante et voulue entre le nombre des représentants des patrons (1/3) et celui des délégués ouvriers (2/3).

Il s'agissait, en l'espèce, d'ouvriers mineurs, et le projet avait l'avantage de respecter, dans les diverses régions minéralogiques, les différences qui peuvent s'y trouver, soit au point de vue des difficultés d'extraction, soit à celui des conditions d'existence.

La Chambre, après avoir voté l'urgence, a décidé le renvoi à la Commission du travail.

Les projets dont nous avons parlé jusqu'ici, ont tous pour but de réglementer le contrat collectif, proprement dit ; ceux que nous allons étudier maintenant se rapportent plutôt aux moyens à employer pour éviter les heurts violents qui se produisent parfois au sujet de ces contrats, en organisant la conciliation et l'arbitrage.

Nous ne saurions les passer tous en revue, ce qui dépasserait singulièrement le cadre de cet ouvrage ; nous allons donc commencer cette étude à l'année 1889 qui, de fait, forme un point de départ.

En effet, en 1889, plusieurs députés, s'emparant d'un nouveau projet Lockroy — qui n'avait jamais vu le jour, malgré le rapport sommaire de M. Royer, député de l'Aube, concluant à ce qu'on prît ce travail en considération, — le transformèrent suivant leurs idées personnelles, et déposèrent à leur tour des propositions sur le bureau.

Ce fut d'abord celle de MM. Baudin, Thivrier,

Cluseret, etc., qui faisait suite à une autre de M. Bovier-Lapierre (1), et dont l'article unique était ainsi conçu :

« Tout employeur individuel ou collectif qui aura mis obstacle à l'action des syndicats ouvriers reconnus par la loi, en refusant systématiquement de traiter avec eux, sera passible d'une amende. » (500 à 1.000 fr.)

MM. Le Court, de Mun, Tellier de Poncheville avaient, de leur côté, formé une autre proposition sur l'arbitrage (2).

Cette proposition comprenait deux titres :

Le premier n'était guère qu'une reproduction du projet Lockroy, amendé et complété, par lequel les patrons et ouvriers devaient pouvoir, soit d'accord, soit séparément, provoquer entre eux un arbitrage relatif aux taux des salaires, aux modes et époques de payement, à la durée du travail et à ses garanties de salubrité ou de sécurité (3).

---

(1) Voici quelle était la teneur de la proposition Bovier-Lapierre :

Art. 1. — Quiconque sera convaincu d'avoir, par menaces de perte d'emploi ou privation de travail, refus motivé d'embauchage, renvoi collectif d'ouvriers ou employés syndiqués, violences ou voies de fait, dons, offres ou promesses de travail, entravé ou troublé la liberté des associations professionnelles ou empêché l'exercice des droits déterminés par la loi du 21 mars 1884, sera puni d'un emprisonnement d'un mois à trois mois et d'une amende de 100 à 2000 francs.

Art. 2. — Les dispositions de l'article 463 du Code pénal pourront être appliquées aux pénalités de l'article 1er de la présente loi.

Art. 3. — La présente loi est applicable à l'Algérie. Elle est également applicable aux colonies de la Martinique, de la Guadeloupe et de la Réunion. (*Jour. off.*, 1890. S. O. *Documents parlementaires*, p. 509.)

(2) Déposée pour la première fois le 16 juin 1887.

(3) *Journ. off.*, Doc. parl., S. E., 1889, p. 9.

L'autre tendait à faire créer des Conseils d'arbitrage et de conciliation permanents.

Cette loi devait permettre de s'engager d'avance et par écrit, à constituer un Conseil d'arbitrage et à se soumettre à ses décisions.

M.Royer, chargé de même d'étudier le nouveau projet, en avait également demandé la prise en considération.

Enfin, une dernière proposition de MM. Camille et Benjamin Raspail, du 23 janvier 1890, demandait l'arbitrage obligatoire (1).

« Toutes les fois qu'un différend s'élèvera entre patrons et ouvriers, les parties intéressées devront soumettre les questions qui les divisent, à un arbitrage (art. 1). Le Tribunal arbitral sera composé de deux arbitres nommés par les patrons, deux par les ouvriers. — Ils seront choisis, de préférence, dans les corps élus, députés, sénateurs et conseillers généraux (art. 2). Les parties seront représentées chacune par deux délégués (art. 5). En cas de partage, les arbitres s'en adjoindront un cinquième (art. 7). Ces fonctions sont honorifiques (art. 8) (2). — Si les patrons refusent l'arbitrage, une déclaration est faite à la mairie par les ouvriers (art. 9). Si le refus vient au contraire des ouvriers, ils ne pourront pas bénéficier de la loi du 25 mai 1864 (art. 10). Dans le cas où les délégués ouvriers n'accepteraient pas l'arbitrage, ils seront libres, aussitôt la sentence rendue, de se mettre immédiatement en grève.

Pour examiner ces diverses propositions, une commission avait été nommée avec mission d'élaborer

____

(1) *Journ. off.*, Doc. parl., S. O., 1890, p. 251.
(2) Déjà déposée une première fois le 25 mai 1886.

elle-même un projet et M. Lyonnais en fut nommé rapporteur.

Son rapport serait à citer en entier (1) ; son idée est bien de consacrer légalement le contrat collectif ; il le dit d'ailleurs expressément.

Il autorise et réglemente la création de conseils de conciliation et d'arbitrage par les syndicats professionnels de patrons et d'ouvriers ; ces conseils sont destinés « à prévenir et à régler les difficultés qui pourraient naître entre patrons et ouvriers au sujet des règlements d'ateliers, des salaires, des contrats de travail, d'apprentissage, de la durée du travail, du chômage, et généralement de tout ce qui concerne leurs intérêts économiques, industriels, commerciaux et agricoles » (art. 1).

Le bureau spécial de conciliation a surtout pour but *de prévenir* les différends qui peuvent surgir entre patrons et ouvriers, « et compromettre les intérêts des uns et des autres ».

L'article 4 ajoute : « Les engagements pris par le Conseil de conciliation et d'arbitrage lient les parties dans les limites, conditions et durée fixées par l'accord ou les conventions...

« Toutefois tout ouvrier pourra, dans les 48 heures après la remise du texte imprimé de l'accord ou convention, donner avis au patron qu'il ne veut pas être lié par cet engagement. Dans ce cas, l'accord ou convention sera de nul effet entre le patron et l'ouvrier. »

« C'est, en somme, dit M. Raynaud, le même procédé de conciliation entre les deux libertés, que celui de la loi

____

(1) *Journ. off.*, 1889, Chambre, S. O. Doc. parl., p. 1275, annexe 3856.

de 1884 qui réserve à l'ouvrier le droit de sortir à tout instant du syndicat (1). »———

Puis viennent les dispositions concernant les moyens de faire respecter le contrat collectif.

L'accord, dit l'article 5, les conventions ou les règlements faits par le Conseil de conciliation et d'arbitrage *formeront contrat entre les parties* et auront force de loi devant les juridictions compétentes.

Enfin « lorsque la sentence arbitrale aura fixé les conditions de prix ou autres, dans lesquelles un travail industriel devra être effectué, si plus tard, l'exécution du même travail donne lieu à un débat, le procès-verbal d'arbitrage fera foi des termes du contrat intervenu entre patrons et ouvriers. »

C'était bien là le contrat collectif directement conclu, ou résultant d'une sentence arbitrale, mais en tout cas, légalement obligatoire ; malheureusement, la législature prit fin sans que le rapport Lyonnais eut été discuté en séance, et, une fois de plus, le contrat collectif demeura sans règle législative.

Plus tard, dans tout le mouvement qui se rapporte à la création des Conseils du travail, on voit revenir à chaque instant cette même idée de contrat collectif et d'arbitrage.

C'est ainsi qu'une proposition J. Roche et Mesureur, du 20 janvier 1894, prévoit la création de Conseils du travail institués par décrets ou librement fondés par les syndicats pour « prévenir, conclure ou arbitrer les différends entre patrons et ouvriers et employés » (2).

---

(1) Raynaud. Thèse précitée, p. 331.

(2) *Journ. off.* 1894, Chambre, doc. parl., S. O. p. 65, annexe, 270.

Article I. — Il est institué des Conseils de conciliation et d'arbitrage;

Article II. — Patrons et ouvriers pourront les constituer d'un commun accord. (Les modes de formation et de fonctionnement ne sont soumis à aucune condition.)

Ils sont institués par décret, soit d'office, soit à la demande des intéressés, partout où ils sont nécessaires (art. 4).

Ils ont pour mission de délibérer sur les conditions du travail, de prévenir et de régler les différends collectifs. (art. 5).

Chaque conseil se divise en autant de sections qu'il compte de corps de métiers (art. 6) et se compose d'un nombre égal de délégués patrons et ouvriers, élus pour 3 ans (art. 7 et 8).

Le différend peut être porté devant la section de la profession, soit d'accord, soit par un seul des intéressés (art. 15).

Enfin, décide l'art. 21, lorsqu'une décision de conciliation ou d'arbitrage aura fixé les conditions du travail, *elle fera foi en justice, à titre de conditions minima,* pour le règlement des litiges individuels.

Elle fera foi également dans les instances introduites devant les tribunaux compétents par les syndicats professionnels, en vertu des droits que leur confère l'article 6 de la loi du 21 mars 1884.

Nous voyons ici exprimée cette idée que le contrat collectif sera un minimum dans le métier; rien n'empêchera qu'un contrat individuel, se greffant sur lui, n'accorde à l'ouvrier des conditions plus avantageuses.

Quant au contrat individuel qui n'accorderait pas à l'ouvrier ce minimum, l'auteur du projet l'écarte nettement, à moins toutefois qu'il ne fût antérieur au contrat collectif.

Cette idée de minimum qui peut être dépassé, semble, à notre avis, appelée à un grand avenir et supprimer l'une des observations le plus justifiées des adversaires du contrat collectif, à savoir que tous les ouvriers ne connaissent pas également leur métier.

Jamais, d'ailleurs, une loi instituant des Conseils du travail, ne fut votée, et c'est M. Millerand, qui réalisa cette création par décret du 28 septembre 1900.

Ce décret, s'il faut en croire M. Raynaud, n'est que le prologue du projet de MM. Waldeck-Rousseau et Millerand, déposé à la Chambre le 15 novembre 1900 (1).

Il s'agissait d'étendre la capacité des syndicats qui devaient avoir le même droit de posséder que les sociétés et, de plus, pourraient recevoir à titre gratuit sans autorisation.

« D'après cette loi, le syndicat devait désormais être capable, — sans même se conformer au droit commun en ce qui concerne la constitution des sociétés, — de créer, par exemple, un atelier en fondant une société « composée de 7 parts à 25 francs l'une, toutes souscrites par le syndicat, lequel pourra se borner à verser de suite le 1/10ᵉ soit 17 fr. 50! » (M. Hubert-Valleroux).

Quelle surface aurait présenté une telle institution, et quelle solvabilité, quand les membres ne s'engageaient que jusqu'à concurrence de leur souscription annuelle ?

« C'est ainsi, — continue M. Hubert-Valleroux, — qu'un syndicat, cela se voit, composé de 10 membres promettant chacun une cotisation de un franc, peut constituer

(1) Raynaud Thèse précitée, p. 337.

une et même plusieurs sociétés commerciales et s'engager pour des centaines et des milliers de francs. »

Dans cette loi, un article devait être ainsi conçu :

« L'entrave volontairement apportée à l'exercice de la présente loi, par voie de refus d'embauchage ou de renvoi, la mise en interdit prononcée par un syndicat dans un but autre que d'assurer les conditions du travail législativement fixées et la jouissance des droits reconnus aux citoyens par les lois, constitue un délit civil et donne lieu à l'action en réparation du préjudice causé. Cette action peut être intentée, soit par la partie lésée, soit, dans le cas prévu au paragraphe premier, par le syndicat. »

Si jamais cet article avait été voté, c'eut été, à n'en pas douter, la prédominance absolue des syndicats.

La loi précise ailleurs le rôle que joueront les Conseils du travail dans la formation des contrats collectifs et le règlement *amiable* des différends relatifs aux conditions du travail.

« L'idée dominante du projet, dit M. Raynaud, d'une manière générale, et plus particulièrement au point de vue du contrat collectif, est que les majorités, en principe, lient les minorités dans les questions concernant le travail ; sans doute on prend soin de protéger la liberté individuelle avant la formation du contrat collectif, mais, celui-ci formé, il vaut et il s'impose à l'égard de tous les ouvriers intéressés. »

« Rien n'a été tenté, en France, jusqu'à présent, dit l'exposé des motifs de la loi, pour établir législativement des rapports réguliers entre patrons et ouvriers de chaque industrie, en dehors des heures de présence à l'atelier et cependant, depuis que, par le développement des forces mécaniques, l'usine s'est agrandie et que le chef industriel s'est éloigné de plus en plus du travailleur proprement dit, jamais l'urgence de ces relations, *la nécessité d'un contrat collectif discuté librement entre ces deux forces*, ne s'est fait plus vivement sentir (1). »

Quant à l'arbitrage, le projet dispose :

Art. 23. — Les sentences arbitrales rendues par les premiers arbitres, l'arbitre départiteur ou les sections du Conseil du travail, consignées dans des procès-verbaux signés par les arbitres, vaudront convention entre les parties pour une période de six mois.

— La sentence arbitrale, dit l'article 24, aura un effet rétroactif.

Enfin, l'article 25 assure la conservation et la publicité de ces sentences.

Le projet Waldeck-Rousseau ne clôture d'ailleurs pas la série et, en 1903, l'abbé Lemire proposa à la Chambre d'étendre la capacité d'ester des syndicats, aux intérêts professionnels individuels des syndiqués (2).

Les unions de syndicats auraient eu, de même, la personnalité morale, la capacité de plaider, de recevoir à titre gratuit, de posséder les meubles et immeubles nécessaires à l'accomplissement de leur but et jusqu'à des immeubles destinés à l'habitation des syndiqués.

Le projet réclamait la légitimité de la mise à l'index d'un établissement, pour refus d'embauchage ou renvoi pour le seul motif que l'ouvrier qui en était victime, était affiché à un syndicat déterminé.

____

(1) Raynaud. Thèse précitée, p. 339 et suiv.
(2) *Revue de Droit civil*, t. II, p. 234. — *Journ. off.*, Doc. parl., Chambre S. E. 1903, annexe 198, p. 530.

Il reconnaissait enfin aux syndicats, le droit de faire des contrats collectifs relatifs aux conditions du travail, d'en poursuivre l'exécution et, au cas contraire, d'obtenir des dommages et intérêts (1).

Enfin la dernière proposition parvenue à notre connaissance, est celle que M. Vaillant opposa la même année au projet caduc de M. Waldeck-Rousseau, dans la législature précédente (2).

Ce projet abroge « toutes les lois, tous décrets et règlements limitant le droit d'association et de coalition ouvrières. D'après l'article 3, les syndicats professionnels ont exclusivement pour objet l'étude, la défense et le progrès des intérêts professionnels (3).

(1) Déjà soumis à la législature précédente.

(2) *Journ. off.* Doc. parl., Chambre S. O. 1903, annexe 730, p. 93 et *Revue de Droit civil*, t. II, p. 465.

(3) Tableau comparatif de la loi du 21 mars 1884 et du projet Vaillant.

Loi de 1884	*Projet Vaillant.*
Art. 1. — Sont abrogées la loi des 14-27 juin 1791 et l'article 416 du Code pénal. Les articles 291, 292, 293, 294 du Code pénal et la loi du 10 avril 1834 ne sont pas applicables aux syndicats professionnels.	Art. 1. § 3 (nouveau). — Les articles 414 et 415 du Code pénal sont supprimés. § 4. Sont abrogés toutes lois et tous décrets et règlements limitant le droit d'association et de coalition ouvrières.
Art. 2. — Les syndicats ou associations professionnels même de plus de vingt personnes exerçant la même profession, des métiers similaires ou des professions connexes concourant à l'établissement de produits déterminés	Art. 2 — Les syndicats ou associations professionnels, quels que soient la fonction publique ou privée, le nombre, le sexe, la nationalité de leurs membres, et quelle que soit la profession qu'ils exercent, tous les salariés de l'État,

Tel est, à l'heure actuelle, l'état des différents projets législatifs sur notre sujet, car la Chambre n'a encore rien voté.

pourront se constituer librement sans l'autorisation du gouvernement.

des départements et des communes, comme ceux de l'industrie, de l'agriculture et du commerce, pourront, ainsi que leurs fédérations et leur confédération, se constituer et s'organiser librement sans l'autorisation du gouvernement.

Art. 3. — Les syndicats professionnels ont exclusivement pour objet l'étude et la défense des intérêts économiques, industriels, commerciaux et agricoles.

Art. 3. — Les syndicats profesionels ont exclusivement pour objet l'étude, la défense et *le progrès* des intérêts professionnels économiques et *sociaux*.

Art. 4. — Les fondateurs de tout syndicat professionnel devront déposer les statuts et les noms de ceux qui, à un titre quelconque, sont chargés de l'administration et de la direction. Ce dépôt aura lieu à la Mairie de la localité où le syndicat est établi, et à Paris, à la Préfecture de la Seine. Ce dépôt sera renouvelé à chaque changement de la direction ou des statuts. Communication des statuts devra être donnée par le Maire ou par le Préfet de la Seine, au Procureur de la République. Les membres de tout syndicat professionnel, chargés de l'administration et de la direction de ce syndicat, devront être Français et jouir de leurs droits civils.

Art. 4. Supprimer cet article.

Il semble qu'elle ait peur d'agiter ces questions.

On ne saurait en effet trop réfléchir avant de voter une loi dont les conséquences peuvent être incalculables

Art. 5. — Les syndicats professionnels, régulièrement constitués d'après les prescriptions de la présente loi, pourront librement se concerter pour l'étude et la défense de leurs intérêts économiques, industriels, commerciaux et agricoles. Ces unions devront faire connaître conformément au 2e paragraphe de l'article 4 les noms des syndicats qui les composent. Elles ne pourront posséder aucun immeuble, ni ester en justice.

Art. 6. — Les syndicats professionnels de patrons ou d'ouvriers auront le droit d'ester en justice. Ils pourront employer les sommes provenant des cotisations. Toutefois ils ne pourront acquérir d'autres immeubles que ceux qui sont nécessaires à leurs réunions, à leurs bibliothèques et à leurs cours d'instruction professionnelle. Ils pourront, sans autorisation mais en se conformant aux autres dispositions de la loi, constituer entre leurs membres des caisses spéciales de secours mutuels et de retraite. Ils pourront librement créer et administrer des offices de renseignements pour es offres et demandes de travail.

Art. 5. — Les syndicats professionnels pourront librement se concerter pour l'étude, la défense et le progrès de leurs intérêts professionnels économiques et sociaux

Art. 6. — Les contestations relatives à l'exécution des conventions collectives et individuelles entre patrons et ouvriers, seront soumises au conseil des prud'hommes qui jugera définitivement et sans appel.

Art. 6 *bis*. — Les syndicats professionnels ont le droit d'acquérir sans autorisation, les biens meubles et immeubles. Ils pourront librement employer les sommes provenant de cotisations. Ils pourront librement constituer des caisses de résistance et d'assurance contre le chômage, la maladie, l'invalidité, la vieillesse et tous risques sociaux. Ils pourront

pour l'avenir du pays et qui, pouvant le conduire peut-être à la prospérité industrielle, risquerait peut-être aussi, pourrait-on dire si le mot ne semblait bien gros de

Ils pourront être consultés sur tous les différends et toutes les questions se rattachant à leur spécialité. Dans les affaires contentieuses, les avis du syndicat seront tenus à la disposition des parties qui pourront en prendre communication et copie.

librement créer et administrer des bourses du travail et des offices pour les offres et demandes de travail. Ils pourront librement assurer le fonctionnement de leurs fédérations et de la confédération du travail. Ils seront consultés sur toutes les questions se rattachant à leurs fonctions.

Art. 7. — Tout membre d'un syndicat professionnel peut se retirer à tout instant de l'association, nonobstant toute clause contraire, mais sans préjudice du droit pour le syndicat de réclamer la cotisation de l'année courante. Toute personne qui se retire d'un syndicat, conserve le droit d'être membre des sociétés de secours mutuels et de pensions de retraite pour la vieillesse à l'actif desquelles elle a contribué par des versements de fonds.

Art. 7. — Supprimer cet article.

Art. 8. — Lorsque les biens auront été acquis contrairement aux dispositions de l'article 6, la nullité de l'acquisition ou de la libéralité, pourra être demandée par le Procureur de la République ou les intéressés. Dans le cas d'acquisition à titre onéreux, les immeubles seront vendus et le prix

Art. 8. — Supprimer cet article.

conséquences, de le mener jusqu'au bord de la révolution sociale.

Quoiqu'il en soit, nous allons voir maintenant dans les différents pays, à quel point en sont arrivées les

en sera déposé à la caisse de l'association. Dans le cas de libéralité, les biens feront retour aux disposants ou à leurs héritiers ou ayants cause.

Art. 9. — Les infractions aux dispositions des articles 2, 3, 4, 5 et 6 de la présente loi seront poursuivies contre les directeurs ou administrateurs du syndicat et punies d'une amende de 16 à 200 francs. Les tribunaux pourront, en outre, à la diligence du Procureur de la République, prononcer la dissolution du syndicat et la nullité des acquisitions d'immeubles faites en violation des dispositions de l'art. 6. Au cas de fausse déclaration relative aux statuts et aux noms et qualités des administrateurs et directeurs, l'amende pourra être portée à 500 francs.

Art. 9. — Tous patrons ou entrepreneurs d'ouvrages, et contremaîtres qui seront convaincus d'avoir par menace de perte d'emploi ou de privation de travail, refus motivé d'embauchage, renvoi d'ouvriers ou d'employés à raison de leur qualité de syndiqués, violences ou voies de fait, offres ou promesses de travail, contraint ou empêché de faire partie d'un syndicat et entravé ou troublé la création ou le fonctionnement des syndicats professionnels reconnus par la loi du 21 mars 1884 (modifiée par la présente loi) seront punis d'un emprisonnement de six jours à un mois et d'une amende de 100 fr. à 2000 fr. ou de l'une de ces deux peines seulement (1).

(1) Cet art. 9 est la reproduction de la loi Bovier-Lapierre, votée par la Chambre en avril 1892.

mêmes questions, afin de nous rendre bien exactement compte, si nous sommes aujourd'hui encore, comme il y a un siècle, à la tête du mouvement (1).

Art. 10. — La présente loi est applicable à l'Algérie. Elle est également applicable aux colonies de la Martinique, de la Guadeloupe et de la Réunion. Toutefois les travailleurs étrangers et engagés sous le nom d'immigrants ne pourront faire partie des syndicats.

Art. 10. — La présente loi est applicable à l'Algérie et aux Colonies.

(1) Citons ici, à titre documentaire, l'article suivant du *Petit Parisien*, du 13 novembre 1904 :

« M. André Lefèvre, rapporteur du budget de la Ville de Paris, a eu hier avec M. Arthur Fontaine, directeur du travail au Ministère du Commerce, une longue conférence ayant pour objet la création d'une caisse municipale de chômage. Les crédits qui lui seraient affectés permettraient de subventionner ceux des syndicats ouvriers parisiens accordant des secours de chômage à leurs adhérents.

» M. André Lefèvre s'est inspiré du vœu émis par le Conseil supérieur du travail, car l'essai tenté à Paris sera conforme à celui que donne la ville de Gand. La caisse des chômeurs serait gérée par les représentants des syndicats ouvriers ou fédérations de métiers et d'industries pratiquant l'assistance aux chômeurs de leurs corporations respectives. Ces organisations recevraient une subvention équivalente à 20 % des indemnités payées par elle aux adhérents. »

II

LÉGISLATIONS ÉTRANGÈRES

Allemagne.

Les contrats collectifs sont assez peu développés en Allemagne.

Les associations professionnelles ne sont pas encore reconnues par la loi, et ne sont guère autre chose que nos anciennes corporations établies par branches d'industries dans tout l'Empire.

D'autre part, les partis ouvriers y sont fort nombreux, *Artisans* et *Industriels* allemands, qui voudraient le rétablissement complet des anciennes corporations ; *Socialistes démocratiques* qui veulent purement et simplement la révolution sociale ou *monarchistes*, qui leur font contrepoids et sont une invention de Bismarck ; *Socialistes-progressistes*, enfin, qui comprennent les *progressistes*, *catholiques*, *socialistes-ouvriers*, et *chrétiens-socialistes-ouvriers*.

La plupart de ces partis ont détourné les ouvriers du véritable terrain professionnel, en les amenant sur celui de la politique, c'est donc, pour ainsi dire, « par accident » que l'on rencontre le contrat collectif.

Cependant quelques mesures législatives ont été prises.

Autorisation a été donnée aux associations de représenter, vis-à-vis de leurs patrons, les intérêts et droits des ouvriers, avec l'obligation d'endosser la responsabilité des engagements contractés par lesdits ouvriers en vue de l'exécution d'un travail.

La loi du 25 mars 1869, connue sous le nom de Code Industriel de l'Allemagne du nord (*Gewerbe Ordnung für den Norddeutschen Bund*) proclame formellement le principe de liberté industrielle et commerciale dans son article 1.

Celle du 18 juillet 1881, votée sous l'influence des socialistes d'État, transforme les associations libres en corporations obligatoires où ont le droit de se faire inscrire tous ceux qui exercent le métier dans une même localité ; elles surveillent l'apprentissage en imposant aux patrons libres des règlements qu'elles arrêtent, préviennent les conflits ou y portent remède en formant des tribunaux de conciliation et d'arbitrage.

D'autre part, une loi du 6 juillet 1884 sur les accidents du travail, groupe d'office tous ceux qui sont tenus à l'assurance dans chaque profession, et un projet du docteur Hirsch, en date du 18 novembre 1885, sur les unions de métiers (*Gewerkvereine*) permettait de distribuer des secours aux adhérents, fondait des bureaux de conciliation et d'arbitrage, et fournissait l'éducation technique aux apprentis.

La personnalité civile a été accordée aux unions de corporations par une loi du 23 avril 1886 et d'autres lois postérieures ont imposé l'assurance obligatoire contre les accidents et la maladie. Cependant, à la différence de notre loi de 1884, les ouvriers ont la faculté, d'après la législation allemande, de former des syndicats ouvriers dépourvus de la personnalité civile, mais qui sont soumis à la surveillance du gouvernement (1).

(1) Hubert-Valleroux. *Corps d'arts et métiers et syndicats professionnels*, 1885, p. 374.

Plusieurs lois, enfin, se rapportent à l'arbitrage.

La loi du 29 mars 1879 a modifié le Code industriel de 1869 dont il a été parlé plus haut, et réglementé l'institution des arbitres dans tout l'Empire ; d'après cette loi, la procédure de l'arbitrage est gratuite et non obligatoire, l'arbitre ne rend pas de décision, et constate seulement l'arrangement ou le refus de conciliation.

Une autre loi, du 6 juillet 1884, sur les accidents du travail, a créé une juridiction arbitrale nouvelle. Par les articles 46 et suivants, elle organise des tribunaux arbitraux qui décident comme juridiction d'appel des règlements d'indemnités.

D'autre part, les corporations d'arts et métiers peuvent, en outre, en vertu d'une loi de revision du 18 juillet 1881, constituer des tribunaux d'arbitrage pour juger les différends qui existent entre maîtres et compagnons.

Telle est, brièvement résumée, la situation en Allemagne. Nous sommes loin du régime de liberté absolue qui distingue les deux pays que nous allons étudier maintenant : les États-Unis d'Amérique et l'Angleterre (1).

Amérique.

Ici règne la plus grande liberté ; l'État n'a pas cherché à établir des règles précises et étroites pour endiguer le mouvement, chacun agit à sa guise et défend soi-même ses intérêts.

Les unions de métiers, calquées sur les organisations similaires anglaises, remontent à un demi-siècle, les

(1) Voir Raynaud, Thèse précitée, p. 159.

différentes industries ne datant, d'ailleurs, guère de plus haut, mais elles n'ont vraiment pris de développement que depuis 1871-1872.

Leur but est surtout d'élever les salaires ; le régime de liberté absolue varie fort peu suivant les États.

Le 18 novembre 1881, sous l'influence d'une union de typographes, un congrès de toutes les associations ouvrières américaines eut lieu à Pittsburg, dans le but de propager la théorie unioniste.

De leur côté, les patrons, par mesure de défense, s'unirent également, décidant, entre autres choses, la fermeture de tous les ateliers en cas de grève dans l'un d'eux ; une des plus importantes parmi ces unions est la « Western Iron and Steel manufacture's offensive and defensive alliance ».

Enfin, en 1869, s'organisa à Philadelphie, la Société des Chevaliers du travail, dans le genre des Trade-Unions anglaises que nous allons étudier tout à l'heure.

D'abord secrète, cette organisation fonctionna au grand jour à partir de 1879 ; ses principales revendications sont : le payement égal pour les deux sexes en cas de travail égal, un maximum de huit heures de travail, et enfin la création d'une loi générale d'arbitrage.

Plusieurs États possèdent déjà une loi semblable.

En 1886, dans le New-Jersey, une loi décida que les grèves et les lockouts seraient jugés par un tribunal spécial formé de deux arbitres : l'un patron et l'autre ouvrier, à qui un troisième serait adjoint pour les départager.

La Pensylvanie avait déjà créé, en 1883, des tribunaux d'arbitrage. Ils pouvaient être autorisés par les présidents de justice de paix sur pétition de cinquante ouvriers et de cinq patrons. L'Impair, c'est-à-dire l'arbitre qui doit départager les voix, était élu par un nombre égal de patrons et d'ouvriers, le consentement par écrit des deux parties étant nécessaire pour saisir valablement le tribunal. Le jugement de ces arbitres était définitif et obligatoire.

Les États d'Iowa, du Kansas et de l'Ohio, se donnèrent des organisations semblables.

A New-York, autre système : quatre arbitres, deux patrons et deux ouvriers, sont départagés par un Impair qu'ils nomment eux-mêmes et, de plus, les parties peuvent en appeler de leurs décisions, à un tribunal spécial nommé pour un an par le gouverneur de l'État.

Enfin, dans le Massachussets, le gouverneur nomme deux arbitres, l'un patron, l'autre ouvrier, qui désignent eux-mêmes l'Impair ; la durée des fonctions du tribunal est d'un an, ses décisions étant obligatoires pendant six mois.

D'ailleurs, en dehors de toutes ces lois, l'initiative individuelle est grande et, de plus, les desiderata des Chevaliers du travail se sont trouvés en partie remplis. La Chambre a voté, en effet, durant la session de 1886, un projet d'arbitrage entre les États pour les questions de chemins de fer. On peut donc dire que, pratiquement, la question de l'arbitrage est résolue aux États-Unis.

Pourtant, si la liberté d'association professionnelle y est entière, la personnalité civile n'existe, dans plusieurs États, que sous la condition du dépôt des statuts au bureau du district.

Le contrat collectif ne tarda pas aussi à s'implanter en Amérique ; il débuta dans la métallurgie, avec un système d'échelle mobile assez curieux, basé sur le prix du fer, et peu à peu il se répandit dans les mines (le premier remonte au mois d'avril 1869), dans l'imprimerie (contrat national en 1900), dans la cordonnerie, la cristallerie, la verrerie, la fonderie (où l'on voudrait arriver aussi au contrat national), dans la chapellerie, la filature du coton, le tissage, les tramways, les chemins de fer, la confection, la brasserie, etc.

À remarquer ce contrat national poussant le plus loin possible l'unification des clauses, mais manquant, par cela même, de souplesse et semblant inciter les associations professionnelles à pousser trop loin leur intervention.

En somme, dans la plupart des États, le contrat collectif est reconnu par les tribunaux (1).

Angleterre.

Nous avons vu que, si l'Amérique possède une association ouvrière aussi sage et aussi pratique, elle le doit à l'exemple que lui en a donné l'Angleterre. Celle-ci fut, en effet, la première à posséder une organisation remarquable en la matière.

« Pour connaître la situation de l'Angleterre au point de vue de l'organisation ouvrière, dit M. Lyonnais dans son rapport du 27 juin 1889 (2), il suffit de faire un rapide historique des Trade-Unions, les plus parfaites et les plus puissantes associations qui existent à l'heure actuelle dans le monde entier. »

On est frappé d'admiration en suivant pas à pas l'œuvre accomplie, avec une volonté réfléchie, une ténacité que rien ne déconcerte, par les ouvriers anglais.

(1) Raynaud. Thèse précitée, p. 144.
(2) *Journal Officiel*, 1889. Chambre, Doc. parl., p. 1279.

En 1800, l'Angleterre semblait pourtant pas prendre la tête du mouvement et, par une loi, votait la défense des coalitions. Cette loi, d'ailleurs, n'aboutit guère qu'à la formation d'un certain nombre de sociétés secrètes qui poursuivirent leur but par tous les moyens à leur portée et parfois par le crime ; une loi de 1824 abrogea bientôt ce régime, mais les grands industriels parvinrent, un an après, à l'atténuer en faisant voter ce qu'on appela l'*Act of conspiracy* qui entourait la coalition de difficultés multiples.

Il faut aller jusqu'en 1871, pour trouver une loi nouvelle sur la matière ; celle-ci accorde aux associations professionnelles la personnalité civile, c'est-à-dire le droit de posséder et celui de disposer des cotisations de ses membres ; elle affranchit enfin les coalitions des entraves que leur avait apportées l'*Act of conspiracy* (1).

En résumé, tandis que les patrons se sont groupés en corporations puissantes, connues sous le nom de *Craft-Guilds*, les ouvriers ont, de leur côté, formé pour les combattre, des associations ou *Trade-Unions* dont les adhérents sont, à l'heure actuelle, près de deux millions, disposent de plus de soixante millions de fonds de roulement et traitent avec les patrons sur le pied de puissance à puissance.

Ces Trade-Unions furent d'abord défendues, puis tolérées, et enfin autorisées par les *Acts* du Parlement des 29 juillet 1871 et 30 juin 1876, qui ont reconnu la liberté d'association professionnelle, le droit de coalition sans violences et la personnalité civile des associations par

____

(1) Il y a encore une loi du 13 août 1875, mais elle est spéciale aux coalitions pour les distributions d'eau et de gaz.

enregistrement de leurs statuts aux bureaux du *Registrar*.

L'arbitrage y est très bien organisé depuis le commencement du siècle et fut une conséquence inattendue de la Révolution française, mais ce n'est qu'à partir de 1800 qu'un système permanent fonctionna d'une façon régulière.

Il est fort ingénieux : un conseil est composé d'un nombre égal de patrons et d'ouvriers nommés par leurs associations respectives. Surgit-il une difficulté, elle est d'abord soumise aux deux secrétaires du conseil qui essaient de l'aplanir ; s'ils échouent, elle est ensuite portée devant un conseil d'enquête composé de deux patrons et de deux ouvriers qui ne peut résoudre la question qu'à l'amiable et du consentement des deux parties. Un second échec est-il subi, le conseil de conciliation et d'arbitrage intervient alors lui-même.

Enfin, lorsque tous les moyens de conciliation ont été épuisés, un article du règlement prévoit la nomination d'un arbitre permanent dont la décision est sans appel. Cet arbitre, choisi dans la profession, ne doit pas assister aux séances du conseil.

Ces conseils fort ingénieusement conçus, à compétence très étendue et qui mettent en présence continuelle patrons et ouvriers, ont fait tomber bien des préventions et mis dans les rapports communs une courtoisie qu'on chercherait vainement dans d'autres pays.

Quant au contrat collectif proprement dit, il est particulièrement répandu en Angleterre et mérite, à ce titre, une étude spéciale.

MM. B. et S. Webb expliquent que le contrat collectif dépasse de beaucoup le trade-unionisme dans le champ industriel : « Notre impression est que, dans tous les métiers qualifiés (*skilled trades*) où les hommes travaillent de concert dans les locaux du patron, 90 0/0 des ouvriers trouvent, soit le taux de leurs salaires, soit les heures de travail et souvent bien d'autres détails fixés par un contrat collectif, auquel ils n'ont pas pris part, mais dans lequel leurs intérêts ont été soutenus par les représentants de leur classe (1). »

C'est peut-être dans l'industrie du bâtiment que le contrat collectif est le plus anciennement connu. Il existe des statuts du conseil d'arbitrage et de conciliation pour l'industrie du bâtiment, à Wolverhampton (2), votés le 18 mars 1866 qui sont, en bien des points, purement et simplement un contrat collectif.

Un contrat collectif a été signé en 1892 entre l'Association centrale des masters builders de Londres et les délégués des unions de briquetiers, charpentiers, menuisiers, tailleurs de pierre, plâtriers, peintres, forgerons, ajusteurs et manœuvres (3) ; le 30 avril 1896, autre convention entre l' « Union des maçons de briques » et l'association centrale (4) et le 6 mai entre cette même association et l'union des plâtriers de Londres.

Il en est de même en dehors de la capitale, le 17 juin 1895, l'association des patrons du district de Manchester et de Salford, passait un contrat collectif avec l'association des ouvriers sur les salaires, heures et conditions de travail, frais de déplacement, etc...

« On peut signaler de même, un contrat collectif du 7 février 1898 entre les patrons ardoisiers et tuiliers de

(1) *Industrial Democraty*, vol. II. *The method of collective Bargaining*.
(2) Office du travail. *Conciliation et arbitrage*, p. 178.
(3) De Rousiers. *Le Trade Unionisme en Angleterre*. p. 63.
(4) *Labour Gazette*, mai 1896, p. 143.

Leicester et la branche de Leicester des « Amalgamated slaters and tilers of England »-ardoisiers et tuiliers réunis d'Angleterre (1). »

Le contrat collectif est également très répandu dans les mines, les industries métallurgiques et textiles. Il est incontestable que ce genre de contrat a donné à l'ouvrier bien des garanties, mais cela ne veut pas dire que tout y soit parfait ; certaines clauses, par exemple, défendent parfois aux ouvriers de prendre leurs fils comme apprentis, d'autres imposent, pour entrer dans le métier, une obligation d'apprentissage ; parfois c'est la profession elle-même qui est réglementée par le contrat collectif, ou bien une clause interdit le travail direct pour le consommateur.

Il est clair que ces clauses sont évidemment arbitraires et, comme dit M. Raynaud, ramèneraient vite les Anglais au régime corporatif avec toutes ses restrictions.

Il n'en est pas moins indéniable que le contrat collectif a produit, en Angleterre, des résultats remarquables qu'une étude de détail approfondie, dont la place n'est malheureusement pas ici, permettrait de bien mieux saisir (2).

Ajoutons cependant que, par un paradoxe assez piquant, comme dit M. Raynaud, c'est précisément en Angleterre, terre natale du contrat collectif, que nous constatons une absence absolue de réglementation légale.

En effet, la section IV du Trade-Union, Act de 1871, dispose :

« Rien dans cet Act ne rendra une Cour capable de

____

(1) Raynaud. Thèse précitée, p. 105.
(2) Voir, pour cette partie, la thèse de M. Raynaud. Ch. IV.

recevoir une action légale introduite dans le but direct de faire augmenter ou de recouvrer des dommages pour la rupture d'un des contrats suivants :

« 1° Les engagements pris par des associés, de vendre ou de ne pas vendre leurs biens, d'accepter ou de refuser certains emplois ou certains genres de travail et ce, pendant la durée de la société...

« Et surtout : 3° les arrangements pris entre plusieurs unions (1).

« Cette disposition se ressent sans doute des anciennes dispositions prohibitives de la législation anglaise sur les Trade-Unions ; mais à l'époque elle a été surtout introduite dans la législation sur le désir formel des unions, qui craignaient le contrôle des tribunaux.

« D'ailleurs, un mouvement d'idées s'est déjà dessiné en Angleterre en faveur d'une réforme législative : une proposition du duc de Devonshire et de plusieurs de ses collègues (2), membres de la commission du travail, faite au nom de la minorité, avait pour objet de rendre les Trade-Unions capables de passer des contrats collectifs légalement obligatoires au nom de tous leurs membres : ainsi une fois le contrat collectif signé, les parties eussent été responsables en dommages-intérêts sur leurs fonds professionnels de la rupture du contrat par quelqu'un de leurs membres et eussent été autorisées, d'autre part, à recouvrer ces dommages intérêts payés à l'union con-

(1) *Annuaire de législation étrangère*, 1871, p. 56.

(2) Notamment les membres patrons de la commission, suivants : M. Thomas Ismay, propriétaire de navires. M Georges Livesey, directeur de Cie du gaz, M. William Tunstell, directeur de Cie de chemins de fer (note de M. Raynaud).

traclante contre les individus qui auraient enfreint le traité (1).

« La question est importante et vaut qu'on s'y arrête : car dans ce débat, entre la majorité et la minorité de la commission, c'est toute la question de l'opportunité de la reconnaissance légale du contrat collectif qui est engagée (2). »

Il se pourrait que la proposition du duc de Devonshire fût réalisée un jour par la jurisprudence et, que par là, « une nouvelle porte fût ouverte au contrat collectif et à son exécution en justice ».

Autriche-Hongrie.

Si l'Angleterre accorde aux associations ouvrières une liberté absolue, tel n'est pas précisément le système autrichien.

Jusqu'en 1848, d'ailleurs, le système employé fut purement le régime féodal des corporations dans toute sa rigueur. Ce n'est que le 25 décembre 1859 que fut proclamé le principe de la liberté du travail : la loi conservait, d'ailleurs, les anciens corps de métiers en qualité d'associations libres avec leurs privilèges et leur capacité civile.

Une loi de 1872 devait plus tard établir en Hongrie un régime à peu près analogue.

Entre temps, la Constitution du 21 décembre 1867 accordait à tous les citoyens le droit de se réunir et de former des associations.

(1) *Firth and Final Report*, p. 115 et suiv.
(2) Raynaud. Thèse précitée, p. 296.

Cette liberté d'industrie ne devait pas subsister long-temps, et une loi du 15 mars 1883 pour l'Autriche, du 21 mai 1884 pour la Hongrie, rétablit le caractère obliga-toire du groupement industriel, excepté pour la grande industrie dont les travaux n'intéressent ni l'hygiène, ni la moralité, ni la sécurité publique.

Ces lois, qui sont toute une organisation de système corporatif légal, interdisent, tant aux patrons qu'aux ouvriers, d'interrompre le travail de concert.

Inutile d'ajouter qu'un tel système nous offre peu de choses intéressantes à étudier.

Belgique.

Il n'en est pas de même de la Belgique, quoiqu'elle n'ait pas d'organisation comparable à celle de l'Angle-terre ou des États-Unis.

Sa législation, bien que peu favorable aux syndicats, n'a cependant pas empêché des groupements de se former ; à Bruxelles, notamment, deux partis sont en présence ; le parti ouvrier qui attend une évolution lente, le parti socialiste républicain aux yeux de qui, une révolution amènerait beaucoup plus rapidement un résultat plus appréciable.

Quoi qu'il en soit, la constitution belge, dans son article 20, a accordé et reconnu le droit d'association et de réunion, mais, d'une part, la personnalité civile ne peut être concédée aux syndicats que par un acte gouver-nemental et, d'un autre côté, jusqu'à une loi du 31 mai 1866 qui l'abrogea, un article du Code pénal belge était ainsi conçu : « Sera punie... toute personne qui, dans le but de forcer la hausse ou la baisse des salaires ou de porter atteinte au libre exercice de l'industrie et du travail, aura commis des violences, proféré des injures ou des menaces, prononcé des amendes, des défenses, des interdictions ou toute proscription quelconque, soit contre ceux qui travaillent, soit contre ceux qui font travailler.

« Il en sera de même de ceux qui, par des rassemblements près des établissements ou auprès de la demeure de ceux qui les dirigent, auront porté atteinte à la liberté des maîtres et des ouvriers. »

Il y a, cependant, en Belgique, une tendance vers un système de conciliation et d'arbitrage.

La deuxième section de la commission d'enquête sur le travail a été chargée d'étudier un projet pour l'institution de conseils de conciliation en Belgique (1).

Ce projet n'établissait pas l'arbitrage forcé, mais l'État intervenait pour la formation et le fonctionnement des conseils.

Ils ne pouvaient être composés que de patrons effectifs ou de directeurs, ingénieurs ou comptables des établissements représentés et, d'autre part, d'ouvriers capables, d'être électeurs de délégués, c'est-à-dire âgés de 25 ans au moins et exerçant effectivement leur métier depuis quatre ans dans un des établissements intéressés.

Quant aux contrats collectifs, ils sont rares et ne font pas grands progrès, la loi belge les reconnaît comme contrats de droit privé légalement obligatoires entre les parties (2).

(1) Vers la même époque, M. Frère Orban déposa, sur le même sujet, un projet qui ne fut pas pris en considération.

(2) Raynaud. Thèse précitée. p. 157.

Espagne.

Peu de choses à dire sur ce pays. Les associations professionnelles y ont été permises par la loi du 30 juin 1887 et elles jouissent de la personnalité civile, moyennant certaines conditions.

L'Espagne n'offre, au point de vue du contrat collectif industriel, aucun intérêt spécial : il y est à peu près inconnu.

Italie.

Il y a dans le nord de l'Italie quelques unions de métiers ; le statut italien n'a pas, à la vérité, proclamé la liberté d'association, mais l'exercice de ce droit est entré dans les mœurs. On y rencontre surtout, à vrai dire, des Associations agricoles et des Sociétés de crédit.

L'Italie a vécu, jusqu'en 1884, sous le régime suivant :

Les coalitions de patrons pour baisser les salaires ou payer en subsistances ; les coalitions d'ouvriers pour arrêter le travail ou augmenter les salaires, sont passibles d'emprisonnement si elles ont reçu un commencement d'exécution (art. 385 et 386 du Code pénal .

En 1884, une loi plus moderne fut présentée par le gouvernement au Parlement avec M. de San-Guiliano, comme rapporteur. Après deux ans d'études, ce projet fut repoussé à la Chambre des députés, le 20 février 1886, par 131 voix contre 127. A l'heure actuelle, un nouveau projet est, dit-on, à l'étude.

Pays-Bas.

L'organisation est à peu près la même qu'en Belgique; toutefois, quand l'association dépasse trente membres, il faut une ordonnance-royale ou une loi pour lui conférer la personnalité civile.

L'organisation ouvrière, en voie de formation, comprend des courants progressiste, socialiste et chrétien.

Les pouvoirs publics ne semblent pas, d'ailleurs, avoir des tendances très marquées à intervenir dans la réglementation du travail; mais, pourtant, la loi frappe de peines rigoureuses tout acte de violence propre à jeter la discorde entre patrons et ouvriers.

Une loi de 1872 reconnaît le droit de coalition tout en punissant les atteintes à la liberté du travail. Ainsi sont punissables la violence, l'enlèvement, la détérioration ou la mise hors d'usage, d'instruments et d'outils, les manœuvres dolosives et les menaces d'accomplir un acte délictueux.

Quant au développement du contrat collectif, s'il faut en croire M. Raynaud, il est intimement lié à celui des Chambres du travail.

« Celles-ci se répandirent, depuis 1891, d'une manière remarquable, par les efforts de l'initiative privée dans les principales villes: La Haye en 1891, Amsterdam en 1893, Leyde et Dordrecht en 1894. Elles sont composées de patrons et d'ouvriers, presque toujours en nombre égal.

« Ces Chambres proposent en quelque sorte un contrat collectif type qui est ensuite adopté par les divers établissements.

« Comme on le voit, le contrat collectif prend ici l'aspect d'une coutume du métier, qui se rapproche plus d'une réglementation de droit public, que d'un contrat de droit privé (1). »

On peut donc dire que le contrat collectif est légalement reconnu aux Pays-Bas.

Russie.

Depuis Catherine II, elle est soumise à un régime corporatif analogue à celui qui existait en France avant la Révolution.

Actuellement, l'industrie, — comme toutes choses, — y est organisée par la loi sur la base de l'association et dans un esprit patriarcal. La législation russe est, en fait, une véritable législation du moyen âge. Elle ne permet l'établissement d'une fabrique qu'en vertu d'une autorisation administrative ; elle ne reconnaît pas la liberté de travail isolé, en dehors des lieux corporatifs et n'admet pas l'égalité entre le patron et l'ouvrier.

Le gouvernement centralise la direction des corporations, il les autorise et surveille leurs intérêts. — Les associations ouvrières, les grèves et les coalitions sont prohibées.

En outre, l'Etat se réserve la fabrication de nombreux objets, ce qui l'amène à faire concurrence à l'industrie privée.

A côté de la corporation officielle qui ne diffère pas sensiblement de la corporation du reste de l'Europe

______
(1) Voir, sur ce sujet, au chapitre IV, la théorie de M. Lotmar.

avant 1789, se sont créées et développées des sociétés ouvrières qui, sous le nom d'*Artèles*, procurent aux associés des secours de toutes sortes.

Suisse.

La Suisse jouit, d'après l'article 56 de la Constitution Fédérale du 29 mai 1874, d'une liberté complète pour former des associations professionnelles, pourvu qu'il n'y ait rien d'illicite ou de dangereux pour l'État, dans le but poursuivi par les sociétaires.

Les associations n'ont droit à la personnalité civile qu'en se faisant inscrire sur le registre du commerce du canton où est leur siège social.

Grâce à ce système, les relations entre patrons et ouvriers s'y sont maintenues bonnes et cordiales sans qu'il en ait coûté à la parfaite indépendance des uns et des autres.

Il existe en Suisse, s'il faut en croire M. Lyonnais, deux catégories d'associations professionnelles : d'un côté l' « *Union de Grütli* » qui compte deux cents sections et 7.000 membres, avec un revenu de 80.000 francs; de l'autre, les Chambres syndicales suisses, de formation plus récente, qui constituent l'Association syndicale des ouvriers suisses.

Tous les efforts de ces deux Sociétés tendent à rendre fédérales toutes les lois concernant le travail.

Un Congrès a été tenu à Olten en 1873.

Depuis, le gouvernement fédéral a tenté de provoquer, en 1881, puis, vers 1889-1890, une Conférence internationale, en vue d'une réglementation internationale du travail, sur les points suivants : protection du travail des mineurs, limitation du travail des femmes, repos hebdomadaire, journée normale de travail.

Etats divers.

Citons, enfin, deux pays où le contrat collectif a une certaine force obligatoire.

Ce sont la Nouvelle-Zélande et, en Suisse, le canton de Genève.

Dans la première, l'arbitrage est forcé et les décisions de la Cour centrale organisée à cet effet, obligatoires. Par cet intermédiaire on arrive à établir une sorte de contrat collectif pour tout le métier.

A Genève, une loi du 10 février 1900 a fixé le mode d'établissement des tarifs d'usage entre ouvriers et patrons et réglé les conflits relatifs aux conditions de leurs engagements. Le contrat individuel est donc toujours possible ; mais, à défaut de clauses spéciales, les conditions d'engagement des ouvriers se trouvent réglées d'avance (1).

Nous avons ici terminé l'exposé des lois et projets dont l'esprit règne à l'heure actuelle en Europe et même au delà ; il nous va falloir maintenant étudier, au point de vue purement juridique, le contrat collectif et en dégager, avec la nature, la théorie, puisque, suivant la doctrine qu'on adoptera, l'orientation future de la matière pourra se trouver modifiée dans son point de départ, comme dans ses conclusions.

(1) L'étude de cette loi dépassant le cadre de ce travail, nous renvoyons à la thèse précitée de M. Raynaud, p. 305.

CHAPITRE IV

THÉORIE JURIDIQUE

Une fois admis que le syndicat peut passer un contrat collectif, il faut, si l'on veut se rendre bien compte des conséquences de cet acte, se demander en vertu de quel droit il agit.

Plusieurs théories se sont fait jour parmi les auteurs et presque tous ont présenté leurs idées sous des formes tellement spécieuses, qu'on hésite à choisir entre elles.

Nous allons cependant essayer de formuler notre opinion et de la justifier.

I

Pour certains, cet acte juridique est tout simplement le résultat d'un mandat.

M. Bergeron, par exemple, dans sa Thèse sur le droit des syndicats d'ester en justice, adopte cette opinion et la défend non sans une certaine apparence de vérité.

« Que, dans l'acte passé, dit-il, il y ait une mention indiquant que le syndicat agit au nom de ses membres ou que cette mention fasse défaut, la situation est la même. Dans l'un et l'autre cas, le syndicat agit en la même qualité.

« La Cour de Cassation soutient, il est vrai, dans l'affaire de la Chambre syndicale des ouvriers tisseurs de Chauffailles, que le syndicat avait été fait mandataire conventionnel, par suite de la note insérée au bas de l'engagement : « accepté par les soussignés, membres de la chambre syndicale, au nom des ouvriers. »

Est-ce à dire que, si cette note n'avait pas été transcrite dans l'acte, le syndicat n'aurait pas eu la qualité de mandataire ? Nous ne le pensons pas. Quelle que soit la formule employée, il contracte toujours au nom de ses membres, lorsque le contrat est fait dans l'intérêt collectif, il les représente nécessairement et, si l'acte contient une déclaration formelle à ce sujet, elle indique simplement la qualité qui lui permet d'agir (1).

« Nous rejetons, en même temps que cette distinction, l'idée de contrat innomé, par lequel le syndicat promet d'user de son influence pour amener ses membres à travailler dans des conditions déterminées. Il n'y aurait plus alors de contrat collectif. Comment admettre dans ce cas, qu'en cas d'inexécution de l'engagement de la part de l'autre partie contractante, l'ouvrier lésé puisse réclamer des dommages-intérêts ?

« L'idée de mandat nous suffit pour expliquer l'acte du syndicat. En contractant, le syndicat prend la défense des intérêts généraux de ses membres qu'il a pour mission de protéger. C'est à leur profit et en leur nom qu'il stipule et non en son nom propre, puisqu'il n'a aucun intérêt en jeu.

(1) Cass. civ., 1er février 1893, S. 1896. 1. 320, et la note (Note de M. Bergeron).

« Sans doute, on ne trouve pas ici une procuration proprement dite, comme l'exige l'article 1984 du Code civil. Mais il ne faut pas oublier que la procuration n'est exigée que dans le cas d'un mandat conventionnel et non dans le cas de mandat légal que reconnaît la loi. Même dans le cas de mandat conventionnel, une procuration expresse n'est pas absolument indispensable, le mandat pouvant être tacite suivant les termes de l'article 1985 du Code civil, § 2, ainsi conçu : « l'acceptation du mandat peut n'être que tacite, et résulter de l'exécution qui lui a été donnée par le mandataire », d'où l'on a conclu que le mandat pouvait être également conféré tacitement. Or, n'est-il pas possible de considérer l'adhésion au syndicat comme une procuration générale donnée au syndicat de conclure le contrat de travail, jusqu'au jour de la démission du membre syndiqué (1). »

Pourtant, c'est un avis qu'avec beaucoup d'auteurs nous ne pouvons guère partager.

Le mandat, nous apprend l'article 1984 du Code civil, est un acte par lequel une personne (mandant) donne à une autre (mandataire) le pouvoir de faire quelque chose pour elle et en son nom. Le contrat, ajoute le même article, ne se forme que par l'acceptation du mandataire.

Le mandat suppose donc essentiellement une procuration : il faut que le mandant ait adhéré expressément ou tacitement, mais, en tout cas, par avance, à l'acte de son représentant.

« Le mandataire, dit M. Deslandres, ne représente le mandant que parce que celui-ci lui a confié sa volonté

______

(1) A. Bergeron. *Du droit des syndicats d'ester en justice,* Rousseau, 1898, p. 103.

propre pour l'unir à celle du tiers avec qui le contrat doit être passé. »

Cette adhésion préalable n'existe évidemment pas dans notre hypothèse. Tous les ouvriers ne donnent pas individuellement mandat au bureau du syndicat ou aux délégués choisis de passer le contrat collectif.

« En fait, ajoute M. Deslandres, ces contrats conclus par le syndicat pour ses membres, interviendront au cours d'une grève. Des réunions de grévistes auront eu lieu ; on y aura, en des discussions tumultueuses, dressé la liste des revendications à présenter au patron. C'est cela qui servira de base au syndicat pour traiter avec lui et obtenir la plus large satisfaction possible.

« Eh bien, malgré l'apparence, je ne puis trouver, dans ces faits, une procuration véritable, au sens juridique du mot, donnée par les ouvriers au syndicat. Sans aucun doute, bon nombre de grévistes se seront prononcés contre la reprise du travail, même aux conditions réclamées, encore plus aux conditions obtenues. Le syndicat peut-il être considéré comme leur mandataire ? Certainement non, car il a agi contrairement à leur volonté. Et pourtant, le contrat une fois passé, pour savoir qui peut l'invoquer, recherchera-t-on si tel ou tel y avait donné son adhésion ? Pas davantage. Cette recherche serait d'abord impossible, elle serait ensuite rigoureuse et aussi contraire à cette idée dominante que le syndicat traite indistinctement pour tous.

« C'est bien la preuve que le syndicat n'agit pas comme un mandataire, puisqu'il n'est pas tenu compte de l'absence de l'élément indispensable du mandat, l'adhésion préalable des mandataires (1). »

(1) M. Deslandres. *Loc. préc.*, p. 2.

Il y a ensuite une autre considération ; c'est que ce qui se passe est en contradiction flagrante avec l'idée fondamentale, la conception essentielle du rôle du mandataire en droit civil.

En effet, d'après le Code civil, une fois le contrat passé, le mandataire s'évanouit et il ne reste plus en présence que le mandant et l'autre partie ; or, ici, au contraire, tout l'intérêt de l'intervention du syndicat réside dans la persistance de son existence, de son contrôle et de son influence.

Bien loin de disparaître, une fois le contrat conclu, comme le mandataire ordinaire, il sera au contraire là, comme une sorte de tuteur à la convention passée grâce à son entremise et surveillant jaloux de l'exécution des conditions stipulées par lui. Par conséquent, il n'y a aucun trait commun entre l'entremise du syndicat, et l'intervention du mandataire.

Enfin, s'il faut en croire l'article 2004 du Code civil, le mandat est toujours révocable ; or, ici, un ouvrier peut être lié par un mandat imposé par une majorité dont il ne faisait pas partie et qu'il lui est impossible de désavouer.

Il peut, il est vrai, quitter le syndicat, mais par un bizarre renversement des choses, le mandataire continuera à remplir sa mission et ce sera le mandant qui sera réduit à se retirer.

Écoutons encore M. Deslandres :

« Je suppose, dit-il, d'autre part, qu'une chambre syndicale d'ouvriers, avant toute agitation, toutes réclamations des ouvriers, obtienne d'un patron certains avantages à leur profit. Cela sera rare, mais n'est pas impossible, et c'est souhaitable. Prévenir des luttes vaut encore mieux que les apaiser. Où trouvera-t-on alors la procuration, l'adhésion préalable des ouvriers à l'acte du syndicat ?

« Pour la découvrir, dans tous les cas, peut-être sera-t-on tenté de dire que l'entrée de tout syndiqué dans le syndicat implique une adhésion générale aux actes qu'il peut faire en faveur de ses membres. Ce serait encore, à mon avis, une fausse conception.

« Tout d'abord (art. 2003, 2004 Code civ.), la révocation du mandat est de l'essence de cet acte juridique. Peut-on dire que la procuration générale donnée par chaque syndiqué au syndicat lors de son entrée dans le groupe syndical serait révocable ?

« La possibilité pour chaque syndiqué de se retirer du syndicat ne peut guère passer pour l'équivalent du droit de révoquer son mandat. La révocabilité du mandat doit être absolue, l'ouvrier n'a pas une liberté absolue pour sortir du syndicat ; il faut qu'il abandonne des avantages multiples que le syndicat pouvait lui procurer. Il faudrait que l'ouvrier pût révoquer son mandat en restant dans le syndicat et ceci n'est pas organisé, ne se présente pas.

« De plus, en fait, le syndicat n'agit pas avec la liberté d'allures d'un mandataire général qui a reçu, une fois pour toutes, pouvoir d'agir pour ses mandants. C'est sur les indications de ses membres, le plus souvent, après des ordres du jour votés dans des réunions de grèves, qu'il se met en mouvement. Son action n'est pas spontanée.

« Je ne puis trouver de procuration générale donnée au syndicat, pas plus que de procuration spéciale. Il n'y a pas, en réalité, adhésion des syndiqués préalable à l'opération du syndicat. Il n'agit pas comme un mandataire » (1).

Ne pourrait-on pas enfin soutenir que, faute d'être volontaire ce mandat est légal, c'est-à-dire donné par la loi ?

A cette question, M. Raynaud répond par une autre qui ne laisse pas que d'être embarrassante. Quel sera, dit-il, entre plusieurs syndicats existants, celui qui représentera légalement la profession ? Ou bien faut-il admettre que chaque syndicat a le mandat de défendre les intérêts de ses membres ? (2).

Mais alors il faut renoncer à l'idée de mandat public, puisqu'il ne s'agira que de la défense d'un groupe d'intérêts privés ne représentant même pas un ensemble d'intérêts corporatifs. D'ailleurs le mandat légal comme le mandat individuel entraîne la disparition du mandataire une fois le mandat conclu.

Cette théorie aboutirait donc à faire, comme pour le mandat conventionnel, complètement disparaître le syndicat une fois le contrat conclu. Il faudrait forcément admettre que les effets du contrat sont personnels aux syndiqués et que, seule, une action individuelle peut en exiger l'exécution ; la jurisprudence nous a démontré qu'en certains cas où l'intérêt professionnel est en jeu, ce principe est faux.

Nous admettons donc que le contrat collectif ne se conclut pas par suite d'un mandat ; il paraît donc tout simple de le rattacher à la forme juridique voisine, qui est la gestion d'affaires.

____

(1) M. Deslandres. *Loc. préc.*, p. 2.
(2) Raynaud. Thèse précitée, p. 274.

II

« Il y a gestion d'affaires, dit M. Planiol, toutes les fois qu'une personne accomplit un acte juridique dans l'intérêt d'autrui, sans en avoir été chargée.

« La gestion d'affaires est un quasi-contrat qui diffère du mandat en ce qu'elle est entreprise spontanément par celui qui s'en charge, tandis que le mandat est une gestion d'affaires entreprise en vertu d'une convention, ou en vertu de la loi. Mais dans le droit moderne, la notion de la gestion d'affaires s'est élargie, et l'on valide comme telle la convention faite dans l'intérêt d'autrui à l'effet de lui faire acquérir un droit qui ne lui appartient pas encore (1). »

Cette deuxième acception du mot n'est évidemment, comme M. Planiol l'avoue lui-même immédiatement après, qu'un moyen détourné de nommer la stipulation pour autrui dont nous nous occuperons tout à l'heure.

Quant à la gestion d'affaires proprement dite, pouvons-nous y faire rentrer l'intervention du syndicat sous le simple prétexte que l'on ne trouve nulle part d'adhésion préalable ? Le gérant d'affaires agit pour quelqu'un sans ordres et son acte, s'il est utile à cette personne ou si elle le ratifie, produit pour elle son effet, n'est-ce pas exactement là notre hypothèse ?

Peut-être, pourtant, de nouvelles objections se présentent-elles, opposables d'ailleurs à l'idée de mandat comme à celle de gestion d'affaires : la gestion d'affaires

(1) Planiol. *Traité de Droit civil*, 2e Edition, t. II, p. 692, nos 2273 et 2274.

suppose essentiellement la responsabilité en cas de faute du gérant qui doit apporter, à la gestion qu'il a entreprise, tous les soins d'un bon père de famille (article 1374) et doit, de plus, en rendre compte (article 1372, alinéa 2) ; or, en fait, la responsabilité du syndicat n'a jamais été invoquée pour le cas où il n'a pas obtenu les meilleures conditions possibles de travail, et il semble qu'elle serait difficilement admise.

« Très certainement, pourtant, dit M. Deslandres, les représentants légaux du syndicat, les membres de la chambre syndicale, pourraient, par négligence, par maladresse dans les négociations avec le patron, compromettre les intérêts des ouvriers et se rendre coupables de véritables fautes lourdes ; je ne crois pas qu'on admette la responsabilité.

« C'est qu'il y a, en vérité, dans l'acte du syndicat, quelque chose de bien plus spontané et de bien plus indépendant que dans l'acte d'un mandataire ou même d'un gérant d'affaires ordinaire (1). »

M. Raynaud se demande quelle serait la nature de l'acte fait par mandataire ou gérant d'affaires, pour le compte des ouvriers ?

D'après lui, dans l'un et l'autre cas, le syndicat s'efface dans l'acte qu'il passe ; il n'est pas partie contractante : le contrat est directement passé par les patrons et les ouvriers simplement représentés par le syndicat.

Cet acte va-t-il valoir comme donation ou acte à titre onéreux.

Il n'est évidemment ni l'un ni l'autre. Il ne constitue pas un acte à titre onéreux, car, si nous trouvons d'une

____

(1) M. Deslandres. *Loc. préc.*, p. 2.

part l'engagement des patrons de rémunérer de telle ou telle façon le service rendu, il manque un engagement corrélatif de la part des ouvriers.

En effet, les ouvriers ne sont nullement tenus, par suite du contrat, de fournir du travail à leurs patrons. Ils sont libres de le reprendre ou non, et le patron n'a contre eux aucune espèce d'action (1).

« Libre avant la convention conclue, le travail demeure libre après : elle ne fait qu'en modifier les conditions ; elle n'emporte qu'une obligation : celle du patron. »

« La convention, si elle se réalise entre le patron et les ouvriers, ne peut donc pas être considérée comme un acte à titre onéreux : « chacune des parties ne s'engage pas à donner ou à faire une chose qui est regardée comme l'équivalent de ce qu'on lui donne ou de ce qu'on fait pour elle (art. 1104 du Code civil). »

Le contrat en question ne peut pas davantage être considéré comme une libéralité de la part du patron. L'intention libérale fait défaut.

« Il serait étrange, dit M. Deslandres, de considérer comme un donateur, une personne qui, le plus souvent, ne cède que contrainte et forcée et dans son intérêt propre, pour voir cesser une grève qui lui cause un grave préjudice (2). »

Cette théorie nous paraît inexacte ; en effet, MM. Raynaud et Deslandres semblent méconnaître, à côté et en dehors des contrats à titre onéreux et des donations, l'existence d'obligations unilatérales ; or, il est de principe que la promesse de vente, la promesse d'acheter, dans les

____

(1) Raynaud. Thèse précitée, p. 275.
(2) M. Deslandres. *Loc. préc.*, p. 3.

rares hypothèses où on peut les rencontrer, sont parfaitement valables ; pourquoi la promesse unilatérale de travail serait-elle frappée de précarité? Ce serait, en effet, là, le véritable caractère des conditions obtenues du patron pour le syndicat et constituant comme un cahier des charges du labeur de l'atelier.

Il n'en résulte pas, d'ailleurs, que la théorie de la gestion d'affaires doive être admise, car elle se heurte à la même objection fondamentale que nous avons opposée à la théorie du mandat. Elle se brise sur le même écueil.

En effet, dans la gestion d'affaires, une fois l'intervention réalisée et ratifiée, le gérant disparaît, et ici, ainsi que nous l'avons vu à propos du mandat, le syndicat subsiste comme une espèce de défenseur du contrat collectif.

III

Pour d'autres auteurs, enfin, le contrat collectif ne serait qu'une combinaison de la stipulation et du mandat.

Ecoutons M. Deslandres :

« Si nous ne pouvons pas classer dans les types ordinaires de contrats celui qu'un syndicat passe pour ses membres, force nous est de recourir à une conception nouvelle pour l'analyser.

« Voici celle que je proposerai : je dirai qu'il y a dans l'acte du syndicat un mélange du mandat et de la stipulation pour autrui, qu'il s'explique si l'on combine entre elles les règles de l'un et de l'autre. Il n'y a pas mandat pur, en ce sens que le syndicat agit spontanément sans procuration préalable, en ce sens aussi que la personnalité du syndicat ne s'efface pas complètement derrière celle de ses membres, que le contrat n'est pas censé passé entre le patron et les ouvriers, mais se forme entre le syndicat et le patron ; cela est nécessaire pour que ce contrat soit déclaré valable, pour qu'il réponde aux conditions dans lesquelles il se forme, c'est un emprunt fait à la stipulation pour autrui, dans laquelle le stipulant agit, en effet, sans l'adhésion préalable du tiers bénéficiaire, dans laquelle, également, les conditions de validité du contrat s'apprécient entre le stipulant lui-même et le promettant.

« Il n'y a pas davantage pure stipulation pour autrui, en ce sens que le syndicat peut traiter pour ses adhérents sans que les conditions spéciales de l'article 1121 du Code civil se rencontrent ; nous savons qu'il est nécessaire de dépasser les limites ordinaires de la stipulation pour autrui, et ceci est un emprunt au mandat, dans lequel l'action du mandataire est illimitée.

« Un mandataire qui reste partie au contrat qu'il passe au profit d'autrui, comme l'est celui qui a stipulé pour un tiers, voilà la formule la plus précise que je puisse trouver pour caractériser le rôle juridique du syndicat.

« Il est nécessaire que je présente à l'appui quelques observations.

« Un mandataire considéré comme partie contractante, c'est là, dira-t-on, une conception antijuridique. Je reconnais qu'elle est nouvelle ; mais si nous ne trouvons pas avec les notions courantes du droit, de quoi analyser un acte que nous savons voulu du législateur, n'avons-nous pas le droit de dire qu'il a introduit dans le droit, avec une institution nouvelle, quelque notion nouvelle ?

« Est-ce que le législateur n'a pas le droit de créer ou

de développer le droit, d'y introduire des types nouveaux? Le droit est-il coulé dans des formules une fois pour toutes arrêtées? Ne doit-il pas, au contraire, suivre les manifestations nouvelles de la vie sociale et s'adapter à elle en de nouvelles formules? Est-il étonnant que la création d'un organisme juridique nouveau entraîne quelque dilatation de nos théories juridiques anciennes? Serait-il admissible de méconnaître la volonté du législateur moderne sous prétexte qu'elle ne trouve pas, dans la législation antérieure, des principes avec lesquels elle puisse cadrer d'une façon absolue?

« Cette conception juridique de l'acte du syndicat ne répond-elle pas, d'ailleurs, très exactement à la conception économique et sociale du syndicat lui-même? J'élargis le domaine de la stipulation pour autrui, mais c'est que les membres du syndicat ne sont pas, à parler largement, des tiers pour le syndicat. Le syndicat est l'organe attitré des intérêts professionnels collectifs de ses adhérents ; sa mission est d'agir pour eux, de les défendre, sa capacité juridique n'a été instituée que dans ce but.

« Je modifie les principes ordinaires du mandat, mais c'est que je ne puis voir dans le syndicat un mandataire ordinaire. En instituant les syndicats, on a voulu substituer aux individus séparément trop faibles, incapables d'agir pour leur défense, des personnalités plus fortes, agissant pour eux, prenant en main leur défense.

« Sans doute, ces personnalités collectives nous apparaissent comme des mandataires, puisque leur mission est de gérer les intérêts d'autrui, mais leur appliquer les règles strictes du mandat, ce serait faire fausse route. Il ne faut pas que la personnalité du syndicat disparaisse derrière celle de ses membres, puisque son rôle est de se substituer à eux, de les remplacer. Le rôle naturel du syndicat veut que, quand il agit, il reste au premier plan et ne se dérobe pas.

« Ce pouvoir du syndicat de faire naître des droits au profit des membres par un contrat qu'il passe en son nom propre, je l'appuie, d'autre part, sur le pouvoir qu'il a d'acquérir un patrimoine syndical. Je sens bien qu'il y a là, au point de vue juridique, une différence entre les deux choses. La difficulté est d'admettre, en dehors de la stipulation pour autrui ordinaire, la validité d'un contrat dont les effets se produisent au profit de personnes étrangères au contrat. Or, quand le syndicat acquiert, c'est pour lui-même, la fortune syndicale est son propre patrimoine ; quel argument peut - on en de ce droit ?

« Le voici : c'est que la propriété du syndicat sur les choses qu'il acquiert, est une pure fiction. Le syndicat, être abstrait, sans besoins à satisfaire, ne peut pas employer pour lui-même ses capitaux, tout usage qu'il en fait se rapporte à l'intérêt de ses membres. En réalité, ce sont eux qui bénéficient de ce patrimoine syndical, qui en jouissent. Il servira à remplacer le salaire qui fait défaut en cas de grève, il servira à fonder des bibliothèques, des cours professionnels, des maisons de retraite. On pourra l'employer à mille usages, mais toujours au profit des membres du syndicat.

« Peut-on appeler propriétaire le syndicat qui ne peut pas se servir pour lui-même de ses biens ? Les vrais titulaires, je voudrais dire les vrais propriétaires du patrimoine syndical, ne sont-ce pas ceux qui en sont les uniques consommateurs ? Dès lors, si le syndicat est capable d'acquérir des biens quand il n'est que par fiction le propriétaire de ce qu'il acquiert, je ne fais qu'étendre sa capacité dans le même sens et dans le même esprit en lui permettant d'acquérir librement des droits dont il ne sera pourtant pas le titulaire (1). »

Cette théorie est évidemment fort tentante, mais est-elle aussi juridique qu'on le pourrait croire au premier abord ?

Le mandat et la stipulation pour autrui sont deux constructions parfaitement distinctes et même opposées ; que sera ce contrat qui réunira en lui ces oppositions ?

« De deux choses l'une, dit M. Raynaud, ou le législateur de 1884, en permettant implicitement au syndicat de passer le contrat collectif, n'a pas innové, et alors il faut expliquer l'opération par les principes anciens et les ramener à une convention déjà connue, ou bien on admet que le contrat collectif passé par les syndicats est une innovation dans notre droit et il faut en bâtir la théorie complète et originale (2). »

On ne voit pas bien, d'ailleurs, comment, avec le système de M. Deslandres, on peut assurer au contrat collectif sa véritable portée ; en effet, si le syndicat a une action, il ne peut l'avoir que comme mandataire des ouvriers, puisque l'auteur repousse précisément la théorie de la stipulation pour autrui, comme ne donnant pas de sanction juridique au syndicat.

« Dès lors, dit M. Raynaud, c'est le mandat tacite ou exprès donné par les ouvriers au syndicat, partie au contrat collectif, qui déterminera la mesure de ses pouvoirs (3). »

(1) M. Deslandres. *Loc. préc.*, p. 3.
(2) Raynaud. Thèse précitée, p. 276.
(3) Raynaud. Thèse précitée, p. 276.

Va-t-il pouvoir discuter les questions de salaires, de travail, d'heures supplémentaires? Autant de questions de fait qui seront laissées à l'appréciation des tribunaux.

« Le principe du contrat collectif est sans doute faiblement sauvegardé, mais sa véritable portée, son intérêt économique et social sont gravement compromis. »

Pourquoi, d'ailleurs, créer de pièces et de morceaux une théorie juridique, quand il en est une qui semble parfaitement s'adapter à notre cas.

IV

Suivant la tradition française, l'inefficacité de la stipulation pour autrui, tiendrait au manque de sanction affectant l'obligation contractée pour le tiers.

« Défaut de sanction, dit M. Deslandres, dont les causes sont bien connues; en la personne du tiers, le fait qu'il n'est pas partie contractante; en la personne du stipulant, le fait qu'il n'a pas d'intérêt *pécuniaire*, à l'exécution d'une obligation contractée au profit d'autrui (1). »

La question est de savoir si, pour qu'il y ait action en faveur d'une personne, il est nécessaire qu'elle ait un *intérêt pécuniaire* à l'accomplissement ou au non-accomplissement du fait promis.

C'est ce que M. Saleilles nie énergiquement :

Depuis longtemps, dit-il, on « commence à faire justice de cet adage qui existait à Rome, par des motifs propres au formalisme et à la procédure romaine, et dont l'ad-

(1) M. Deslandres. *Loc. préc.*, p. 8.

mission dans le droit moderne constitue une véritable anomalie » (1).

« Supposez, dit M. Bufnoir, un entrepreneur de travaux publics qui, désireux de se procurer des ouvriers, fait une convention aux termes de laquelle une personne s'engage à fournir logement et nourriture aux ouvriers employés par l'entrepreneur, les ouvriers payant, bien entendu, leur dépense. C'est une stipulation pour autrui, mais valable, car elle est dans l'intérêt du stipulant (2). »

Voilà, certes, un cas où l'intérêt n'est pas ce qu'on peut appeler, à proprement parler, pécuniaire.

Nous ne pensons pas qu'il soit nécessaire, pour qu'une stipulation pour autrui soit valable, que l'intérêt du stipulant soit pécuniaire, il peut très bien être, soit un intérêt d'affection, soit, comme ici, un intérêt corporatif, car il est indéniable que le syndicat d'un métier quelconque a un intérêt à voir ce métier prospérer.

« Dans le complexe rapport de droit qui s'établit entre le syndicat, les ouvriers et le patron, par le contrat collectif, n'avons-nous pas tous les éléments de la stipulation pour autrui, au sens large, telle qu'elle est admise par la jurisprudence.

« Il y a ici, d'une part, le tiers : les ouvriers au profit desquels le syndicat stipule telles conditions du travail qu'il peut obtenir, il y a de plus la condition nécessaire à la validité de cette stipulation ; la promesse faite par le syndicat au patron, non pas de fournir les ouvriers, ou de faire le travail, mais de faire son possible pour que le travail soit repris ou continué aux conditions agréées (3). »

(1) R. Saleilles. Théorie générale de l'obligation, p. 8, n° 8.
(2) Bufnoir. *Propriété et contrat*, p. 569.
(3) Raynaud. Thèse précitée, p. 277.

Ce sont bien les éléments essentiels et suffisants pour voir dans notre contrat une stipulation pour autrui.

Mais peut-on faire concorder ce système avec la réalité des faits et accorder au syndicat, comme le font, dans certains cas, les tribunaux, l'action en exécution du contrat?

La doctrine et la jurisprudence sont d'accord sur ce point, à côté de l'action du tiers contre le promettant, le stipulant a, en outre, une action personnelle pour contraindre le promettant à exercer sa promesse vis à-vis du tiers, *s'il y a lui-même intérêt.*

Cet intérêt, nous l'avons vu en étudiant la jurisprudence, c'est l'intérêt professionnel réclamant que les conditions stipulées du travail, soient observées, que la paix et la prospérité règnent dans le métier, que le rôle de défense et de sauvegarde du syndicat se trouve suffisamment accompli.

La stipulation en notre matière comprendra, la plupart du temps, les conditions de travail que le syndicat obtiendra pour ses membres. Et cette stipulation sera parfaitement valable. En effet, n'est-elle pas la condition d'une promesse du stipulant au promettant : le syndicat (stipulant) s'engage envers le patron (promettant) à faire son possible pour que le travail soit continué ou repris dans l'usine ou l'atelier et pour que le contrat collectif soit rigoureusement observé (1).

D'après la théorie générale de la stipulation pour autrui, le tiers qui en bénéficie peut être, soit une

______

(1) C'est, dit M. Raynaud, une sorte de garantie contre le risque de grève pour un temps donné. (Thèse précitée, note p. 283).

personne individuellement désignée et actuellement vivante, soit une personne indéterminée (1).

Les premiers bénéficiaires seront évidemment les membres actuels du syndicat ou les syndiqués employés dans le ou les établissements compris dans le contrat collectif ; les personnes indéterminées seront les syndiqués ou engagés futurs dans ces mêmes établissements.

« Il n'y a là aucune difficulté, dit M. Raynaud, puisque ces futurs bénéficiaires sont, il est vrai, indéterminés, mais déterminables au jour où la convention doit recevoir effet à leur profit (2). »

Quant à la ratification par le tiers, elle sera le plus souvent tacite ; le plus souvent l'acceptation d'un travail aux conditions fixées dans un des établissements ayant conclu, en tiendra lieu ; mais il se pourra même que les délégués soumettent à l'acceptation expresse des ouvriers, les nouvelles conditions de travail qu'ils auront obtenues pour eux.

Quant aux actions, la stipulation pour autrui en fait naître deux ; une action directe du tiers contre le promettant et une action du stipulant contre le même, s'il a intérêt à l'exécution de la promesse.

C'est très exactement ce que nous retrouvons dans la réalité des faits :

1° Action de chaque ouvrier pour réclamer l'exécution du contrat ;

2° Action du syndicat pour l'exécution du même contrat, dès qu'un intérêt professionnel est en jeu.

____

(1) Planiol. *Traité de Droit civil*, 2e édition, t. II, p. 385, n° 1235.

(2) Raynaud. Thèse précitée, p. 284.

De son côté, le patron aura certainement le droit de poursuivre le syndicat sous réserve, par celui-ci, de poursuivre, à son tour, l'ouvrier qui aura violé le contrat conclu par lui.

Mais hélas, il faut bien l'avouer, ce double recours sera toujours fort aléatoire; c'est certainement un des points faibles du système, un de ceux qui pourraient peut-être faire espérer, pour un jour prochain, avec une loi plus détaillée sur la matière, quelque théorie neuve de pied en cap, plus débarrassée des vieilleries romaines, où se drape, non sans raison parfois, notre droit, une théorie plus adaptée à la réalité des choses et des faits (1).

Elle n'est peut-être pas aussi lointaine qu'on pourrait le croire. On peut en voir les prémices dans une conception un peu spéciale du contrat de travail qui a pris naissance en Allemagne et dont M. Lotmar s'est fait le protagoniste dans son livre intitulé *Der Arbeitsver-trag.*

Il ne dénie pas au contrat collectif de travail — au contrat de tarif, comme il l'appelle, pour le distinguer du contrat individuel — les caractères d'une stipulation pour autrui, mais il y voit davantage ; pour lui le contrat de tarif est

---

(1) Quand le syndicat commet un délit collectif en rayant injustement un de ses membres, la seule façon pour ce membre d'exercer pratiquement une action en responsabilité, est d'attaquer individuellement chaque membre du bureau. La mise en cause directe du syndicat est, en effet. illusoire car il ne possède pas de patrimoine immobilier et n'est pécuniairement responsable que sur le montant de ses cotisations. Une fois payées, celles-ci forment des sommes facilement dissimulables. (Hubert Valleroux. *Responsabilité civile des syndicats professionnels. Economiste français*, du 11 novembre 1899, p. 681.

une sorte de réglementation contractuelle, une loi générale du travail, dans les limites de laquelle pourront se mouvoir les contrats individuels.

La liberté n'est pas restreinte, dit M. Lotmar, quant aux personnes qui peuvent contracter mais quant aux conditions sous lesquelles elles peuvent le faire.

C'est ce que d'autres auteurs ont appelé un contrat d'adhésion.

Dans ces contrats, la majorité peut engager une minorité non consentante.

M. Lotmar ne voit pas seulement là un avantage pour l'ouvrier, en ce que cette façon de contracter lui procure une base de salaire qu'il ne pourrait atteindre en traitant isolément ; il admet aussi qu'il y en a un pour le patron qui, en échange de la limitation de sa liberté, voit les salaires temporairement stabilisés et ses concurrents soumis aux mêmes entraves.

Il ajoute que rien n'empêcherait d'appliquer ces mêmes bases de réglementation non seulement aux louages de services ou de travail mais même aux contrats de courtage ou de dépôt ainsi qu'à tous ceux susceptibles d'une réglementation générale (1).

(1) Lotmar. *Der Arbeitsvertrag*, p. 755 et suiv.

CHAPITRE V

SYNDICATS AGRICOLES ET FONCIERS

Nous serions incomplets si, après avoir étudié en détail, les syndicats ouvriers, nous n'ajoutions ici quelques mots sur les syndicats agricoles et fonciers.

Si les premiers sont nés du besoin qu'éprouvaient ouvriers et patrons, de s'unir pour lutter plus avantageusement, le « *struggle for life* », les syndicats agricoles et fonciers sont nés de l'impossibilité où se trouvait chaque individu pris séparément, de lutter contre un fléau comme le phylloxera ou la grêle ou d'entreprendre, à lui seul, d'importants travaux intéressant non seulement lui-même, mais la plupart de ses voisins.

I

Histoire et législation.

Les associations agricoles, malgré leur air de jeunesse, sont de très vieilles personnes, leur filiation remonte haut dans l'histoire, puisque la première semble avoir été celle des Watteringues du Nord, qui fut créée en 1169 pour assainir une partie du territoire de Dunkerque.

A la même époque, à Arles et à Craponne, d'autres associations s'occupaient de l'endiguement du Rhône. Au xv° siècle, de semblables organisations dessèchent les marais et assainissent les terres dans diverses parties de la France.

Henri IV organisa, en 1599 et 1607, des syndicats de propriétaires pour le desséchement des marais du Poitou, de l'Aunis et de la Saintonge (1).

Tantôt les travaux exécutés par les autorités locales sont devenus la propriété de l'association, tantôt, au contraire, exécutés par des particuliers, ils sont devenus la propriété de l'État.

Ainsi, le canal d'irrigation de Saint-Julien fut accordé à l'évêque de Cavaillon, tandis que la commune de Cavaillon et Roger, évêque de Tarbes, recteur du comtat Venaissin, obtenaient une dérivation de la rivière le Coulon. Toutes ces concessions appartiennent aujourd'hui aux associations des canaux du Cabedan neuf et du Cabedan vieux.

Inversement, la concession des eaux de la Sorgue, accordée en juin 1101, par Rostand de Béranger, au chapitre métropolitain d'Avignon, forme aujourd'hui le canal de Vaucluse, propriété de l'État.

Lors de la Révolution française, l'Assemblée Constituante, par la loi des 12-20 août 1790, engagea les municipalités à s'occuper du drainage et de l'irrigation ; ce fut un arrêté du Directoire du 4 nivôse an VI, qui créa

____

(1) Voir sur cette matière : Esquiros : La Néerlande et la vie hollandaise. *Revue des Deux Mondes,* 1er juillet 1855.

le premier des syndicats agricoles, en permettant aux propriétaires de terres voisines de se cotiser comme bon leur semblerait pour l'amélioration commune de leurs propriétés.

Un mois plus tard, une loi du 4 pluviôse an VII, venait rajeunir les édits d'Henri IV et autoriser la constitution de syndicats pour le desséchement des marais des anciennes provinces de Poitou, Aunis et Saintonge.

Bientôt d'autres lois, d'un caractère plus général, vinrent développer le principe déjà posé. La loi des 14-24 floréal an XI, en réglant le curage des rivières et cours d'eau non navigables ni flottables, décidait qu'il serait pourvu aux frais avec des contributions payées par les riverains et proportionnelles à leur intérêt. La quotité en serait fixée par un règlement d'administration publique.

Les décrets des 4 thermidor an XIII et 16 septembre 1805 organisèrent la construction et l'entretien des digues dans les départements des Hautes et des Basses-Alpes.

La jurisprudence avait développé et étendu le principe posé par la loi des 14-24 floréal an XI ; cette jurisprudence fut confirmée par la loi du 16 septembre 1805 qui fut en quelque sorte, au début de ce siècle, la charte des syndicats fonciers.

En effet, bien que cette loi ait pour objet spécial le desséchement des marais, elle a une portée beaucoup plus générale. Si les articles 7 et 26 prévoient l'organisation de syndicats pour la nomination d'experts chargés de fixer les indemnités, ou pour la garde et l'entretien des travaux, les articles 33 et 34 prévoient des syndicats pour la construction de digues contre la mer, les fleuves et les rivières ou les torrents, pour le curage des canaux, pour l'établissement de levées, de barrages ou d'écluses intéressant les propriétaires de moulins et d'écluses.

Enfin les articles 35, 36 et 38 autorisent les propriétaires à se former en associations syndicales pour des travaux de salubrité, d'ouverture de routes ou de chemins d'exploitation de forêts, mines ou carrières.

Une loi du 27 avril 1838 compléta ce système, en déterminant les mesures à prendre dans les mines contre l'inondation.

Puis, le 25 mars 1852, un décret sur la décentralisation administrative donna aux préfets la surveillance des dispositions prises pour assurer le curage et le bon entretien des cours d'eau non navigables ni flottables, de la manière prescrite par les anciens règlements ou d'après les usages locaux, avec formation possible d'associations syndicales entre les propriétaires intéressés.

Mais la loi capitale sur les syndicats agricoles et fonciers est celle du 21 juin 1865 qui en a parfaitement délimité le domaine.

« Peuvent être, dit l'article 1, l'objet d'une association syndicale, entre propriétaires intéressés, l'exécution et l'entretien de travaux :

1° De défense contre la mer, les fleuves, les torrents et rivières navigables ou non navigables ;

2° De curage, approfondissement, redressement et régularisation des canaux et cours d'eaux non navigables ni flottables et des canaux de desséchement et d'irrigation ;

3° De desséchement des marais ;

4° Des étiers et ouvrages nécessaires à l'exploitation des marais salants ;

5° D'assainissement des terres humides et insalubres ;

6° D'assainissement dans les villes et faubourgs, bourgs, villages et hameaux ;

7° D'ouverture, d'élargissement, de prolongement et de pavage des voies publiques et de toute amélioration ayant un caractère d'intérêt public dans les villes et faubourgs, bourgs, villages ou hameaux ;

8° D'irrigation et de colmatage ;

9° De drainage ;

10° De chemins d'exploitation et de toute autre amélioration agricole ayant un caractère d'intérêt collectif.

Art. 2. — Les associations syndicales sont libres ou autorisées.

Art. 3. — Elles peuvent ester en justice par leurs syndics, acquérir, vendre, échanger, transiger, emprunter et hypothéquer. »

Cette loi a été rendue applicable à l'Algérie par un décret des 31 octobre - 28 décembre 1866. Notons, qu'auparavant, il existait dans ce pays, des associations de fait.

Une seconde loi, du 20 août 1881, a plus particulièrement pour but la constitution de syndicats pour l'ouverture, le redressement, l'élargissement, la réparation et l'entretien des chemins ruraux.

Enfin, une autre, en date du 4 avril 1882, réglemente la restauration des terrains en montagne.

En 1888, le phylloxera fait son apparition, et c'est encore au système syndical qu'on pense pour lutter contre le fléau ; une loi du 15 décembre de cette année organise les syndicats, tandis qu'une autre, le 22 du même mois, vient modifier la loi de 1865 et étendre son application.

Depuis, un décret du 10 février 1890 a de nouveau réglementé la question.

Un décret portant règlement d'administration publique, en date du 9 mars 1894, indique enfin les façons de former ces associations, leur mode de fonctionnement, les travaux auxquels elles peuvent se livrer, etc... (1).

Telles sont, à peu près, les lois qui régissent cette matière mal définie des syndicats agricoles et fonciers.

II

Jurisprudence et Doctrine.

La jurisprudence va maintenant nous montrer que, dans la plupart des cas, ces contrats syndicaux ne se différencient guère des contrats conclus par les syndicats ouvriers, tout au moins pour ce qui se rapporte à leur mécanisme et que l'on peut, pour eux aussi, conclure à une stipulation pour autrui.

Nous n'avons pas, bien entendu, l'intention d'envisager ces contrats au point de vue administratif mais simplement, par l'examen de la jurisprudence et de la doctrine, d'établir, qu'au point de vue du droit civil, il n'y a entre eux et ceux que nous avons précédemment étudiés, que des différences peu importantes.

Nous n'avons pas davantage la possibilité de les étudier en détail. L'énoncé des lois qui les concernent a déterminé leur immense domaine, qui comprend tout intérêt mis en commun et exploité comme tel, depuis le

____

(1) Une dernière loi du 8 avril 1898, fixe certaines dispositions sur le régime des eaux et déclare, qu'en cas de difficulté, il est procédé en conformité de la loi des 21 juin 1885 - 22 décembre 1888.

syndicat dont le but est d'assainir ou de redresser une rue, jusqu'à celui qui se propose de faciliter la culture à ses adhérents, soit par des conférences ou des champs d'expériences, soit encore en se chargeant d'acheter pour eux outils et engrais.

Il nous faut évidemment passer très rapidement sur des catégories de choses fort disparates, à première vue, si on ne les considère pas par leur point commun et ne nous en occuper que sous le rapport qui nous concerne, c'est-à-dire au point de vue juridique.

Que vont être, au point de vue juridique, ces actes si variés, ces achats, ventes ou reventes des syndicats pour le compte de leurs membres. dans quelle mesure seront-ils valables, c'est ce que va nous démontrer une fois encore la jurisprudence.

Qu'elles soient libres ou autorisées — c'est sous ces deux formes que nous les présente la loi du 20 août 1881 — elles peuvent, suivant l'article 3, « ester en justice par leurs syndics, acquérir, vendre, échanger, transiger et hypothéquer ». C'est la reconnaissance de la personnalité civile des sociétés syndicales.

« C'est aussi, dit M. Gain, le droit pour elles de comparaître, tant en demandant qu'en défendant, devant les juridictions civiles et administratives, soit comme parties principales, soit comme parties intervenantes en garantie ou soit comme parties civiles dans une action criminelle ; c'est également le droit d'interjeter appel ou de se pourvoir devant la Cour de Cassation, le Conseil d'État ou la Cour des Comptes. La société syndicale est représentée par ses administrateurs ou syndics (1). »

____

(1) Gain *Les Associations syndicales*, p. 124.

C'est ainsi qu'il a été jugé deux fois, par la Cour de Cassation, qu'une association-syndicale de canaux, constituée pour l'arrosage, administrativement reconnue et procédant avec autorisation, peut être considérée comme établissement public et, par suite, que ses syndics ont qualité pour agir collectivement en justice dans l'intérêt des riverains ; quel que soit, d'ailleurs, ajoute le jugement de 1851, l'acte administratif qui l'ait constitué, les tribunaux n'ayant pas à en juger la validité (1).

En effet, ajoute un jugement de Bordeaux (20 février 1888), dans une association syndicale libre, le syndic est le seul représentant légal des sociétaires et il peut seul exercer les actions qui dérivent de la communauté, tant au regard des sociétaires qu'au regard des tiers.

Les communistes ou associés sont, en conséquence, non recevables à exercer individuellement l'action sociale et ils peuvent seulement, en vertu des règles de droit commun, soit mettre le syndic en demeure d'agir, soit déférer sa résistance à l'assemblée générale et, devant le refus d'inertie de cette dernière, recourir aux tribunaux en mettant en cause leurs coassociés (2).

Toutefois, lorsque pour un motif quelconque, un membre d'une association syndicale a soutenu seul un procès contre un tiers, dans l'intérêt général des membres de l'association, le syndicat peut décider que les frais et

____

(1) Cass. 20 février 1844. S. 44. 1. 302 — 21 mai 1851. S. 51. 1. 695. — D. 51. 1. 124.

(2) Ce même jugement décide ensuite que le fait du propriétaire riverain qui attire le poisson dans son réservoir au moyen d'une écluse et en profitant du courant qui s'établit, soit au moment des marées, soit lors des grandes pluies, ne constitue pas un acte illicite ou abusif vis-à-vis des voisins mais bien un usage légitime du droit de propriété.

dépens seront supportés par elle. Ainsi l'a décidé un arrêt du Conseil d'État du 25 janvier 1878 (1).

Pourtant, il ne semble pas que ce droit d'ester en justice appartienne au syndicat absolument dans tous les cas, cela résulte d'un arrêt du Conseil d'État du 6 décembre 1860 (2) qui déclare que le syndicat n'a pas le droit de se pourvoir devant lui contre une commission spéciale qui avait compris des propriétés dépendant de cette association dans une association voisine sans toutefois les distraire de la première.

Nous ne citons d'ailleurs ce cas que comme curiosité, il est tout à fait spécial et ne se rapporte pas au droit civil.

Il est à peine besoin d'ajouter qu'il faut que le syndicat ait été régulièrement constitué ; c'est faute de cette condition qu'un jugement du 30 mars 1870 décharge des taxes prononcées par un syndicat les propriétaires intéressés (3). D'autres jugements nous apprennent que, suivant que le syndicat aura été formé par arrêté préfectoral ou sera une association libre, il faudra le considérer ou non comme un établissement public (4).

Comme tels, certains d'entre eux sont, dans quelques cas, soumis à la juridiction administrative ; pourtant, il a été décidé, par le Conseil d'État, que c'est à l'autorité judiciaire et non au Conseil de préfecture qu'il appartient de statuer sur la demande en indemnité formée contre une compagnie de desséchement de marais, par un pro-

(1) Conseil d'État, 25 janvier 1878. Lebon. 1878, p. 93. — D. 78. 3. 66.
(2) Conseil d'État, 6 décembre 1860. Lebon, 1860, p. 735.
(3) Conseil d'État. 30 mars 1870. Lebon, 1870, p. 365.
(4) Dijon, 5 mars 1863. S. 63. 2. 79 et Nîmes, 22 avril 1872, S. 72. 2. 232.

priétaire, à raison de ce que les prairies de ce dernier sont inondées par l'effet des travaux de la compagnie, si les ouvrages qui ont déterminé l'inondation ont été construits non dans l'intérêt du desséchement mais dans l'intérêt privé de la compagnie, pour l'usage de certains de ses terrains. C'est, en effet, dans le cas présent, comme simple propriétaire qu'a agi le syndicat, il est donc juste que la loi commune lui soit appliquée (1).

Ajoutons que les tribunaux ont toujours considéré les lois concernant les syndicats agricoles comme d'interprétation stricte, c'est à ce titre que deux solutions du Conseil d'État ont décidé que lorsque des travaux ayant pour objet l'*endiguement*, le redressement, l'élargissement d'un cours d'eau non navigable, n'ont pas été autorisés par un règlement d'administration publique ni consentis par tous les intéressés entre lesquels il y aurait eu accord préalable tant sur l'exécution que sur la répartition des dépenses, la loi ne saurait s'appliquer (2).

Concluons : un propriétaire à qui une taxe est réclamée en vertu d'arrêtés préfectoraux dont l'un a constitué les propriétaires en association syndicale et l'autre a rendu le rôle exécutoire, doit obtenir décharge de ladite taxe, les endiguements n'étant pas prévus dans la loi de 1865 et les taxes n'ayant, par conséquent, pas été légalement perçues.

Les associations syndicales ont le droit d'acquérir, nous apprend la loi, à « titre onéreux ou gratuit, par donations

(1) Conseil d'État, 17 février et 25 août 1865. Lebon, 1865, p. 214 et 854 ; 6 mars 1872. Lebon, 1872, p. 138 et S. 73. 2. 287.

(2) Conseil d'État, 8 mars 1866. Lebon, 1866, p. 224 et 30 mai 1868. Lebon, 1868, p. 625.

ou testaments, les biens meubles et immeubles » le texte ne distingue pas et il emploie le mot acquérir sans aucune restriction.

Mais, ici, les auteurs ne sont plus d'accord, les uns, comme M. Camberlin, veulent, pour acquérir à titre gratuit, que les syndicats soient munis de l'autorisation administrative prescrite par l'article 910 du Code civil (1), les autres, au contraire, soutiennent, avec MM. Lyon-Caen (2) et Gain, qu'en l'absence d'une loi prohibitive, les personnes morales ont la même capacité que les personnes physiques et que, par conséquent, l'autorisation est inutile (3).

Il est vrai, par contre, que, pour mettre peut-être tout le monde d'accord et trancher la question, M. le professeur Labbé déclare que les personnes morales sont absolument incapables de recevoir des dons ou des legs parce qu'il existe une différence trop considérable, d'une part, entre les personnes individuelles et les sociétés personnifiées et, d'autre part, entre les sociétés personnifiées et les établissements d'utilité publique.

« En effet, dit-il, la personnification d'une société est une force d'action mise au service d'intérêts individuels agglomérés, un moyen d'avoir un essor plus libre et plus favorable à la prospérité des affaires sociales, mais, au contraire, la personnalité de l'établissement d'utilité publique est une force alimentée par l'activité ou la générosité des individus, force détachée du service des

(1) M. Camberlin. Voir la *Loi* du 8 mai 1881.
(2) Voir la *Loi* du 27 avril 1881.
(3) M. Gain exige l'autorisation au cas d'association syndicale autorisée, assimilée aux établissements d'utilité publique.

intérêts individuels et affectée au service d'une cause abstraite ; donner à une société, personne morale, c'est en réalité donner aux individus qui la composent, mais donner à un établissement d'utilité publique, c'est donner à un être abstrait, c'est consacrer à une cause et faire sortir la chose donnée du domaine privé (1). »

Quoi qu'en puisse penser M. Labbé, nous croyons, avec la plupart des auteurs, que les syndicats peuvent non seulement acquérir à titre gratuit mais encore à titre onéreux et que, de plus, ils peuvent vendre et échanger. Ce sont des opérations qui se rencontrent chaque jour dans la vie courante, le droit commun, d'ailleurs, s'applique à ces transactions et la Cour de Cassation a jugé, par exemple, à deux reprises (19 juin 1838 et 18 janvier 1841), que la prescription de dix ans édictée par l'article 1304, est parfaitement applicable à l'action en nullité d'une aliénation de biens communaux consentie sans les formalités requises. La règle est la même pour les biens syndicaux.

Il est bien entendu que, si l'association est libre, ses statuts déterminent les pouvoirs des syndics et les cas où l'autorisation de l'Assemblée générale est nécessaire ; il en est de même pour transiger. Au cas où les statuts seraient muets sur ce point, il faudrait réunir l'Assemblée générale et obtenir son autorisation formelle.

Pour les associations autorisées, le pouvoir d'acquérir à titre gratuit est-il soumis à la nécessité d'une autorisation ? C'est là une question qui se pose aussi pour les syndicats libres et nous ne pouvons que renvoyer à ce que nous avons déjà dit plus haut.

(1) Labbé. Voir la *Loi* du 27 août 1881.

Un autre pouvoir, et non des moindres, donné par la loi aux syndicats est celui d'emprunter ; pour savoir si l'autorisation gouvernementale est nécessaire en cas d'association autorisée, nous renverrons de même le lecteur à quelques pages en arrière.

En pratique, les syndicats traitent avec des sociétés financières comme le Crédit foncier de France ou la Caisse des dépôts et consignations et une hypothèque peut être consentie pour garantir le remboursement.

Un dernier pouvoir qu'ont les syndicats est donc d'hypothéquer leurs immeubles ; sur ce sujet citons l'arrêt suivant de la Chambre des requêtes (15 novembre 1880), qui décide que le gérant d'une société, non autorisé par les statuts à hypothéquer les immeubles sociaux, n'est qu'un mandataire lorsqu'il souscrit une obligation hypothécaire en vertu d'un pouvoir exprès et spécial de l'assemblée générale des associés et ce pouvoir doit, à peine de nullité de l'hypothèque, résulter d'un acte authentique. Il faut donc qu'un notaire dresse procès-verbal de l'Assemblée générale qui a autorisé l'hypothèque (1).

Cette doctrine, d'après M. Gain, s'applique aux associations libres aussi bien qu'à celles qui sont autorisées.

Ajoutons, pour finir, que la loi de 1881, sur l'ouverture, le redressement, l'élargissement, la réparation et l'entretien des chemins ruraux, fixe aussi l'étendue de la capacité des syndicats qui la concernent.

Article 25. — « Les associations ainsi constituées peuvent ester en justice par leurs syndics, elles peuvent emprunter, elles peuvent aussi acquérir les parcelles de terrain né-

____

(1) D. 81. 1. 118.

cessaires pour l'amélioration, l'élargissement, le redressement ou l'ouverture d'un chemin régulièrement entrepris. Les terrains réunis à la voie publique deviennent la propriété des communes. »

L'action de ces syndicats est donc plus limitée que celle des autres, puisqu'ils ne peuvent aliéner ni hypothéquer, mais il faut remarquer que ces syndicats, quasi-mandataires des communes, sont une exception d'une espèce spéciale qui ne touche que de loin au sujet de cette étude.

Signalons, en dernier lieu, une autre faculté accordée aux syndicats par la loi de 1884, non pas que la loi en ait le moins du monde parlé, mais parce que la pratique a tiré cette conséquence du texte (1).

« Je veux parler, dit, à ce sujet, M. d'Artois, de l'achat d'engrais, d'instruments et, en général, de toutes choses utiles à la culture, par les syndicats, pour le compte de

____

(1) Les conséquences tirées de cette loi sont multiples et parfois assez inattendues dans leur ingéniosité ; c'est ainsi qu'il existe en Touraine des sociétés de vignerons qui pratiquent une sorte d'assistance mutuelle très curieuse.

Chaque fois qu'un vigneron, faisant partie de l'Association, tombe malade ou est victime d'un accident, ses camarades, répartis en sections dans toute la commune, vont faire la corvée chez lui et soigner sa vigne, sous la direction d'un commissaire ou chef de section.

Le sociétaire meurt-il, c'est sa veuve ou ses enfants mineurs qui profitent pendant une année entière du bénéfice de l'Association ; pendant une année le travail de leur vigne est fait par les soins de la société.

Dans certaines de ces sociétés, on assure aussi le travail du cheval ; si le cheval du sociétaire vient à tomber malade, on lui donne aussi la corvée du cheval: (Albert Vaudoyer. Les sociétés vigneronnes de la Touraine. *La Réforme sociale*, 1899, p. 485).

leurs adhérents. Quelle est la situation du syndicat et vis-à-vis de ses adhérents, et vis-à-vis des fournisseurs ? Est-il mandataire, commissionnaire ou commerçant(1) ?... »

III

Théorie juridique.

Telle est la façon dont M. d'Artois pose la question de la théorie juridique dans son traité « des Syndicats agricoles ».

Et il y répond presque aussitôt : « Le syndicat ne joue dans ses opérations que le rôle de mandataire. Il ne retire aucun bénéfice de la transaction qu'il a favorisée et c'est là le caractère spécial du mandat, la gratuité (2). »

La question que pose M. d'Artois est, en effet, la question capitale du sujet. Le syndicat opère-t-il, comme il le prétend, à titre de mandataire ? Oui, répond M. d'Artois, car il opère à titre gratuit.

Cette raison ne saurait nous convaincre, d'un côté, la gratuité n'est pas de l'essence du mandat, il peut y avoir mandat salarié, sur ce point, le droit français diffère du droit romain (3) et, par conséquent, la gratuité de l'intervention ne saurait être la caractéristique du mandat.

D'autre part, le mandat n'est pas la seule forme d'intervention gratuite pour autrui, la gestion d'affaires peut

(1) D'Artois. *Des syndicats agricoles*, p. 99.
(2) D'Artois. *Loc. cit.*, p. 102.
(3) Sur la gratuité du mandat à Rome, voir Girard. *Traité élémentaire de Droit romain*, 3ᵉ édition, pp. 576 et 579.

être gratuite et il faut avouer qu'elle répondrait mieux que le mandat au caractère de l'intervention du syndicat.

En effet, on ne voit pas qu'il y ait eu, de la part des syndiqués, d'instructions préalables en vue de l'acquisition des engrais ou autres objets. C'est le syndicat lui-même, représenté par ses administrateurs légaux, qui en a pris spontanément l'initiative et cette spontanéité répond au caractère essentiel de la gestion d'affaires.

En réalité, il n'y a pas plus de gestion d'affaires que de mandat ; que se passe-t-il en effet ?

M. d'Artois le décrit très exactement :

« Le président du syndicat, dit-il, s'abouche avec des commerçants, marchands d'engrais ou autres produits et débat avec eux des prix pour une période de temps.

La quantité considérable de matière à fournir fait profiter le syndicat de prix réduits avantageux, puis, quand ces prix ont été arrêtés, il en donne communication aux membres du syndicat en les invitant à lui transmettre leur commande (1). »

M. d'Artois suppose que la livraison est faite au syndicat lui-même et que c'est dans ses magasins que les syndiqués vont se fournir. Sans doute les choses peuvent se passer ainsi mais, en général, le gérant du syndicat indiquera les adresses des syndiqués qui recevront directement la livraison à domicile (2).

Au reste, peu importe le lieu de la livraison, ce n'est là qu'un détail de manutention sans influence sur le caractère juridique de l'opération.

______

(1) D'Artois, *Loc. cit.* p. 99.

(2) C'est dans ce sens que la question est envisagée par M. Hubert Valleroux. Voir *Économiste français*, 11 novembre 1899. Note p. 682.

Quel est ce caractère ? Il ne saurait y avoir de doute, il y a ici, comme dans les contrats passés par les syndicats professionnels, une véritabe stipulation pour autrui.

Quelles sont les conditions de validité de la stipulation pour autrui ?

1° L'intérêt du stipulant à l'exécution de la promesse, intérêt qui peut, nous l'avons vu, n'être pas pécuniaire ;

2° L'engagement du stipulant de faire en sorte que les conditions stipulées soit acceptées.

Il est facile de voir que ces conditions sont pleinement réalisées dans les contrats passés par les syndicats agricoles et fonciers avec leurs fournisseurs.

En effet, on ne saurait nier l'intérêt qu'a le syndicat à la prospérité des entreprises individuelles des membres qui le composent. Or la réduction des prix, la facilité des approvisionnements, le contrôle des agents du syndicat sur la marchandise vendue, sont autant d'avantages pour les membres de ce syndicat et doivent contribuer au développement et au succès de leurs entreprises.

D'un autre côté, l'intervention du syndicat, telle que nous l'a décrite M. d'Artois lui-même, nous le montre se faisant en quelque sorte le protagoniste, auprès des syndiqués, des produits à l'occasion desquels il a passé des contrats et nous trouvons, dans cette propagande, l'exécution spontanée de l'obligation qu'il avait dû contracter vis-à-vis des fabricants ou des marchands du produit.

Nous avons donc bien là les éléments essentiels de la stipulation pour autrui.

Restent les actions. Nous avons dit que la stipulation pour autrui donnait naissance à deux actions ; l'action directe du tiers contre le promettant et celle du stipulant contre le même. Le tiers est, comme dans les syndicats professionnels, le syndiqué, ici, le membre, propriétaire, agriculteur, viticulteur, du syndicat agricole ou foncier. A-t-il une action directe contre le promettant, c'est-à-dire contre le négociant qui s'est engagé à fournir ses produits à un prix de faveur aux membres du syndicat ?

Il est bien entendu que nous ne parlons ici que des syndicats dont parle M. d'Artois, c'est-à-dire de ces syndicats spéciaux qui ont pour objet certaines entreprises d'ordre privé. S'il s'agissait, en effet, d'associations syndicales autorisées, chargées d'entreprises d'intérêt général, les règles seraient différentes et il a été décidé que non seulement le membre de l'association n'avait pas de droit contre les entrepreneurs mais qu'il n'avait pas même contre le syndicat d'action pour faire exécuter les travaux (1).

Il pourrait simplement agir auprès de l'administration pour provoquer son intervention et si un dommage lui avait été causé par la défectuosité ou l'inachèvement des travaux, réclamer une indemnité.

Mais dans les syndicats dont nous parlons, tout différents, en réalité, de ces syndicats de travaux publics, qu'on pourrait appeler des syndicats administratifs, la question se pose : Le syndiqué a-t-il une action directe contre le fournisseur ?

Non, dit M. d'Artois, c'est le syndicat qui a traité, c'est lui seul qui peut réclamer l'exécution des obligations contractées envers lui ; si, répondons-nous.

D'abord, il serait facile de réfuter M. d'Artois par lui-même. En effet, si comme il le prétend, le syndicat

____

(1) Conseil d'État, 27 juin 1873. S. 75. 2. 185.

n'est que le mandataire des syndiqués, il en résulte cette double conséquence, d'un côté que c'est aux syndiqués que tous les droits sont acquis et, par conséquent, toutes les actions pour les réclamer ; d'un autre que, le contrat conclu, le mandataire s'évanouissant, le syndicat ne saurait avoir aucun droit ni aucune action.

Le syndiqué a une action directe contre le fournisseur, disons-nous, car, s'il n'y a pas mandat, il y a stipulation valable pour autrui et cette stipulation a pour effet de conférer aux membres du syndicat, pour lequel celui-ci a traité, une action directe en accomplissement des engagements.

Y a-t-il, maintenant, action du stipulant contre le promettant, c'est-à-dire, ici, du syndicat contre le fournisseur ?

On ne saurait le nier. En effet, en matière de stipulation pour autrui tout particulièrement, l'intérêt est la mesure des actions ; or, ici, nous l'avons démontré, l'intérêt du syndicat à l'exécution de la promesse est évident.

Nous pourrions ajouter une autre considération.

Le plus souvent, en effet, le syndicat ne traite pas uniquement dans l'intérêt collectif de ses membres, il traite aussi, et quelquefois principalement, dans son intérêt propre, en tant que personne morale.

Sans vouloir insister sur ce point, peut-être serait-il possible de voir dans cette concomitance d'un contrat personnel et d'un contrat collectif, une stipulation particulière expressément validée par l'article 1121 du Code civil. Cet article porte, en effet, que l'on « peut pareillement stipuler au profit d'un tiers lorsque telle est la condition d'une stipulation que l'on fait pour soi-même ».

La doctrine et la jurisprudence s'accordent à reconnaître que le mot « condition » doit être entendu au sens large et comprend toute stipulation accessoire constituant une charge.

Ainsi, dans le cas particulier de concours de contrat collectif et de contrat syndical, la validité de la stipulation pour autrui serait justifiée, non seulement par la théorie générale, mais encore par le texte formel de la loi.

Evidemment, nous ne retrouvons pas, en général, dans cette matière des syndicats agricoles et fonciers, le même caractère net et précis de la stipulation pour autrui classique, mais il faut bien se dire que ce type n'existe plus guère et l'on pourrait presque avouer qu'il n'a guère jamais existé.

Déjà dans les contrats des syndicats professionnels, nous l'avons vu assez obscurci pour que certains auteurs ne l'aient point reconnu ; un pas de plus a été fait, le sujet a changé, il chevauche continuellement sur le droit public et beaucoup l'y apercevront encore moins distinctement.

C'est que nous voici insensiblement, de degré en degré, parvenus au dernier point de notre sujet, j'ai nommé les contrats municipaux.

Il n'y a guère de différence, à la vérité, — si ce n'est une convention toute fictive, — entre un syndicat s'occupant, par exemple, en vertu de la loi de 1881 du redressement, de l'élargissement ou de l'entretien d'un chemin, et une commune remplissant pour son propre compte le même office. De là aux autres contrats municipaux, il n'y a qu'un pas. C'est ce pas que nous allons franchir en nous souvenant toujours, perdus en plein droit public comme en pays un peu étranger, que c'est le civiliste seul qui regarde, compulse et interroge.

DEUXIÈME PARTIE

LES CONTRATS MUNICIPAUX

NOTIONS PRÉLIMINAIRES

Ce serait une erreur de croire que le contrat d'utilité collective est une œuvre récente jaillie spontanément du cerveau d'un néo-socialiste. Si les applications que nous en avons étudiées jusqu'ici sont relativement nouvelles, d'autres essais les avaient dès longtemps précédées et ce genre de conventions n'était point mystère pour l'antiquité elle-même.

Nous n'avons pas la prétention de les faire remonter au déluge, bien qu'il soit évident que, dès qu'il y eut des hommes réunis en agrégats quels qu'ils fussent, le contrat collectif ait pu et dû naître. La première loi n'a été que le premier du genre.

Il semble certain que les Grecs l'ont connu ; pour les Romains, la chose n'est pas douteuse.

C'est justement sous la forme que nous allons étudier maintenant qu'il apparut pour la première fois.

Il est naturel que les pouvoirs publics, à quelque temps et à quelque nation qu'ils aient appartenu, aient songé à se débarrasser d'une partie des services que toute administration doit assurer et en ait confié quelques-uns des moins importants à des intermédiaires, en quelque sorte, qui, moyennant certains avantages et contre certaines charges stipulés d'avance, s'engageaient à les assurer.

C'est ce qui se passait dans le monde antique pour les bains publics, par exemple.

Le plus souvent, les villes affermaient l'exploitation de leur *balneum* à des publicains, moyennant une somme fixée, versée à la Caisse municipale, l'*Arca municipalis*, avec la faculté pour les fermiers d'exiger de chaque baigneur un prix déterminé par le bail. Quelquefois, il est vrai, elles exploitaient elles-mêmes, mais c'était l'exception.

Si nous nous rapprochons de nos jours, nous reconnaissons, de même, des contrats d'utilité collective dans les innombrables chartes qui, dès le xie siècle, inondèrent la France et l'Europe (1).

Qu'était-ce, en effet, que ces chartes, sinon des contrats extirpés, de gré ou de force, aux seigneurs ou aux gouverneurs royaux par les communes, agrégats de fait plus que de droit et par lesquels, moyennant des redevances fixes, elles s'affranchissaient de droits arbitraires (2).

(1) Dans ces chartes, les bourgeois s'engageaient « à se prêter un secours mutuel pour empêcher qu'on leur fasse aucun tort ». N'est-ce pas à huit siècles de distance, le même but que celui des syndicats professionnels.

(2) Voir sur ce sujet la curieuse préface du 11e volume des *Ordon-*

Voici ce que dit, à ce sujet, Guyot dans son répertoire :

« C'est dans ces petits Codes qu'on peut observer jusqu'où s'étendoit la portion de liberté que le monarque rendoit à ses peuples ; tantôt on y trouve purement et simplement que les hommes de la commune de..... seront libres eux et leurs biens, tantôt qu'ils demeureront à perpétuité exempts de tous droits de prise, de taille, de prêts forcés et d'exaction. *Permanent liberi ab omni taillatu, captitione, creditione et universa exactione.* Telles sont les clauses des communes de Mantes et de Chaumont, tantôt le Roy déclaroit que nul autre que lui ne pourroit lever aucun droit de main-morte sur les hommes de certaine commune, tantôt il y renonçoit lui-même et l'abolissoit sans réserve. *Nullus dominus nisi nos manum mortuam capiat.* C'est ainsi qu'il s'exprime dans la commune de Compiègne et dans celles de Laon, de Crépy en Valois, de Bruyères en Languedoc, il ajoute : *mortuas autem manus omnino excludimus* (1). »

Cela prouve bien que, de tout temps, des agglomérations plus ou moins politiques ou administratives, représentées d'une façon quelconque, ont traité au profit de leurs membres avec les autres individus juridiques qui étaient en rapport avec elles.

Le temps, loin d'amoindrir cette propension, n'a fait que la développer et aujourd'hui les contrats d'utilité

____

nances des Rois de France de la 3me race, par de Villevault et de Bréquigny.

(1) Voir au mot « Commune » dans Guyot, *Répertoire de Jurisprudence,* t. IV. p. 224.

générale, conclus au profit d'une collectivité, sont innombrables.

Contrats de l'État quand il accorde des concessions de chemins de fer, de canaux ou d'eaux minérales, des concessions de mines dans lesquelles il stipule certains avantages pour les ouvriers, ou quand il afferme, à des particuliers, le travail dans les prisons (1) ; contrats des Colonies quand leur administration conclut, avec des entrepreneurs, des marchés de travaux publics, pour la construction de chemins de fer ou pour la création de ports ; contrats des départements autorisant, dans certaines conditions, l'établissement de chemins de fer départementaux ou de ponts à péage (2) ; contrats, enfin, des communes, les plus nombreux, le type des contrats de ce genre que seuls nous allons étudier à fond (3).

Mais les contrats communaux — et nous entendons par là non pas la commune traitant comme personne morale et pour elle-même, mais la commune traitant pour ses membres — les contrats communaux ne sont pas tous de même espèce (4).

(1) Il y a encore contrat collectif d'utilité générale quand l'État accorde une subvention à une ligne de paquebots chargée du service postal et stipule d'elle des tarifs privilégiés pour le passage des fonctionnaires publics.

(2) Voir l'*Économiste Français* du 10 juillet 1897, p. 45.

(3) On peut très bien imaginer des contrats interdépartementaux et intercommunaux, pour des hospices, par exemple.

(4) Le contrat d'utilité générale passé au profit d'une collectivité peut se présenter sous deux aspects, soit qu'il se conclue sous forme de concession, avec ou sans redevance payée à la commune et moyennant des stipulations déterminées en faveur des habitants ou des ouvriers, soit, au contraire, qu'en échange d'une subvention à une entreprise privée, celle-ci consente des avantages particuliers au profit de certains individus.

Les uns ont pour but d'assurer des services dont l'utilité se fait sentir à l'individu dans l'intérieur de sa demeure, ils sont ce qu'on pourrait appeler des services *portables* puisque les concessionnaires doivent les mettre à la portée de ceux en faveur de qui ils sont stipulés chez eux-mêmes.

D'autres, d'un genre différent, sont à la disposition des bénéficiaires en dehors de chez eux, sur la voie publique, ils ont un caractère plus général, il faut aller soi-même au devant d'eux ; en un mot, ils sont *quérables*.

D'autres, enfin, revêtent une tournure plus spécialement encore municipale, à raison d'une étroite association de la commune et du concessionnaire ; tels sont les théâtres municipaux, les contrats pour les halles et marchés dont les baux emphytéotiques ne font souvent que préparer la propriété de la ville, les hospices, les lavoirs, les bains publics, les pompes funèbres, accessoires du service des cultes, autrefois les Monts-de-Piété et enfin la concession de ces édicules multiples et variés qui jettent leur bariolage dans toute cité moderne.

De même, rentre dans notre sujet le contrat par lequel une commune s'assure des soins d'un médecin ou d'une sage-femme.

Ce sont tous ces genres de contrats que, fidèles à cette classification et sans nous occuper des contrats des autres personnes morales, — car tous sont contenus là en raccourci, — nous allons étudier afin de les analyser et d'en définir la nature juridique.

A l'heure actuelle, la matière est régie par la loi municipale du 5 avril 1884 dont l'article 61 débute ainsi :

« Le Conseil municipal règle par ses délibérations les affaires de la commune. »

C'est là l'autorisation la plus vaste qui puisse être donnée à une administration.

L'article 115 continue : « Les traités de gré à gré à passer dans les conditions prévues par l'ordonnance du 14 novembre 1837 (1) et qui ont pour objet l'exécution par entreprise des travaux d'ouverture des nouvelles voies publiques et de tous autres travaux communaux, sont approuvés par le préfet ou par décret, dans le cas prévu par l'article 145, § 3. Il en est de même des traités portant concession à titre exclusif ou pour une durée de plus de 30 années des grands services municipaux ainsi que des tarifs et traités relatifs aux pompes funèbres (2). »

Ce sont ces deux articles de loi dont l'interprétation a permis la naissance de tous les contrats si variés que nous allons passer en revue.

(1) Voir, pour le détail, cette ordonnance portant règlement sur les entreprises pour travaux et fournitures au nom des Communes.

(2) Un traité qui a pour objet principal l'établissement et l'exploitation d'un service de distribution d'eau constitue un contrat de concession dans le sens de l'article 115 de la loi du 5 avril 1884 (Conseil d'État, 6 avril 1900. Lebon, 1900, p. 272).

CHAPITRE PREMIER

SERVICES PORTABLES

Ce sont ceux d'une utilité plus réellement personnelle
et intime qui, perçant les murs de nos maisons, y pénètrent, arrivent se mettre, jusque sous nos doigts, à la
disposition de notre volonté, font couler l'eau publique
sur l'évier de la cuisine, éclairent, réchauffent et animent
les moteurs par le gaz ; c'est le minuscule commutateur
du secteur électrique qui suffit à nous inonder de lumière
et même au besoin à actionner les dynamos. Dans certaines villes, jusqu'à des conduites d'air comprimé cou-
pent ainsi le sous-sol des chaussées et des trottoirs et
portent à domicile la force sous toutes ses formes. C'est,
enfin, supprimant la distance, cet appareil merveilleux
qui met à la portée de la voix non seulement tous les
points d'une ville, mais toutes les villes d'un pays : le
téléphone.

I

Eau.

Nous sommes tellement gâtés par les commodités de la vie dans les grandes villes que nous ne nous apercevons même plus des efforts qu'elles ont coûté.

L'hydrothérapie moderne ne nous permet plus de nous étonner de grand'chose en fait de distribution d'eau. Le robinet coule sur la toilette même où elle doit être employée et ce n'est plus un luxe princier de n'avoir qu'un ordre à donner, une allumette à faire flamber, pour disposer en quelques secondes, chez soi même, d'un bain ou d'une douche.

Histoire. — Cela ne s'est évidemment pas fait en un jour et le moindre bourgeois jouit, à l'heure actuelle, d'installations plus confortables que le plus fastueux souverain du xviie siècle.

Louis XIV lui-même eut-il exprimé, à l'improviste, ce désir si vite réalisé pour la moindre de nos mondaines, que le grand Roi eût, probablement, une fois encore, « failli attendre ».

C'est qu'à cette époque, les Compagnies des eaux n'avaient pas encore répandu leurs bienfaits dans les moindres agglomérations, le roi et les seigneurs possédaient bien, à leur usage particulier, pour les fontaines et les jardins, des canalisations qui amenaient l'eau, mais rien n'existait de semblable à ces colonnes montantes qui escaladent les étages et mettent à la portée du sixième ce que l'habitant du premier aurait vainement tenté d'avoir il y a un siècle.

Cependant le système de la distribution d'eau à domicile, qui semble avoir été si peu répandu dans l'ancienne France, n'était nullement inconnu des Romains.

Voici ce qu'en dit Delamare dans son traité de la police :

« Depuis Auguste que le nombre des acqueducs fut augmenté et que l'on appréhenda plus que l'eau manquât à la ville, il y eut peu de notables citoyens qui n'eussent, en leurs maisons ou dans leurs jardins, de bassin de cette eau pour leur usage particulier (1). On leur accordoit une certaine quantité de pouces, d'onces, de dragmes ou d'autres mesures, selon leurs besoins et à proportion des tributs qu'ils en payoient...

« Le nombre de ces concessions particulières se multiplia tellement que les Empereurs Gratien, Valentinien et Théodose, pour y mettre quelque ordre, ordonnèrent qu'il n'en seroit plus accordé aux plus grandes maisons ayant des bains, que deux ou trois onces, tout au plus, en considération de l'éminente qualité des personnes ; aux maisons médiocres ayant des bains, une once et demie et aux maisons qui n'avoient pas de bains, une demi-once. »

Pour l'eau non potable, il y avait des conduits particuliers qui la distribuaient dans les bains et les étuves, chez les foulons, tanneurs, corroyeurs et dans les jardins.

« Après avoir servi à plusieurs usages, toutes ces eaux se ramassoient dans les cloaques pour les nettoyer et de là se déchargeoient dans le Tibre (2). »

(1) Cette eau était potable.

(2) Delamare. *Traité de la police,* 2ᵉ édition, t. I, liv. IV, tit. III chap. ii, p. 579.

On voit que la distribution, par canaux séparés, d'eau saine et d'eau impropre à la boisson qui est à peine terminée à Paris, était déjà réalisée à Rome.

Quoi qu'il en soit, à la fin du XVIIIᵉ siècle, Paris n'était encore alimenté que par les sources de Belleville et du Pré-Saint-Gervais, dérivées au moyen âge, par l'aqueduc romain d'Arcueil, reconstruit sous Louis XIII et par les pompes hydrauliques de la Samaritaine (Henri IV) et du pont Notre-Dame (Louis XIV).

Il va sans dire que de distribution par des canalisations publiques, il n'était pas question.

Les concessions d'eau prenaient aux XVIIᵉ et XVIIIᵉ siècles une toute autre forme ; quand elles existaient — et elles étaient fort rares, — elles se faisaient par suite d'un accord individuel. Elles n'étaient donc alors ni collectives ni d'intérêt général. C'est toutefois d'elles que se sont lentement dégagées les autres et c'est à ce titre qu'il est curieux de les étudier.

La jurisprudence du Conseil d'État nous en a conservé quelques exemples :

Le 28 mars 1678, messire Gaspard de Fieubet, conseiller ordinaire du Roi en son Conseil d'État et Chancelier de la Reine, obtint du bureau de la ville de Paris, pour l'usage de son hôtel, situé quai des Célestins (1), une concession de quarante lignes d'eau à prendre au bassinet de la fontaine des Jésuites (2).

(1) Cet Hôtel qui porte le nº 2 du quai des Célestins est actuellement l'Ecole Massillon.

(2) Elle prit plus tard le nom de Fontaine des Lions Saint-Paul, enclavée depuis dans les immeubles de la rue des Lions, il n'en reste plus aujourd'hui que des vestiges.

Un siècle plus tard, une nouvelle ordonnance du bureau de la ville, en date du 1er août 1777, maintint cette concession en faveur et à la demande des sieur et dame Boula de Mareuil, alors propriétaires de l'hôtel de Ficubet.

Depuis lors, tous les propriétaires de l'hôtel avaient joui, sans être troublés et sans interruption, de la concession, lorsqu'en 1842, le sieur Delalain, propriétaire, sur une demande du sieur Gruyer, raffineur en sucre et locataire de l'hôtel, s'avisa, les tuyaux de conduite étant détériorés, de demander au Préfet de la Seine l'autorisation de faire les réparations nécessaires.

Celui-ci répondit que la distribution générale des eaux, les égouts, l'éclairage et les autres services publics ne permettaient pas de renouveler les tolérances anciennes, qu'en outre, la ville poursuivait la suppression de la jouissance gratuite de ses eaux, que la concession primitive était, par sa nature, essentiellement gratuite et révocable et qu'en conséquence, il y avait lieu d'exercer cette révocation.

D'où procès devant le Conseil d'État qui donna raison au Préfet, en abolissant à jamais ce vieil usage d'un autre temps et nous en a involontairement conservé le souvenir dans ses archives (1).

Nous connaissons de la même manière un autre type de contrat du xviiie siècle fait à une époque où les compagnies d'eaux n'existaient pas encore.

« Il est déclaré, dit un jugement du Conseil d'État, en date du 14 février 1861, sur renvoi de l'autorité judiciaire et par interprétation d'arrêts du Conseil du Roi, des 15 février 1780 et 22 février 1785 :

(1) Conseil d'État, 5 janvier 1850. Lebon, 1850, p. 11.

« 1° Que la ville de Saint-Germain a été autorisée à céder, à perpétuité, moyennant finances, aux princes, seigneurs et particuliers, tout ce qui resterait d'eaux amenées à Saint-Germain après le prélèvement du tiers pour les château et maison du Roi et de la quantité nécessaire pour l'alimentation des fontaines publiques. Par conséquent, les concessions d'eau consenties par la ville, à raison de cette autorisation, ne peuvent être révoquées que dans le cas où il serait établi par l'administration que les eaux concédées sont devenues nécessaires pour fournir ce tiers ou pour assurer le service des fontaines ;

« 2° Qu'en donnant à la ville de Saint-Germain l'autorisation générale de consentir des concessions, le Roi a entendu dispenser la ville et les concessionnaires de l'obligation de soumettre chacun des actes de concession à l'homologation de l'Intendant de la généralité de Paris et à l'approbation de Sa Majesté (1). »

Pour si curieux qu'ils soient, ces deux contrats n'ont, avec les nôtres, qu'un rapport historique de filiation ; l'exemple dont nous allons parler est tout autre, il est, pensons-nous, le premier essai de compagnie des eaux qui ait été tenté en France et il a, de plus, le curieux avantage de mettre en présence, en une lutte fort acerbe de brochures, deux hommes qu'on ne s'attend guère à rencontrer en ce lieu : Beaumarchais et Mirabeau.

En 1777, des frères du nom de Périer (2), avaient en-

----

(1) Conseil d'État, 14 février 1861. Lebon, 1861, p. 97.

(2) Périer Jacques-Constantin, né à Paris, 1742-1818, établit la pompe à feu de Chaillot. Il fut membre de l'Académie des Sciences (Larousse).

trepris de faire distribuer l'eau de la Seine dans tous les
quartiers de Paris, à l'instar de ce qui se pratiquait déjà
depuis longtemps à Londres, en établissant, sur les hau-
teurs de Chaillot, cette pompe à feu qui, il y a deux ans,
existait encore (1).

Ils s'étaient adressés à Beaumarchais pour lancer l'entreprise. Celui-ci, toujours prêt pour toute opération pouvant devenir fructueuse, leur avait fourni des fonds et
les avait aidés à créer une Compagnie dont il était à
la fois actionnaire et administrateur. Tout d'abord, les
actions baissèrent passablement, puis, vers 1785, elles
furent soudainement prises d'une hausse rapide et considérable.

Plusieurs banquiers qui avaient, en jouant à la baisse,
aventuré quelques capitaux, désiraient enrayer ce mouvement. Deux d'entre eux, Panchaud et Clavière, con-
naissaient Mirabeau pour lui avoir prêté de l'argent et
s'adressèrent à lui.

Celui-ci était alors à Paris, sortant de prison où l'avaient
mené ses innombrables frasques, peu aisé, bête affamée
en quête d'une proie. Il fut facile à persuader et, muni
de calculs plus ou moins exacts, il entra en campagne
contre la Société des eaux. Par des brochures où il pré-
tendait éclairer la nation, il démontrait, « *patriotiquement* » — le mot n'est pas d'hier — que la pompe à feu
de Chaillot était une entreprise détestable (2).

(1) L'Usine démolie il y a deux ans n'était plus, à vrai dire, celle
dont il est ici question, mais une autre élevée à peu près au même
emplacement : la première ne pouvait fournir que 44 litres par
habitant.

(2) L'arrêté du 6 prairial an XI, et le décret du 4 septembre 1807,
ont transmis à la Ville de Paris, la propriété des établissements

Non moins « patriotiquement », ayant de bonnes raisons pour cela, Beaumarchais répliqua avec calme, contrairement à son habitude. Il réfute, dans sa réponse, les arguments de son adversaire, puis, le naturel revenant au galop, traite, par une comparaison aux Philippiques, les pamphlets de « *Mirabelles* ». D'ailleurs, quatre ans après, ils n'en étaient pas moins les meilleurs amis du monde, s'écrivant des lettres pleines d'esprit, au sujet d'une maison que l'un et l'autre désiraient acheter à Vincennes (1).

Aujourd'hui le rêve des frères Périer est pleinement réalisé. La Compagnie des eaux dispose d'un réseau de conduits qui n'omet pas une seule rue de Paris et va sans cesse en s'accroissant.

La canalisation générale a passé de 1.498 kilomètres de longueur au 1er janvier 1879, à 2.558 kilomètres au 31 décembre 1901.

Les recettes ont augmenté dans la même période, dans la proportion de 8.380.000 francs à 18.864.000 francs (2).

La ville de Paris disposait, en 1895, pour 2.500.000 habitants, en chiffres ronds, de 718,000^{m}³ d'eau par jour, soit 287 litres par habitant, dont 98 d'eau de source.

Ajoutons que l'administration de la ville, est, à l'heure

hydrauliques énumérés dans l'art. 4 dudit arrêté et cédés par l'État, (à qui ils appartenaient depuis la dissolution de la société) à la ville. Depuis le décret du 4 septembre 1807, la ville de Paris a cessé de devoir à l'État l'intérêt du capital représenté par les pompes à feu de Chaillot, du Gros Caillou et de leurs dépendances (Conseil d'État, 22 juin 1858. Lebon, 1858, p. 449).

(1) Louis de Loménie. *Beaumarchais et son temps. Revue des Deux Mondes,* 1er novembre 1852.

(2) *Annuaire statistique de la Ville de Paris,* 1901, p. 55.

actuelle, tellement mêlée aux affaires de la Compagnie, qu'en bien des points, le régime de la concession des eaux n'est plus qu'une régie déguisée (1).

Jurisprudence (2). — La jurisprudence du Conseil d'État est une mine de documents historiques, mais elle ne nous fournit pas que d'amusants épisodes ; la haute Assemblée a eu la mission délicate, dans une matière non codifiée, de déterminer les droits des diverses parties.

Interprétation des cahiers de charges (3). — L'interprétation des cahiers de charges lui a souvent donné une

(1) La concession actuelle de la Compagnie des Eaux remonte au 11 juillet 1860 ; elle expire en 1910.

(2) Pour la jurisprudence récente, voir Lebon, 1903. Conseil d'État, 24 juillet, p. 541 et 20 novembre, p. 687.

(3) Le titre de notre travail semblerait nous inviter à nous borner à choisir dans les contrats passés par les municipalités, les seules clauses qui intéressent soit les abonnés, soit les ouvriers, car ce sont là, à proprement parler, les seules qui constituent de véritables stipulations d'intérêt collectif. Mais, d'un côté, nous traitons des contrats d'intérêt collectif et non pas seulement des clauses individuelles de ces contrats et, d'autre part, les dispositions intéressant les particuliers sont tellement entremêlées aux autres dispositions, il est si difficile d'en faire le départ, que nous croyons devoir laisser à la question toute son ampleur et examiner l'ensemble du problème que soulève ces concessions municipales.

De même, nous n'avons pas cru pouvoir nous borner à quelques exemples de jurisprudence ; au risque de les moins développer et même peut-être de devenir fastidieux, nous avons pensé qu'il valait mieux exposer, en les classant le mieux possible, la presque totalité des documents existant sur chaque matière, afin de donner à cette étude, à défaut d'autre, l'intérêt pratique de pouvoir, jusqu'à un certain point, grâce à ses références, servir de répertoire.

lourde tâche à mener à bien ; généralement c'est l'article 1134 du Code civil qu'il y a lieu d'appliquer ; mais comment discerner les intentions des parties ?

Tantôt les cahiers stipulent pour la commune un tarif privilégié, le plus favorisé du département, par exemple, comme pour celle de Pantin ; tantôt c'est un concessionnaire qui doit fournir une certaine quantité d'eau par jour (en l'espèce 250^{m3}), et qui, ne les fournissant pas, prétend faire admettre, par la ville, qu'il est en règle avec son contrat puisque son compte prouve, qu'au bout de dix jours, il a fourni 2,500^{m3}, et le Conseil de déclarer qu'il est tenu de remplir ses engagements tels qu'ils ont été stipulés ; tantôt il s'agit d'une conduite branchée sur la canalisation de la ville proprement dite pour amener de l'eau dans les faubourgs et la banlieue, alors que l'entrepreneur n'a que la concession de la ville même.

Tantôt aussi le Conseil doit départager une ville qui prétend, par exemple, que la Compagnie doit fournir d'eau un lavoir public et gratuit et le concessionnaire qui affirme ne s'être engagé qu'à amener l'eau aux bornes-fontaines, aux bouches d'arrosage et à celles d'incendie (1).

Un entrepreneur n'est pas tenu davantage de fournir au prix réduit fixé pour l'alimentation des établissements municipaux, l'eau nécessaire au service des chalets de nécessité exploités par une société privée, ni de fournir gratuitement l'eau des établissements militaires (2).

Ici les décisions sont multiples, parce que multiples sont les contestations.

(1) Conseil d'État du 24 mars 1893. Lebon, 1893, p. 260.
(2) Conseil d'État, 6 janvier 1897. Lebon, 1897, p. 82.

Les poses de tuyaux sous les voies publiques donnent lieu à des difficultés sans nombre.

En effet, la municipalité ne peut autoriser cette installation partout, l'autorité départementale a seule le droit d'autoriser l'établissement de conduites d'eau sous les voies nationales et départementales et, pour ce motif, l'autorité communale ne peut pas interdire « à tout autre qu'à son concessionnaire de fournir de l'eau aux riverains de ces routes, au moyen des conduites qui y passent » quand ceux qui font cette distribution possèdent l'autorisation départementale (1).

D'autre part, la municipalité doit respecter ce qui existe, surtout quand la concession nouvelle est limitée à la distribution des eaux provenant d'un cours d'eau déterminé et n'implique pas le retrait des concessions antérieurement accordées, aussi n'y a-t-il lieu à aucune indemnité quand des canalisations relatives à des eaux d'autres provenances ont été maintenues (2).

Enfin, quand une ville assure au concessionnaire de l'entreprise des eaux le droit exclusif de placer sous les vois communales des tuyaux de conduite, elle n'entend pas porter atteinte au droit de l'État d'user d'une ancienne canalisation, surtout alors qu'il s'agit d'un tuyau conduisant des eaux lui appartenant dans des établissements militaires.

Le Conseil a décidé que, dans un cas semblable, le maire peut parfaitement, sans enfreindre le contrat, autoriser la réfection de la canalisation (3).

(1) Conseil d'État, 17 novembre 1882. D. P. 84. 3. 17. Req. 25 juillet 1882 D. P. 83. 1. 106 et 107.

(2) Conseil d'État, 24 mars 1893. Lebon, 1893, p. 260.

(3) Conseil d'État, 2 juin 1891. Lebon, 1891, p. 430.

Quelquefois, il s'agit de réprimer les prétentions exagérées des concessionnaires.

L'un, quoique aucune disposition de son contrat ne l'y autorise, a la prétention d'exiger un minimum de consommation (au moins deux hectolitres par jour) et il faut un arrêt pour lui rappeler qu'il doit délivrer tout abonnement qu'on lui demande, fût-il d'un hectolitre (1).

Un autre, sous prétexte que la ville l'a chargé du raccordement des conduites publiques avec les travaux intérieurs, affirme avoir un privilège et presque le monopole de ces travaux intérieurs eux-mêmes (2).

De même, lorsque les clauses du marché réservent aux particuliers le droit de se procurer de l'eau individuellement par les moyens qu'ils jugeront convenables, le maire peut accorder à un usinier le droit de poser une canalisation sous le sol d'une voie publique communale, séparant deux bâtiments d'usine, en vue d'utiliser, dans une partie, les eaux directement puisées en rivière dans l'autre, sans que le concessionnaire soit en rien recevable à obtenir de la commune une indemnité (3).

Il arrive quelquefois aussi que la commune abuse de son contrat, comme dans l'exemple suivant :

L'article 6 de son traité, conférant à la commune de Clichy le droit de profiter des réductions apportées par la ville de Paris au tarif des concessions d'eau, elle émettait, en conséquence, la prétention d'obtenir un rabais de 25 % sur le prix de ses propres travaux de bran-

(1) Conseil d'Etat, 19 juin 1863. Lebon, 1863, p. 495.

(2) Conseil d'Etat, affaire Bonnin, 26 janvier 1860. Lebon, 1860, p. 67. Voir cependant Cassation, 21 février 1872. S. 72. 1. 167.

(3) Conseil d'Etat, 21 février 1890. Lebon, 1890, p. 187.

chement et de prise d'eau, sous prétexte qu'un semblable
rabais avait été stipulé par la ville de Paris pour ses travaux personnels. Le Conseil d'Etat refusa d'admettre une
interprétation aussi large du contrat et repoussa la demande (1).

Citons, enfin, un autre arrêt relatif à la ville de Douai, du
18 février 1898, qui est un des plus complets de ce genre.

Il déclare d'abord que le concessionnaire des eaux de
la ville n'est pas tenu de laisser les bornes-fontaines,
d'une manière permanente, à la disposition des habitants. En vain objectera-t-on qu'il devait se conformer
à tous les règlements que l'autorité municipale croirait
devoir édicter ; la ville n'a pas le droit d'invoquer cette
disposition pour étendre les obligations imposées par le
cahier des charges.

De plus, le calcul de la population, servant de base au
débit, ne doit comprendre que la population normale
et quant à un article du traité qui fixe la quantité d'eau
par habitant et par *jour*, il convient d'y prendre le mot
jour dans le sens de laps de vingt-quatre heures et non
pas du temps pendant lequel on s'approvisionne, à l'exclusion de la nuit.

Le concessionnaire a droit à la subvention totale promise par la ville chaque fois qu'il n'est pas établi que la
quantité d'eau fournie a été inférieure au cube prévu par
le traité.

Si, au cours des travaux, un accord est survenu modifiant les conditions du traité primitif, et que des retards

(1) Le même arrêt admet que la Compagnie remplit son engagement de fournir de l'eau salubre en puisant de l'eau en aval de
Paris, alors qu'auparavant, elle la puisait en amont.

s'ensuivent, la ville ne peut se prévaloir des clauses pénales fixées en cas d'inexécution des ouvrages dans un certain délai, et le Conseil de Préfecture peut, à bon droit, impartir un autre délai pour l'achèvement des travaux.

D'ailleurs, si des modifications, connues du Conseil municipal qui ne s'y est pas opposé, ont été apportées, elles n'empêchent pas la réception définitive des travaux d'être prononcée, surtout si elles n'ont pas eu pour effet de réduire la fourniture d'eau au dessous de la quantité prévue au contrat (1).

Tel est ce long arrêt que nous avons donné presque dans son entier, pour bien faire voir la variété et la multiplicité des questions traitées dans ces sortes d'actions.

Compétence. — Les contestations en cette matière, comme en toutes celles que nous étudierons ensuite, sont généralement du ressort de la juridiction administrative; pourtant, il existe quelques anciens arrêts de Cassation qui en donnent la connaissance aux tribunaux civils, mais on admet aujourd'hui que ces tribunaux, compétents lorsqu'il s'agit d'une difficulté entre un concessionnaire et un des tiers au profit de qui a stipulé la commune, cessent de l'être lorsqu'il s'agit des rapports directs que commune et concessionnaire ont ensemble.

C'est ainsi qu'il a été décidé que, la police d'abonnement faisant partie du traité d'une commune avec le concessionnaire, la juridiction administrative est compétente pour statuer sur la demande de la commune ten-

____

(1) Conseil d'État, 18 février 1898. Lebon, 1898, p. 123.

dant à faire ordonner la suppression de deux dispositions contenues dans ladite police (1).

De même, lorsqu'un arrêté du Conseil d'État déclare un marché inexistant faute d'accord entre les parties, l'entrepreneur est fondé à demander la réformation d'un arrêt par lequel le Conseil de préfecture, *antérieurement à la décision du Conseil d'État*, a statué sur le fond du litige (2). Au contraire, toujours d'après la même autorité, une délibération du Conseil municipal — et l'arrêt préfectoral qui l'a homologué — modifiant le tarif d'une concession d'eau faite par une ville à un particulier, n'est pas susceptible de recours pour excès de pouvoir, c'est, en effet, un contrat de droit commun qui ne peut être apprécié que par l'autorité judiciaire (3).

D'ailleurs, en bien des cas, c'est le droit commun qui s'applique.

Lorsqu'un projet, par exemple, a été dressé en vue d'un service d'eau devant être utilisé par plusieurs communes, si, une ayant signé, les autres refusent d'adhérer au projet, la commune signataire ne doit aucun dommage intérêt à l'entrepreneur qui, de son côté, peut renoncer au bénéfice de la convention (4).

Que faut-il voir ici, sinon que la convention ne s'est pas formée, comme toute convention conditionnelle quand la condition ne se réalise pas. Les communes, dont l'acceptation était condition au contrat, refusent et, dès lors, il n'y a plus de convention. Rien n'empêche les

(1) Conseil d'État, 4 décembre 1885. Lebon, 1885. p. 915.
(2) Conseil d'État, 10 janvier 1890. Lebon, 1890, p. 2.
(3) Conseil d'État, 5 février 1886. Lebon, 1886, p. 107.
(4) Conseil d'État, 11 juillet 1894. Lebon, 1894, p. 478.

parties d'en établir une autre, fût-ce tacitement, sur les mêmes bases, mais il est bien entendu que seul l'entrepreneur, en faveur de qui la condition avait été stipulée, a le droit d'arguer de sa non-réalisation. Il n'y a donc pas là résiliation du contrat, mais non formation.

Pénalités et sanctions. — La résiliation est d'ailleurs un droit absolu dans nombre de cas, tant pour la commune que pour l'entrepreneur. Un maire, par exemple, a le droit de retirer une concession pour inexécution des clauses stipulées dans un cahier des charges délibéré en Conseil municipal et le préfet ne peut pas annuler son arrêté pour excès de pouvoir (1).

La déchéance peut, de même, être prononcée contre une compagnie si les interruptions de service sont trop nombreuses, même si ces interruptions n'ont pas été constatées contradictoirement, après toutefois que la compagnie y aura été invitée (2).

Pourtant, la résiliation doit avoir des motifs graves ; c'est ainsi qu'une ville ne peut être admise à résilier un traité de concession en dehors des cas d'inexécution des conditions et autres cas prévus dans le cahier des charges (3).

De même, quand un maire, agissant au nom de sa commune, a concédé l'établissement et l'exploitation de la fourniture d'eau nécessaire à la consommation publique et privée, pour une durée de 31 ans, moyennant le payement d'une annuité fixe et d'une annuité variable avec la

---

(1) Conseil d'État, 26 juin 1896. Lebon, 1896, p. 521.
(2) Conseil d'État, 11 juillet 1884. Lebon, 1884, p. 586.
(3) Conseil d'État, 8 février 1878. Lebon, 1878, p. 127.

quantité d'eau, élevée jusqu'à concurrence d'une quantité prévue, il ne peut à son gré prononcer (1), par application même de l'article 1794 du Code civil, la résiliation de ce contrat, sauf indemnité.

En effet, ce contrat n'est pas seulement un marché de travaux publics, *il porte aussi concession* du droit d'exploiter les eaux durant un temps fixé et ne peut être retiré à l'entrepreneur que s'il y a déchéance pour inexécution de ses obligations, ou dans les cas prévus par le cahier des charges (2).

Quand la gravité de la faute ne comporte pas la résiliation, il y a lieu à simples dommages-intérêts. C'est ce qui arrive quand l'alimentation est interrompue à plusieurs reprises par la faute de la société concessionnaire (3), ou bien, au contraire, de la part de la ville, quand de son côté elle manque à ses engagements.

C'est ce dont la jurisprudence nous fournit un exemple dans le cas suivant :

La ville de Brest avait promis que, pendant la durée d'une concession, l'eau des fontaines publiques ne ferait l'objet d'aucun trafic, que les habitants ne pourraient y puiser qu'au seau et à la cruche et accordé au concessionnaire le droit d'établir des comptoirs pour la vente de l'eau.

Malgré cette clause, l'eau fut l'objet d'un trafic. La ville prétexta que le nombre de comptoirs réclamé par elle n'avait pas été ouvert. Le Conseil d'État lui donna tort, la renvoya devant le Conseil de préfecture

(1) Ni le Conseil de préfecture maintenir.
(2) Conseil d'État, 8 février 1878. Lebon, 1878, p. 127.
(3) Conseil d'État, 26 janvier 1894. Lebon, 1894, p. 69.

pour y entendre fixer l'indemnité qu'elle devrait payer au concessionnaire et jugea que la ville n'avait pas entendu subordonner l'exécution de son obligation à l'établissement d'un certain nombre de ces comptoirs de vente (1).

Si la ville, d'ailleurs, ne veut pas perdre ses droits à la résiliation ou à des dommages-intérêts, elle doit faire constater toute malfaçon avant la réception des travaux, faute de quoi elle est forclose quand aucun délai de garantie n'a été stipulé au cahier des charges (2).

Pour les manquements de moindre importance, la commune peut opérer elle-même des retenues, mais il y a pourtant un cas où elle ne saurait rien prendre ni rien obtenir, c'est lorsque, représentant les abonnés de la compagnie, ses administrés, elle prétend se faire rembourser ce que cette dernière aurait indûment perçu sur eux.

Nous voyons réapparaître ici, de même que pour les syndicats professionnels, l'idée que, pour avoir droit à des dommages et intérêts, il est nécessaire que la municipalité ait un intérêt direct, personnel, *quasi-professionnel*.

Ainsi jugé dans la décision du 8 août 1888 pour Neuilly-sur-Seine (3) et du 1ᵉʳ juillet 1898 pour Aix-les-Bains (4).

Dans ce dernier arrêt, le Conseil d'État reconnaît qu'un cas de force majeure, une sécheresse exceptionnelle, a empêché la compagnie d'exécuter ses engagements.

(1) Conseil d'État, 12 août 1879. Lebon, 1879, p. 607.
(2) Conseil d'État, 12 juin 1896. Lebon, 1896, p. 466.
(3) Lebon, 1888, p. 732.
(4) Lebon, 1898, p. 499.

II

Gaz.

Histoire. — C'est en 1799, le 6 vendémiaire an VIII, que Philippe Lebon prit ses brevets d'invention pour le gaz ; pourtant la première compagnie, pour sa distribution, ne fut fondée à Paris qu'en 1821, par Pauwels ; une usine fut établie au faubourg Poissonnière avec un succès médiocre.

Quelques années plus tard, en 1824, une autre compagnie, fondée dans le quartier de Courcelles, par Manby et Wilson, déploya une telle activité et une telle constance qu'elle parvint à triompher de toutes les résistances et, à partir de cette époque, la consommation du gaz augmenta rapidement.

Le 1er janvier 1830, la rue de la Paix fut éclairée au gaz, six mois après, ce fut le tour de la rue Vivienne.

Peu à peu, cinq compagnies se partagèrent l'éclairage de Paris, mais les canalisations, voisines aux extrémités des périmètres de ces diverses compagnies, étaient souvent une source de conflits et les consommateurs en supportaient la conséquence.

Aussi jugea-t-on utile de confier à une seule société les divers réseaux ainsi que les usines qui les alimentaient.

La fusion eut lieu en 1855, c'est d'elle qu'est née la Compagnie parisienne d'éclairage et de chauffage par le gaz.

La ville de Paris concédait à MM. Emile et Isaac Pereire

— qui apportaient la concession du chauffage par le gaz précédemment obtenue par eux — et aux compagnies gazières le droit exclusif d'établir et de conserver des tuyaux pour la conduite du gaz d'éclairage et de chauffage sous les voies publiques.

Cette concession était faite pour 50 années, elle prend fin le 31 décembre 1905.

La société commença son exploitation le 1er janvier 1856.

Le 25 janvier 1861, un deuxième traité, entre la ville et la Compagnie, étendait à la zone annexée à Paris par la loi du 16 juin 1859, la concession d'éclairage et de chauffage de l'intérieur.

À l'heure actuelle, la Compagnie du gaz possède 12 usines, dont quelques-unes couvrent jusqu'à 25 et même 40 hectares.

Ce sont les usines de : La Villette, Les Ternes, Passy, Vaugirard, Ivry, Saint-Mandé, Belleville, Saint-Denis, Clichy, Boulogne. Maisons-Alfort et le Landy.

Ces usines peuvent produire journellement plus de 1.500.000 mètres cubes de gaz et leurs gazomètres permettent d'en emmagasiner près de un million.

La consommation du gaz à Paris est passée de 72.038.455 mètres cubes, en 1860, avec 51.586 abonnés et 19.777.734 francs 90 de recettes totales à 315.532.959 mètres cubes, en 1901, avec 473.656 abonnés et 113.492.717 fr. 02 de recettes.

En cette même année 1901, les moteurs à gaz de tous systèmes ont consommé 11.028.339 mètres cubes. Ce chiffre représente 3.49 % de la consommation totale.

Au 31 décembre, 3.381 d'entre eux tournaient, représentant une puissance totale de 14.430 chevaux vapeur, contre 3.184 au 31 décembre de l'année précédente, avec 13.316 chevaux.

Soit dans l'année une augmentation de 197 moteurs et de 1.114 chevaux vapeur.

Tous ces moteurs sont alimentés, à un tarif spécial, par des compteurs indépendants (1).

On sait quelles hésitations agitent présentement le Conseil municipal ; la concession n'a plus qu'un an à vivre. La renouvellera-t-on? Doit-on former une nouvelle compagnie pleine d'aléas et n'ayant pas, comme l'ancienne, fait ses preuves?

Faut-il enfin essayer le système de la régie qui sourit à quelques-uns, certains ajoutent malicieusement : à cause des places à distribuer.

Quoi qu'il en soit et pour s'accoutumer sans doute à la gestion municipale, le Conseil a récemment voté, sur la proposition de M. Poirier de Narçay, un amendement qu'on peut, je crois, qualifier, sans exagération, d'exorbitant.

Dans sa séance du 20 mars 1903, le Conseil municipal a voté l'article suivant sans même le renvoyer à une commission :

« Le personnel sera assimilé au personnel municipal avec équivalence de classe dans les mêmes conditions que si la ville exploitait en régie. »

M. Poirier de Narçay, trouvant sans doute que ce n'était pas suffisant, en demanda alors l'application à partir de l'année 1903, disant que, le prix du gaz étant abaissé à partir de cette époque, il serait injuste de ne pas amé-

____

(1) *Annuaire statistique de la Ville de Paris*, 1901, p. 450.

liorer la condition du personnel en même temps que celle
de la population (1).

L'amendement, comme l'article, fut adopté à mains
levées et, pour compléter ces mesures, le Conseil affecta
2.800.000 francs à l'amélioration des traitements des employés du gaz en 1903, 1904 et 1905, terme de la concession de la Compagnie.

Ce fait constitue un exemple rare et curieux d'une
municipalité, non pas stipulant d'un concessionnaire des
avantages pour les ouvriers — la chose se voit journellement — mais fournissant elle-même, aux employés d'une
entreprise privée, ces avantages avec l'argent public.

Jurisprudence. — *Compétence* (2). — En cette matière, la compétence est la même qu'en matière d'eaux.

Le Conseil de préfecture connaîtra, par exemple, d'une
demande en indemnité formée par une compagnie du
gaz en raison du préjudice résulté pour elle de ce que,
contrairement à une clause de son traité, la ville lui a
interdit d'établir de nouvelles conduites pour l'éclairage
des particuliers.

Il y a là, en effet, une contestation relative à l'exécution
d'un *marché de travaux publics* et le Conseil de préfecture ne doit pas être considéré comme connaissant sim-

(1) Procès-verbaux du Conseil municipal, 20 juin 1903, p. 438 et s.
La ville donne, en effet, depuis cette époque, 0 fr. 10 à la Cie par m³
de gaz brûlé pour permettre aux abonnés de le payer 0 fr. 20 au lieu
de 0 fr. 30 par m³.

(2) Pour la jurisprudence récente, voir Lebon, 1903 ; Conseil d'État,
23 janvier, p. 37 ; 17 mars, p. 206 ; 20 mars, p. 245 ; 3 avril, p. 294 ;
8 mai, p. 336 ; 15 mai, p. 357 ; 29 mai, p. 421 ; 17 juillet, p. 517 ;
7 août, p. 627 ; 20 novembre, p. 693.

plement d'un arrêté municipal rendu dans l'exercice d'un droit de police et de voirie (1).

S'agit-il, au contraire, d'attribuer, par exemple, des indemnités à une compagnie du gaz pour atteinte à ses droits par une compagnie d'électricité (2) ou pour des colonnes montantes lui appartenant et expropriées avec les immeubles qui les contenaient ; nous rentrons dans le droit commun et l'autorité judiciaire seule peut statuer sur la demande (3).

Il en est de même lorsque des difficultés s'élèvent entre une compagnie et ses abonnés, soit au sujet du prix ou de la qualité du gaz, soit sur une application quelconque du cahier de charges ou de la police d'abonnement (4).

Interprétation des cahiers de charges. — Toutes ces questions d'interprétation se résumant, en somme, en droits et obligations en faveur ou à la charge des deux parties contractantes, nous allons, pour la clarté d'un sujet très touffu, adopter cette subdivision des documents et les étudier sous ce rapport spécial.

Droits de la municipalité. — Tous se rapportent soit à des difficultés surgies en matière de *tarifs* spéciaux, soit surtout à la façon dont les communes peuvent accorder des concessions de canalisation.

C'est ainsi qu'il a été décidé que, lorsque le temps pendant lequel doit s'appliquer le traité est divisé en

(1) Conseil d'Etat, 27 mars 1856. Lebon, 1856, p. 233.
(2) Conseil d'Etat, 29 janvier 1897. Lebon, 1897, p. 56.
(3) Conseil d'Etat, 12 décembre 1885. Lebon, 1885, p. 964.
(4) Conseil d'Etat, 14 novembre 1879. Lebon, 1879, p. 681, et S. 81. 3. 14. — Cass , 14 avril 1885. S. 86. 1. 63. — Cass., 21 janvier 1890. S. 90. 1. 159.

deux périodes, avec tarif réduit pendant la seconde, le fait, par la ville, de n'avoir pas réclamé la réduction à la fin de la première période, n'entraîne pour elle aucune déchéance (1).

D'autre part, l'abaissement des tarifs pour les particuliers peut entraîner la même réduction pour l'éclairage public (2).

Pourtant, quand ce prix ne doit baisser que lorsque l'éclairage particulier atteindra un certain nombre de *flammes*, le mot *flamme* ne signifie pas seulement jet lumineux, il y a là un rapport de quantité sans lequel la ville n'a aucun droit (3).

D'ailleurs, quand le tarif est descendu au dessous de ce qui a été fixé dans le traité, la compagnie ne saurait réclamer à la ville la garantie d'intérêt (4).

Enfin, déclare un autre arrêt, une ville — en l'espèce, Versailles — à qui une clause de son traité accorde une réduction de prix du gaz, correspondante à celle qui a lieu dans le prix payé par une autre ville — en l'espèce, Paris — ne peut bénéficier de cette réduction quand la baisse de prix dans la seconde ville n'est que l'effet d'une combinaison financière qui n'existe pas dans le traité de la ville requérante (5).

Pour ce qui est de la *pose des conduites*, voici ce que décide le Conseil quant à l'*étendue* de ces concessions :

Une concession qui comporte l'éclairage au gaz dans les rues et faubourgs d'une commune ne comprend pas

(1) Conseil d'Etat, 13 mai 1896. Lebon, 1896, p 217.
(2) Conseil d'Etat, 8 mars 1889. Lebon, 1889, p. 313.
(3) Conseil d'Etat, 13 juin 1867. Lebon, 1867, p. 558.
(4) Conseil d'Etat, 18 mars 1892. Lebon, 1892, p. 283.
(5) Conseil d'Etat, 15 décembre 1876. Lebon, 1876, p. 880.

le droit de pose de canalisation sous un chemin vicinal ordinaire, situé en dehors de l'agglomération urbaine et il n'y a pas lieu à dommages-intérêts en cas de refus d'autorisation de pose d'une pareille canalisation (1).

Il en est de même quand une commune, n'ayant accordé que le droit exclusif de conduites *souterraines*, sans stipuler le monopole de l'éclairage, a donné, ensuite, à un autre concessionnaire, le droit de poser des fils *aériens* pour l'éclairage électrique (2)

Enfin le droit exclusif à une compagnie d'établir des tuyaux pour la conduite du gaz sous les voies publiques comprises dans le périmètre de sa concession, n'implique pas à son profit certains autres avantages comme, par exemple, la fabrication et la vente du coke ou bien encore le droit d'empêcher la Ville d'accorder à d'autres entrepreneurs l'autorisation d'établir, sous les mêmes voies publiques, d'autres conduits destinés à amener le gaz dans les quartiers dont l'éclairage leur est confié (3).

D'autres décisions ont rapport à la *durée*.

« La ville de Melun, dit un arrêt du 14 février 1879, a, d'après son traité, la faculté, à son expiration, d'en passer un nouveau avec un autre concessionnaire et, en ce cas, de prendre possession définitive des robinets, siphons, regards, valves et accessoires et d'acquérir l'usine à dire d'expert. » La décision déclare en outre, en réponse à un argument de la défense, que, le nouveau concessionnaire ne pouvant attendre le dernier jour pour faire décider

(1) Conseil d'Etat, 19 janvier 1902. Lebon, 1902, p. 2.
(2) Conseil d'Etat, 26 juillet 1901. Lebon, 1901, p. 678.
(3) Conseil d'Etat, 15 mai 1874. Lebon, 1874, p. 434.

qu'il pourra se servir des anciennes conduites, la demande dont s'agit n'est pas prématurément formée (1). »

Il est d'ailleurs admis que, lorsque aucune clause ne limite, à l'expiration du marché fait pour l'éclairage public, l'effet des autorisations pour l'éclairage privé et que la durée de ce dernier n'a pas été déterminée, le maire peut, sauf recours devant l'autorité supérieure, retirer les autorisations de police par lui données pour la pose de tuyaux et refuser d'en donner d'autres.

Enfin, quand une clause d'un traité pour l'éclairage au gaz porte « qu'à l'expiration du privilège de 20 années, accordé par la Ville à la Compagnie, celle-ci aura le droit de disposer de ses terrains, constructions et matériel à moins qu'elle ne traite à nouveau avec la ville pour la prolongation de son privilège », on doit entendre cette clause en ce sens que la ville ne s'est engagée à procurer à l'entrepreneur l'établissement et le maintien des tuyaux destinés à l'éclairage des particuliers que pendant la durée de l'éclairage public (2).

Obligations de la municipalité. — Une commune ne peut constituer au profit d'un tiers le monopole de l'éclairage privé, mais elle peut s'interdire de favoriser tout établissement faisant concurrence à son concessionnaire.

C'est pourquoi, chaque fois qu'une ville a manqué à cet engagement, en autorisant, par exemple, la pose de câbles pour l'éclairage électrique, le Conseil l'a condamnée à des dommages-intérêts (26 décembre 1891, 2 février

---

(1) Conseil d'Etat, 14 février 1879. Lebon, 1879, p. 124.
(2) Conseil d'Etat, 9 juin 1876. Lebon 1876, p. 521.

1894, 11 janvier 1895, 8 mars 1895, 28 février 1896) (1).

D'autre part, une ville ne peut, sous prétexte d'interprétation, demander une addition à son contrat (2).

Quand elle s'est réservé le droit de concéder toute autorisation pour établir un nouveau mode d'éclairage, cette réserve ne vise que la totalité ou une fraction importante de la ville et non pas certains établissements isolés (3).

Quand, au contraire, au lieu de se réserver ce droit, elle a pris l'engagement d'offrir à la compagnie la priorité, elle manque à son engagement si elle installe, par exemple, l'électricité dans une école, sans préalable mise en demeure à la compagnie d'avoir à exécuter ce travail (4).

Enfin, elle ne peut donner, après la concession finie, l'ordre au concessionnaire d'enlever ses canalisations lorsque le contrat contient cette clause que « s'il conserve les tuyaux dans ces conditions, il paiera à la Ville une redevance de 5 fr. par 100 mètres courants ou que, s'il préfère, il les enlèvera à ses frais ». Si elle agit de la sorte sans que le concessionnaire ancien ait gêné la viabilité et simplement pour qu'il ne fasse pas concurrence au nouveau, il y a lieu à dommages et intérêts basés sur le bénéfice qu'il aurait pu faire. (5).

Droits du concessionnaire. — Le concessionnaire, lui aussi, a des droits, corrélation forcée des obligations de la commune : c'est ainsi que, conformément à ce qui a été

(1) Lebon, 1891, p. 789 ; 1894, p. 84 ; 1895, p. 21 et 217 ; 1896, p. 191.

(2) Conseil d'Etat, 24 janvier 1896. Lebon 1896, p. 68.

(3) Conseil d'Etat, 11 janvier 1895. Lebon, 1895, p. 21.

(4) Conseil d'Etat, 1er mars 1901. Lebon, 1901, p. 225.

(5) Conseil d'Etat, 18 mars 1868. Lebon, 1868, p. 293.

dit plus haut, lorsqu'une clause stipule qu'il « devra faire profiter la ville, tant des découvertes nouvelles que des améliorations apportées dans l'emploi des procédés connus », elle constitue pour lui un droit exclusif d'éclairage; il peut donc exiger que la ville, avant d'accorder à des tiers l'autorisation d'entreprendre l'éclairage électrique, lui donne la priorité et lui offre d'exécuter les travaux (1).

Si cette clause a été violée, il y a lieu à indemnité (2).

D'ailleurs, sauf clauses contraires, un contrat conclu dans cet esprit n'interdit pas à une compagnie de fabriquer du gaz pour d'autres communes et de le fournir au moyen de conduites placées sous une route nationale (3).

Pour qu'il y ait lieu, dans ce cas, à dommages-intérêts, il faudrait que la commune prouve un préjudice à elle causé, le simple fait que le capital-action a été augmenté ne serait pas suffisant (4).

Sauf clauses contraires également, quand un traité prévoit, comme celui de 1870 pour la ville de Paris, des procédés nouveaux, des perfectionnements ou inventions amenant une diminution notable du prix de revient du gaz, on ne doit pas comprendre sous cette dénomination les inventions relatives à la transformation industrielle des produits accessoires de la distillation de la houille (5).

Voici maintenant une décision se rapportant aux tarifs :

(1) Conseil d'Etat, 28 novembre 1902, Lebon, 1902, p. 705.

(2) Conseil d'Etat, 30 juillet 1897. Lebon, 1897, p. 589 et 22 juin 1900. Lebon, 1900, p. 415.

(3) Conseil d'Etat, 6 août, 1886. Lebon, 1886, p. 704.

(4) Conseil d'Etat, 8 mars 1889. Lebon, 1889, p. 313.

(5) Conseil d'Etat, 5 avril 1884. Lebon, 1884, p. 287.

Le tarif, dit un arrêt du 29 janvier 1875, étant fixé au maximum de 0 fr. 35 le mètre³ et devant être réduit de 0 fr. 01 par chaque 25.000 mètres³ consommés en plus de 325.000 mètres³, l'abaissement du tarif par application de cette clause peut être révisé chaque année d'après le maximum de consommation de l'année précédente et ramené au taux le plus élevé si l'augmentation de consommation cesse.

Si la ville refuse d'approuver les polices d'abonnement augmentées pour semblable motif, elle est responsable du dommage causé aux entrepreneurs (1).

Certains traités stipulent, en effet, que les modèles de polices seront approuvés par l'autorité municipale.

Voici, enfin, quelques arrêts sur l'arbitraire auquel pourraient être exposés les concessionnaires.

Il a été jugé :

Qu'une clause stipulant que le maire pouvait exiger en tout temps, communication de la comptabilité de la Compagnie ne signifie pas que la Compagnie doit se dessaisir à toute réquisition de ses livres, registres, factures et autres pièces de comptabilité (2).

Qu'un concessionnaire doit être remboursé d'un droit sur la houille postérieur à l'époque où la ville a traité avec lui (3). Il en est de même, si, par suite de l'extension des limites, l'usine s'est trouvée englobée dans l'octroi (4).

Enfin, plus spécialement que, d'après son traité, la

(1) Conseil d'Etat, 29 janvier 1875. Lebon, 1875, p. 77.
(2) Conseil d'Etat. 20 mars 1862. Lebon, 1862, p. 241.
(3) Conseil d'Etat, 9 avril 1897. Lebon, 1897, p. 305.
(4) Conseil d'Etat, 12 novembre 1897. Lebon, 1897, p. 676.

ville d'Amiens n'avait pas le droit d'essayer le pouvoir éclairant de son gaz, sans que le Directeur de la Compagnie ait été averti du jour et de l'heure, faute de quoi les essais devraient être considérés comme non avenus et ne pourraient motiver ni réclamations, ni retenues (1).

Obligations du concessionnaire.— Une Compagnie ne peut se refuser à exécuter son traité, sous prétexte de défaut d'approbation supérieure, alors surtout que ce traité a reçu de la part de la Compagnie un commencement d'exécution, par l'indication qu'elle a faite du terrain à exproprier et que le retard apporté par la ville à la remise de ce terrain, n'est que la conséquence de la procédure d'expropriation (2).

D'autre part, la ville ne peut être rendue responsable de la concurrence faite à son concessionnaire, grâce à une permission donnée par le département d'établir des fils pour l'éclairage sur les routes nationales et départementales traversant la commune (3).

Le département n'a fait, de son côté, qu'user de son droit et l'entrepreneur doit souffrir la concurrence.

Il doit aussi souffrir la présence dans sa concession d'autres canalisations, quand l'autorisation en a été donnée avant la passation de son contrat, comme, par exemple, l'autorisation à une autre Compagnie d'établir une conduite pour le service d'un hôtel (4).

Même son contrat une fois passé, il ne peut pas davan-

(1) Conseil d'Etat, 4 août 1876. Lebon, 1876, p. 745.
(2) Conseil d'Etat, 31 janvier 1873. Lebon, 1873, p. 108.
(3) Conseil d'Etat, 22 juin 1888. Lebon, 1888, p. 544.
(4) Conseil d'Etat, 8 mai 1896, Lebon, 1896 p. 378.

tage empêcher la commune d'accorder, si bon lui semble, au propriétaire d'un café ou d'un hôtel, l'autorisation de placer des câbles aériens pour éclairer son établissement avec l'électricité provenant d'un moulin ou d'une usine loués à cet effet (1).

Il y a, en effet, là, éclairage d'un particulier par lui-même et, nous l'avons vu, la commune ne peut consti-tuer un monopole de l'éclairage privé (2).

L'excédent de consommation du gaz résultant de l'em-ploi de brûleurs en *stéatite* établis par la Compagnie en remplacement de becs, dont le changement avait été réclamé par le maire, comme non conformes au modèle réglementaire, n'est pas pour la Compagnie un sujet d'indemnité, car le Maire avait le droit d'exiger ce chan-gement et il n'est pas établi qu'il fût de nature à imposer à la Compagnie une dépense supérieure de gaz (3).

Enfin, quand pour une certaine consommation, le sixième de la consommation totale, par exemple, il y a un tarif spécialement avantageux, on doit compter, dans le calcul, le gaz livré à la consommation même dans les communes voisines (4).

Pénalités et sauctions. — La moins grave des pénalités auxquelles peuvent donner lieu les infractions de la Com-pagnie, est la *retenue* : c'est le refus de payement d'une partie de ce qui serait régulièrement dû, en somme, une réduction de prix ; c'est à elle qu'on a recours chaque

(1) Conseil d'Etat, 25 mai et 6 juillet 1900. Lebon, 1900, p. 359 et 458.

(2) Voir *infra*, p. 166.

(3) Conseil d'Etat, 3 juin 1881. Lebon, 1881, p. 583.

(4) Conseil d'Etat, 24 janvier 1896. Lebon, 1896, p. 68.

fois que les infractions n'ont pas un caractère de gravité suffisant pour amener la résiliation, sans qu'il y ait lieu de faire judiciairement prononcer des dommages et intérêts (1).

Des retenues peuvent être également opérées par le maire pour irrégularités dans le service ; pourtant, il a été admis, que des gelées intenses, — cas de force majeure, — en diminuent le montant (2).

D'autre part, une ville ne peut se prévaloir du défaut de pouvoir éclairant de son gaz que si elle l'a fait constater par les moyens prévus au cahier des charges (3) ; pourtant un maire peut régulièrement opérer des retenues pour ce motif sur le vu de rapports non contradictoires de l'inspecteur de l'éclairage, quand ils ont été communiqués, dans les vingt-quatre heures, à la Compagnie qui a ainsi pu les contrôler (4).

Une contravention, même irrégulièrement constatée, mais reconnue par l'intéressé, suffit à motiver le maintien d'une retenue opérée (5).

D'ailleurs, les procès-verbaux rédigés par les agents du maire, conformément au cahier des charges, sont réguliers alors même qu'ils ne constateraient pas l'importance du préjudice (6).

Les *dommages et intérêts* ou *indemnités* sont déjà une pénalité plus forte que la simple retenue, ils impliquent une action en justice et sont prononcés par un tribunal

(1) Conseil d'État, 7 décembre 1877. Lebon, 1877, p. 958.
(2) Conseil d'État, 15 janvier 1897. Lebon, 1897, p. 16.
(3) Conseil d'État, 24 janvier 1896. Lebon, 1896, p. 86.
(4) Conseil d'État, 3 juin 1881. Lebon, 1881, p. 583.
(5) Conseil d'État, 30 mai, 1884. Lebon, 1884, p. 443.
(6) Conseil d'État, 27 juin 1884. Lebon, 1884, p. 513.

administratif, quand ils sont dûs à la commune, *ordi-naire*, quand les particuliers seuls en bénéficient, s'ils n'ont pas été stipulés d'avance. Par exemple, si une insuffisance de flamme est dûment constatée, il n'y a pas lieu à retenue mais à dommages-intérêts à la ville, réglés après expertise par le Conseil de préfecture (1).

De même, la ville doit au nouveau concessionnaire une indemnité — sauf son recours en garantie contre l'ancien — quand ce dernier a conservé sa canalisation et continue la fourniture du gaz aux particuliers après l'expiration de sa concession, créant ainsi une concurrence à son successeur (2).

L'indemnité doit être calculée en tenant compte des mètres cubes que le concessionnaire n'a pu livrer par suite de cette concurrence — qu'elle soit faite par le gaz ou l'électricité; — elle doit représenter à la fois le bénéfice et les intérêts, ces derniers ne comptant qu'à partir de la décision du Conseil d'État (3); toutefois il faut tenir compte, pour le calcul, de la diminution de consommation provenant des procédés nouveaux et économiques pour la fabrication et l'emploi du gaz ; mais ne peut y être compris un groupe de propriétaires qui avaient déjà renoncé à son emploi et s'éclairaient au moyen de l'électricité fournie par l'un d'eux (4).

Dans le cas où les experts ont reconnu l'impossibilité d'évaluer le dommage par anticipation, une indemnité peut être réclamée pour faits postérieurs à l'expertise (5).

(1) Conseil d'Etat, 4 janvier 1884. Lebon, 1884, p. 1.
(2) Conseil d'Etat, 20 mai 1881. Lebon, 1881, p. 522.
(3) Conseil d'Etat, 2 février 1900. Lebon, 1900, p. 81.
(4) Conseil d'Etat, 17 juin 1902. Lebon, 1902, p. 12.
(5) Conseil d'Etat, 28 novembre 1902. Lebon, 1902, p. 626.

Nous avons vu, d'autre part, que la commune ne peut être rendue responsable de l'autorisation donnée par l'autorité préfectorale pour la pose des fils sur les dépendances de la grande voirie, mais il n'en est plus de même si cette autorisation n'a été accordée que sur la demande de la commune et au mépris d'un traité d'éclairage conclu par elle (1) ; à plus forte raison si ces conduits reçoivent le courant d'autres fils placés sur les dépendances de la voirie municipale (2). Toutefois, après la cessation du débit d'éclairage, il n'y a plus lieu à indemnité, même si le maire a omis d'exiger l'enlèvement des installations qui ont cessé de fonctionner (3).

En revanche, malgré la concurrence faite aux concessionnaires du gaz, il n'y a pas de responsabilité pour la commune quand, les fils ayant été posés sur des voies dépendant de la grande voirie, l'installation a été faite sans l'autorisation du maire, au mépris des procès-verbaux des agents chargés de la surveillance des voies empruntées pour la poursuite de l'enlèvement des fils irrégulièrement établis (4).

En cas d'infractions graves, comme dernière sanction, la commune et quelquefois aussi le concessionnaire, ont le droit de *résiliation*, ou, pour employer un langage plus juridique, de résolution.

Toutefois, il convient de ne pas abuser de ce moyen et

(1) Conseil d'Etat, 25 février, 13 mai, 25 novembre et 23 décembre 1898. Lebon, 1898, p. 149, 397, 723, 825.

(2) Conseil d'Etat, 6 décembre 1901. Lebon, 1901, p. 864 et 28 novembre 1902. Lebon, 1902, p. 705.

(3) Conseil d'Etat, 12 juillet 1901. Lebon, 1901, p. 626.

(4) Conseil d'Etat, 29 janvier 1897. Lebon, 1897, p. 56 et 30 mars 1900. Lebon, 1900, p. 249.

la résiliation est généralement refusée quand il n'y a pas d'infraction capitale au cahier des charges (1).

C'est ainsi que des interruptions d'éclairage, le défaut d'entretien de lampes antérieurement en service, la non installation d'un téléphone qui devait, d'après le cahier des charges, relier la mairie à l'usine, l'abaissement du prix du gaz au dessous du tarif fixé, des irrégularités dans l'administration de la Société concessionnaire ne sont pas des infractions assez graves pour motiver une résiliation (2).

Au contraire, celle-ci est prononcée pour inexécution du cahier des charges et parfois pour simple retard (3).

Il existe, enfin, une autre pénalité qui est, pour ainsi dire, la *déchéance de la concession*, ou tout au moins du monopole.

Elle se produit lorsqu'une clause exclusive étant insérée dans un traité en faveur du concessionnaire, sous condition de faire profiter la ville de tout nouveau système d'éclairage, celui-ci, après mise en demeure, a refusé de s'exécuter et qu'une autre concession a été accordée pour ce mode nouveau de lumière, sans qu'il y ait lieu à indemniser le premier entrepreneur (4).

Ajoutons enfin, pour terminer, qu'ici, pas plus qu'en matière d'eaux et pour le même motif, la ville n'a qualité

---

(1) Conseil d'Etat, 24 janvier 1896. Lebon, 1896, p. 68.

(2) Conseil d'État, 5 juin 1891. Lebon, 1891, p. 413, et 18 mars 1892. Lebon, 1892, p. 283.

(3) Conseil d'État, 6 février 1885. Lebon, 1885, p. 136.

(4) Conseil d'Etat, 28 décembre 1900. Lebon, 1900, p. 827, et 10 janvier 1902. Lebon, 1902, p. 5.

pour demander le remboursement aux abonnés des sommes qu'ils auraient indûment versées (1).

III

Électricité.

Histoire et législation. — Le premier essai d'éclairage électrique fut fait à Londres, en 1801, par le physicien Davy.

A Paris, les premières expériences publiques datent de 1841, elles eurent lieu sur le quai Conti ; en 1842, d'autres tentatives se poursuivirent rue de Rougemont, boulevard Bonne-Nouvelle et rue Basse du Rempart. Un numéro de l'*Illustration* contient une gravure représentant la place de la Concorde éclairée à l'électricité, le 20 octobre 1843, par l'ingénieur Deleuil.

D'autres expériences d'éclairage furent faites, le 10 juin 1867, aux Tuileries, lors de ce qu'on appela la fête des souverains, en présence d'Alexandre II, du roi Guillaume, de Bismarck, du Taïkoun du Japon et, ajoute la chronique, de beaucoup d'autres majestés secondaires, dont la plupart n'existent plus aujourd'hui. A Rio de Janeiro, pour l'anniversaire de l'indépendance du Brésil et, en 1863, à Boston, pour célébrer la victoire des armes fédérales, on avait illuminé à l'électricité, mais ces essais multiples ne dépassaient guère la portée d'un jeu cher et curieux.

(1) Conseil d'Etat, 24 janvier 1896. Lebon, 1896, p. 68.

Rien de pratique n'avait été fait quand, en février 1878, on décida, à titre d'expérience, d'éclairer avec des lampes à arc la place et l'avenue de l'Opéra et la place du Carrousel.

Toutefois cet essai lui-même ne représente pas encore l'heure où la lumière de l'avenir sort de l'enfance et ce n'est qu'en 1885 que le premier traité pour l'éclairage électrique fut signé à Temesvar (Hongrie).

La France suivit de près, Bellegarde et La Roche-sur-Foron, deux petits villages de Savoie, étaient éclairés à l'électricité dès 1886, Brides-les-Bains et Salins, dans la même région, le furent en 1890.

A Paris, en 1885, un premier traité avait été conclu avec Édison pour l'éclairage de l'Opéra et, à cette époque, l'Hôtel de Ville employait depuis deux ans déjà le système des lampes à incandescence.

Aujourd'hui, par un système qui rappelle celui des premières compagnies du gaz avant la fusion, on a adopté la multiplicité des secteurs.

La Société du secteur de la place Clichy, la Société pour la transmission de la force et de la lumière, la Compagnie Edison, la Société Victor Popp pour la distribution de l'air comprimé et de l'électricité, ont adopté le courant continu.

Il en est de même du Secteur des Halles, exemple assez peu encourageant de la régie par la ville.

— Ce secteur créé, pour avoir un terme de comparaison et établir un contrepoids au tarif des compagnies, n'avait encore en 1898, si l'on en excepte les Halles, la Belle-Jardinière et le passage Choiseul, que 140 abonnés. —

Les Secteurs de la rive gauche et des Champs-Elysées, dont les usines sont plus éloignées de leur centre d'exploitation, ont préféré, à cause de la facilité de son transport, le courant alternatif (1).

Enfin la Compagnie du courant triphasé d'Asnières fournit, sous une tension de 25.000 volts, la force dont peut avoir besoin la capitale (2).

De plus, la banlieue a de nombreux secteurs spéciaux qui l'alimentent.

La **distribution** d'énergie électrique est, à l'heure actuelle, soumise aux dispositions du 15 mai 1888, qui régissent l'établissement et l'exploitation des usines.

Jurisprudence (3). — La jurisprudence sur cette matière est rare : elle est, en effet, récente, de plus, presque tous les points litigieux sont identiques à ceux du gaz que nous avons longuement étudiés et manqueraient, par conséquent, d'intérêt.

Nous nous contenterons donc de citer trois ou quatre décisions, absolument spéciales à la matière, renvoyant le lecteur à la section du gaz pour tous renseignements complémentaires (4).

(1) La concession des secteurs à courant continu expire en 1907, celle des secteurs à courant alternatif, en 1908.

(2) Entre autres au Métropolitain.

(3) Pour la jurisprudence récente, voir Lebon, 1903 ; Conseil d'Etat, 23 janvier, p. 37 ; 30 janvier, p. 91 ; 27 février, p. 172 ; 27 mars, p. 273.

(4) Une question très délicate se pose à propos de ces concessions, c'est celle de savoir si une Société peut, sans avoir besoin de se dissoudre et de se reconstituer, joindre l'exploitation de l'électricité à celle du gaz. Sur cette question, que nous n'avons pas à traiter mais que nous croyons devoir signaler, voir Conseil d'Etat, 22 juin 1900 ; Lebon, 1900, p. 415 ; Cass., 27 juin 1900, Compagnie du gaz de

Avec cet élément encore mal connu qu'est l'électricité, il faut compter avec les influences extérieures, aussi n'est-il pas étonnant de voir le Conseil d'État décider que l'interruption de l'éclairage par suite de causes météorologiques constitue un cas de force majeure qui ne peut donner lieu à dommages-intérêts.

Au contraire, lorsque le concessionnaire s'est engagé à établir à ses risques et périls l'usine électrique, le canal pour la force motrice et la canalisation aérienne ou souterraine nécessaire au fonctionnement de l'éclairage, il est responsable des dommages causés aux particuliers à charge d'indemnité (1).

Il est responsable aussi, vis-à-vis de la municipalité, du bon fonctionnement de ses appareils. C'est ainsi qu'un entrepreneur qui a fourni un moteur de force insuffisante, ayant des avaries fréquentes et non conforme comme fonctionnement aux termes du traité, doit être condamné à le remplacer s'il n'aime mieux en rembourser le prix à la commune et celle-ci a, de plus, droit à une indemnité pour privation de lumière et détérioration d'appareils (2).

Souvent, l'énergie, au lieu d'être fournie par un moteur, l'est par une rivière ou une chute d'eau.

C'est ainsi que, lorsqu'une commune, dans un traité passé avec un entrepreneur d'éclairage électrique et après avoir spécifié que tous les ouvrages nécessaires au fonc-

---

Bordeaux, c. Collin; — Orléans, 9 janvier 1901, Bourguignon c. Société orléanaise pour l'éclairage au gaz et à l'électricité : *Revue critique des Sociétés et de droit commercial*, 1902, p. 543 et suiv. et même *Revue* 1902, p. 477 et 525, aux articles de doctrine sur la question.

(1) Conseil d'Etat, 14 décembre 1900. Lebon, 1900, p. 753.

(2) Conseil d'Etat, 24 janvier 1902. Lebon, 1902, p. 45.

tionnement de l'usine seraient établis par lui et à ses frais, déclare l'autoriser à construire un barrage dans une rivière, cette déclaration équivaut purement et simplement à l'engagement de ne mettre personnellement aucun obstacle à l'exécution du travail.

Il n'appartient pas, en effet, en l'état actuel de notre législation, à l'autorité municipale de régler l'établissement et le fonctionnement des ouvrages sur les cours d'eau, elle peut donc simplement donner son concours pour obtenir les autorisations nécessaires.

Mais l'entrepreneur ne puise pas dans cette clause le droit d'obtenir, en cas de difficultés avec les riverains qui retarderaient la construction de l'ouvrage, le remboursement des frais d'installation d'une machine à vapeur provisoire ni la résiliation du contrat avec indemnité (1).

On voit apparaître presque en entier, dans cet arrêt, une question qui a passionné depuis dix ans et qui passionne encore toute la partie sud-ouest de la France : nous voulons parler de la houille blanche.

La Houille blanche. — Ainsi nommée par comparaison avec l'autre houille, celle qui produit la force par la chaleur, la houille blanche, c'est-à-dire la force de chute des eaux dans les gaves et les torrents, est à peine découverte et déjà, dans bien des parties du Dauphiné et de la Savoie, elle a détrôné sa sœur aînée.

Nul pays, excepté la Suisse et les États-Unis, n'est plus riche que ces régions en chutes d'eau, aussi le mouvement une fois commencé a-t-il marché avec une

(1) Conseil d'État, 20 janvier 1899. Lebon, 1899, p. 33.

rapidité formidable et, en 6 ans, a fait des progrès tels, qu'on a cru, en 1902, devoir réunir un congrès pour étudier les points de législation à préciser ou à modifier sur cette matière.

Les lois françaises sur la propriété des eaux et de leurs rives, même la dernière, celle de 1898, n'avaient guère, en effet, prévu un pareil mouvement. Elles étaient une gêne plutôt qu'une aide et 46.000 établissements représentant 489.000 chevaux-vapeur et employant 48.800 chutes d'eau attendaient impatiemment, en 1901, une réglementation un peu plus en rapport avec les événements.

C'est que, depuis 1893, époque où avait commencé le mouvement, la réflexion de certains esprits avait amené la création de métiers nouveaux et inconnus, mais lucratifs, qui menaçaient de tuer dans l'œuf l'industrie nouvelle.

Les uns — non les plus dangereux — étaient à la piste des chutes utilisables : pour cette raison on les nomma des *pisteurs* ; ils achetaient à bon compte aux paysans qui en ignoraient la valeur la cascade et les droits qu'ils possédaient sur elle et attendaient ou cherchaient eux-mêmes l'industriel en quête de force motrice à qui ils pourraient la rétrocéder le plus cher possible.

Mais ce métier en fit bientôt naître un autre, des plus nuisibles celui-là : celui des *barreurs de chutes*.

Y a-t-il à proximité d'une chute un lopin de terre indispensable pour y appuyer le barrage futur, le barreur l'achète et dès lors il brave l'acquéreur des droits de chute qui devra le couvrir d'or pour s'en débarrasser.

Les paysans d'abord surpris et déconcertés par ces manœuvres ne tardèrent pas à se transformer eux-mêmes qui en pisteur, qui en barreur. De sorte que cet heureux pays qui n'avait qu'à laisser couler l'eau pour s'enrichir, faillit rester grosjean comme devant, faute de savoir se servir de sa fortune naturelle.

Telle était la situation et elle commençait à émouvoir bon nombre de gens, quand M. Jonnart, le 3 mars 1898, déposa sur le bureau de la Chambre une proposition de loi.

Sur ces entrefaites, la législature prit fin et il fallut faire un second dépôt devant la nouvelle assemblée le 18 juillet de la même année.

Celle-ci repoussa le projet mais chargea une commission d'en élaborer un autre qui fut déposé dès le mois de juillet 1900.

Ce projet, connu sous le nom de projet Baudin, préconisait, pour solutionner la question, la déclaration de ces usines comme d'utilité publique.

Pour obtenir cette déclaration, l'industriel n'avait qu'à accepter de fournir à des services publics, même éventuels, une certaine quantité de force; les usines ayant une puissance supérieure à 100 chevaux bénéficiaient de droit de cette mesure.

Grâce à cette déclaration d'utilité publique, les droits des usagers et propriétaires de l'eau tombaient en faveur du concessionnaire; il pouvait poursuivre l'expropriation des terrains à lui nécessaires, même s'il n'était pas riverain, imposer des servitudes pour l'établissement de canaux, de canalisations souterraines, de conducteurs d'énergie, le tout à la charge d'une juste et préalable indemnité.

Ce projet, fait sans enquête sur les lieux, fut mal accueilli par les intéressés, on lui reprocha d'organiser l'expropriation pour cause d'intérêt privé, on craignait aussi que la promesse de faire bénéficier la commune de la concession ne fût pas très sérieuse.

Enfin, il est incontestable qu'il y avait dans cette déclaration obligatoire d'usine publique au dessus de cent chevaux, une atteinte réelle au droit de propriété et de liberté industrielle et commerciale.

Une seconde fois, la Chambre repoussa le projet.

Voici donc le régime actuel. La rivière est-elle navigable ou flottable, il faut, pour y établir une usine, une autorisation préfectorale essentiellement révocable ; il est vrai que le danger est plutôt théorique que pratique, car cette révocation est environnée de telles formalités qu'elle est pratiquement irréalisable ; sa possibilité n'en subsiste pas moins en droit.

Si la rivière n'est ni navigable, ni flottable, on se trouve placé sous le régime de la loi de 1898, c'est-à-dire, qu'en plus d'une autorisation administrative, il faut s'entendre avec les riverains.

C'est là que commence la difficulté, là qu'il serait nécessaire de régler certaines questions. Le *droit au point d'appui*, par exemple, par une extension des lois des 29 avril 1845 et 15 juillet 1847 : le *droit de poser des conducteurs électriques* dans une propriété séparant deux parties d'une exploitation. Plusieurs remèdes ont été proposés, l'un est emprunté à la loi de 1865, sur les associations syndicales ; l'autre sur un système de licitations devant les tribunaux civils.

La Chambre de commerce de Lyon propose un système mixte. On donnerait aux tribunaux civils le pouvoir de transformer le droit à l'eau en un droit à une indemnité toutes les fois que, par suite d'un règlement d'eau, il y aurait lieu à démolition d'ouvrage.

Une large publicité serait organisée pour permettre à tous les riverains de participer à ce règlement (1).

La Société d'études législatives a aussi cherché, en dehors du Congrès de la houille blanche, un remède au mal qui menace de faire dégénérer en cause de division une source de richesse.

M. Michoud, professeur de droit à la Faculté de Grenoble, a étudié le problème devant la savante assemblée et proposé deux solutions de la question. Il ne faut pas, dit-il, donner de concessions perpétuelles, tout au moins sans clauses de rachat ou de déchéance. Il faut établir des certitudes de garantie sérieuses, des indemnités de rachat raisonnables; mais non, par des concessions quasi-éternelles, grever indéfiniment l'avenir.

D'ailleurs, ajoute-t-il, d'après l'article 11 de la loi du 8 avril 1898, la permission d'établir un barrage est une autorisation véritable, non une concession ; l'État ne cède rien, en somme ; quant au riverain, propriétaire du terrain, il garde sur l'eau son droit d'usage. L'État ne pouvant donner ce qu'il n'a pas, on discerne mal la nature du droit qui naît pour le bénéficiaire de l'autorisation.

Voici la première des solutions que propose M. Michoud : Payer une indemnité pour *tous* les droits susceptibles d'utilisation industrielle. Il ne faut pas laisser au caprice de l'acquéreur ou au hasard le soin de déterminer quels seront les expropriés. « Cette solution est nécessaire, dit M. Michoud, pour empêcher les riverains de laisser dor-

(1) Edouard Payen. La Houille blanche. *Économiste Français,* 29 août 1903, p. 301 et 334.

mir ces richesses, pour assurer un bon aménagement industriel des cours d'eau et pour prévenir les accaparements des barreurs. »

C'est possible; à défaut d'autre qualité, elle a celle d'éviter les jalousies féroces qui ne manqueraient pas de naître d'un rachat partiel.

Le contre-projet cherche à concentrer sur une même tête la jouissance morcelée, grâce à une licitation des droits indivis des riverains. On a objecté que cette licitation ne serait jamais qu'une expropriation, car jamais tous ne seront consentants. Ce motif n'est pas suffisant pour transformer une licitation en expropriation car, en fait, il arrive souvent que, dans une licitation, tous les intéressés ne soient pas consentants. Cela résulte du simple jeu de l'article 815 du Code civil.

La licitation ne comprendrait, d'ailleurs, que les droits industriels; les autres droits, irrigation, puisage et usages de toutes sortes, devraient être rachetés séparément.

L'adjudicataire, d'après ce second projet, devra employer la force dans un délai très bref, sous peine de réadjudication, mais il pourra, dans certains cas, rendre sous forme d'énergie électrique, la force motrice prise à des moulins, scieries, usines existant déjà. La quantité d'énergie, qui devra être procurée par l'expropriation, devra être calculée de telle sorte que le service public ait toujours, même aux basses eaux, la quantité d'énergie nécessaire à son maximum de besoins. On pourrait même accroître cette force de moitié pour les besoins imprévus.

La portion de force, non employée réellement au service public, pourra être librement utilisée par l'administration ou son concessionnaire. On pourra aussi, par voie d'expropriation ou de concession, constituer des usines mixtes (1).

Tels sont les différents projets à l'étude, il serait à souhaiter qu'ils aboutissent rapidement pour la prospérité des régions qu'ils intéressent ; quelques-uns s'y passionnent, beaucoup s'en occupent et il est actuellement peu de juristes qui n'aient étudié la question.

A ce titre, il est intéressant de connaître l'opinion d'hommes aussi compétents que MM. Saleilles et Massigli.

« Il y a, disaient-ils en 1902, dans le *Bulletin de la Société d'études législatives*, une force d'utilisation individuelle qui correspond au courant pris dans son état actuel par rapport à chaque propriété riveraine, puis la force motrice d'utilisation collective qui correspond à la force totale dérivant de la déclivité du sol prise sur une longueur déterminée ; c'est ce qu'on appelait jadis le droit à la pente et ce qu'on nomme plus particulièrement aujourd'hui le droit aux chutes.

« La première rentre dans le droit d'usage individuel de l'article 644, la seconde, au contraire, fait partie du droit d'usage collectif et appartient à la collectivité » (2).

Ainsi, d'après ces Messieurs, le cours d'eau étant chose commune, la puissance motrice doit l'être aussi et constitue un droit à la chute, collectif de sa nature, indépendant et distinct du droit à l'usage, en vertu de l'article 644.

Le remède serait, peut-être, d'étendre la domanialité des eaux dans la limite même où s'est étendue leur utilisation.

(1) *Bulletin de la Société d'études législatives*, 1902, p. 230 et suiv.

(2) *Bulletin de la Société d'études législatives*, 1902, p. 507.

Jusqu'à présent, les rivières navigables et flottables jouissaient seules de ce privilège, parce que, seules, elles présentaient un intérêt public et collectif; aujourd'hui, un autre intérêt de même nature est né, s'appliquant à des rivières souvent non navigables ni flottables, l'ancienne classification est donc trop étroite, elle est mauvaise, il faut faire un pas en avant et l'élargir.

Nous nous sommes étendus sur ce sujet tout nouveau de la houille blanche, bien que, dans la plupart de ses applications, il n'entre pas directement dans notre sujet, à cause de son intérêt très actuel d'abord et ensuite à cause du projet Baudin, si curieux par son idée, qui entre pleinement dans notre sujet cette fois, de municipaliser en quelque sorte les usines (1).

IV

Services divers.

Téléphones. — *Histoire et Législation.* — Le 14 février 1876, à deux heures d'intervalle, Graham Bell et Elisha Gray venaient chacun déposer, au Bureau des Patentes américaines, la description de deux téléphones issus de principes peu différents.

Contrairement à ce que nous avons vu pour l'éclairage électrique, entre l'invention et la pratique, il n'y eut presque pas de tâtonnements et l'idée de relier par le

(1) Voir sur le sujet le *Bulletin de la Société d'études législatives,* 1901-1902; p. 229 à 304; p. 341 à 378; p. 387 à 451; p. 507 à 561 et 1903, p. 127 à 150; p. 324 à 354 et *La Réfo me sociale,* septembre 1904, p. 395.

téléphone une partie plus ou moins grande des habitants d'une ville se trouva réalisable le jour même où elle fut conçue.

On utilisa d'abord pour cela, à New-York et à Philadelphie, les lignes télégraphiques qui, étant toutes établies, facilitèrent singulièrement la tâche. Puis on pensa qu'il serait plus commode de construire des réseaux spéciaux et le 1er janvier 1878, le premier d'entre eux était inauguré à New-Haven, dans le Connecticut.

En France, le téléphone public fut inauguré, à Paris, le 8 septembre 1879. On employa d'abord, comme on l'avait jadis fait pour le gaz et comme cela existe encore pour l'énergie électrique, le système des secteurs multiples (1) ; trois Sociétés assurèrent le service, mais, dès le 30 octobre 1880, elles fusionnaient sous le nom de *Société générale des Téléphones*.

La concession, dès lors, était donnée par l'État, ce qui fait, dès à présent, sortir un peu l'étude des téléphones du plan de ce travail ; ils ne devaient pas tarder à s'en écarter tout à fait en se transformant en régie par l'État.

En effet, la concession ne prévoyait des réseaux que dans les principales villes de France ; l'État se mit à en construire à son compte dans les autres et exploita lui-même, si bien que, lorsqu'en 1884, il prolongea le contrat de la Compagnie jusqu'au 1er septembre 1889, il stipula le rachat à cette date, moyennant 10 0/0 de la recette brute (2).

---

(1) C'est aujourd'hui encore le système de la plupart des villes américaines.

(2) La reprise par l'État dut s'opérer, dans certains bureaux de Paris, *manu militari* (*La Grande Encyclopédie*).

Une loi du 16 juillet 1889 autorisa donc l'État à traiter avec les villes pour l'établissement de réseaux téléphoniques d'intérêt local et à emprunter à la Caisse des dépôts et consignations les sommes nécessaires pour effectuer le rachat des réseaux exploités par la Société des Téléphones.

L'organisation actuelle est réglée par les lois des 28 juillet 1885 concernant l'établissement, l'entretien et le fonctionnement des lignes télégraphiques (1) et téléphoniques, et 20 mai 1890, accordant à l'État le droit de traiter avec les villes pour l'établissement de communications inter-urbaines.

Jurisprudence. — Les seuls documents intéressants concernant les lignes téléphoniques se rapportent justement à cette cession des compagnies à l'État et c'est ce qui en fait la curiosité.

D'après une décision du Conseil d'État, en date du 6 juillet 1894, le concessionnaire de l'exploitation des lignes téléphoniques dans une ville est déchargé de son obligation, bien qu'il ait pris l'engagement d'établir gratuitement un réseau, dès l'instant où l'État a repris l'exploitation de son monopole.

Dépossédé par suite d'un fait indépendant de sa volonté, on ne peut lui imposer, soit l'achèvement du réseau, soit le remboursement des frais d'abonnement et d'entretien réclamés par l'État (2).

(1) Nous ne parlerons pas ici des lignes télégraphiques qui ont toujours été, en France, un service d'État. Pourtant tous les pays n'ont pas adopté ce système et il existe des compagnies de télégraphes surtout pour les câbles interocéaniques, qui peuvent, elles aussi, donner lieu à des contrats collectifs d'utilité générale.

(2) Conseil d'État, 6 juillet 1894. Lebon, 1894, p. 469.

Il s'agissait, en l'espèce, de la municipalité de Lille qui avait stipulé, dans un contrat, l'établissement, par son concessionnaire, d'un réseau spécial à son usage personnel.

Il y a lieu, dit encore une décision du 16 mai 1896, de comprendre, dans le matériel de l'entreprise que l'État doit reprendre en vertu du cahier des charges, les appareils en service chez les abonnés, à la date de la reprise par l'État (1).

Aujourd'hui, le service des téléphones est un service d'État et comme tel ne nous intéresse plus.

Air comprimé. — En 1887, la Société Victor Popp, dont il a déjà été parlé à propos de l'éclairage électrique, obtint la concession de la distribution d'air comprimé à domicile et organisa dans Paris un réseau de canalisations pour ce service.

Ce réseau est aujourd'hui assez développé dans le centre, entre la Seine et les grands boulevards, avec quelques poussées importantes vers l'Ouest, les Champs-Élysées, Les Ternes, Passy où on l'utilise de plus en plus pour les ascenseurs.

La petite industrie l'emploie volontiers pour ses moteurs, à cause des qualités de silence qu'il procure; il donne une sécurité plus grande que les appareils à vapeur et presque tous les travaux de percements souterrains en font usage, ainsi que certains tramways (2).

Enfin, on a employé ce moyen pour distribuer l'heure

____

(1) Conseil d'État, 16 mai 1896. Lebon, 1896, p. 401.

(2) Mentionnons encore le système de distribution pneumatique des dépêches dont nous ne parlerons pas puisque c'est un service d'État.

dans la ville d'une façon uniforme, 6.155 cadrans privés fonctionnaient en 1901, auxquels il fallait ajouter 107 cadrans publics (1).

Au 31 décembre 1900, la canalisation d'air comprimé de Paris mesurait 188 kil. 628 desservant, en plus de la ville, 1.883 abonnés avec une force de 3.613 chevaux (2).

Les redevances payées se sont élevées, en 1901, à 32.929 fr. 15 et les frais de contrôle à 3.000 francs (3).

Possibilités de l'avenir. — Les différentes canalisations que nous avons mentionnées sont les seules qui, à l'heure actuelle, enlacent de leurs tentacules le sous-sol de nos villes modernes, mais en sera-t-il ainsi demain ? Nul ne saurait le dire. Il y a un siècle, on eut traité de fou quiconque eût prédit l'état actuel et il se peut que, dans vingt ans, nous trouvions fort naturel ce qu'il nous paraîtrait extravagant de concevoir aujourd'hui.

Pour nous en tenir à l'éclairage, qui nous dit que nous

(1) La recette par cadran serait de 12 fr. 92 et la dépense de 11 fr. 50, le bénéfice n'est pas énorme. Il existe aussi pour quelques monuments publics, églises, etc., une distribution d'heure électrique reliée à l'Observatoire.

(2) *Annuaire statistique de la Ville de Paris*, 1901, p. 456.

(3) Il a existé aussi un secteur d'air raréfié de fort peu d'importance desservant la rue Beaubourg et ses environs ; la concession en fut donnée le 1er février 1887 ; sa canalisation n'a jamais atteint 4 kil. Il mérite cependant d'être signalé pour un détail. Il rapportait en 1900, 159 fr. et n'en coûtait pas moins, comme son concurrent, 3000 fr. de frais de contrôle. Après des incidents variés, une mise en faillite, une mise en liquidation judiciaire, une Compagnie fut reformée qui devrait distribuer de l'air raréfié mais fournit, en fait, depuis 1902, sans autorisation préfectorale, du courant électrique dans les environs de la rue Beaubourg.

ne verrons pas d'ici quelques années des réseaux distribuer l'acétylène — ce qui d'ailleurs ne serait qu'une transformation du gaz — l'alcool ou le pétrole.

Ces deux derniers modes d'éclairage datent d'hier, surtout dans l'emploi sous forme de vapeurs, et déjà des phares extrêmement puissants sont éclairés à la vapeur de pétrole.

Quant à l'alcool, le rêve n'est pas si chimérique puisqu'un essai d'éclairage public a été fait l'année dernière, par ce moyen, le long du quai des Tuileries.

Il est vrai qu'alors, chaque candélabre portait son générateur; mais de l'idée d'employer l'alcool pour l'éclairage public à celle de le canaliser il n'y a qu'un pas que peu d'années, peut-être, suffiront à nous faire franchir.

D'ailleurs, pour ce qui est du pétrole, nous n'aurions même pas le mérite de l'innovation, l'Amérique nous en a donné l'exemple. Si les pipe-lines ne servent pas à l'éclairage, elles n'en sont pas moins le principe qu'il n'y aurait qu'à appliquer d'autre façon.

Ces pipe-lines appartiennent à des compagnies privées et sont des canalisations souterraines qui forment non seulement un réseau complet dans les régions pétrolifères mais se prolongent, par des artères principales, jusqu'aux raffineries établies dans les centres comme Pittsburg, Philadelphie, New-York, Baltimore, Cleveland ou Buffalo et permettent ainsi au propriétaire de chaque puits de faire, à peu de frais, parvenir son pétrole à l'usine ou de le déverser dans les bateaux citernes.

CHAPITRE II

SERVICES QUÉRABLES

Nous grouperons sous cette dénomination les services de transports publics, tels que voitures de place, omnibus, tramways, chemins de fer de pénétration et métropolitain. S'ils sont, en effet, à la disposition de tous, il y a cependant une différence entre eux et ceux de la première catégorie ; cantonnés sur la voie publique, ils sont moins personnels et pénètrent moins notre intimité ; en un mot, il faut aller au devant d'eux.

De plus, en général, le contrat secondaire qui se forme entre le concessionnaire et le bénéficiaire du contrat principal, ne revêt pas, comme dans les premiers, la forme périodique de l'abonnement, il y a individualisation de l'acte, individualisation aussi des obligations.

L'abonné d'une Compagnie de gaz ou d'eaux paiera son abonnement suivant les quantités fournies ; il faut au contraire calculer les taxes concernant les services qui nous occupent suivant le nombre de fois qu'on y a eu recours et à ce moment même.

I

Voitures publiques.

Histoire et Législation. — Au commencement du XVIIe siècle, la seule entreprise de transport qui existât à Paris, employait comme véhicules, des chaises à bras.

Ce n'est que plus tard qu'un sieur Sauvage, facteur des Maîtres de coches d'Amiens, eut l'idée de louer des carrosses au public; il se fit accorder cette concession et, moyennant 7 livres par jour pour un carrosse à deux chevaux, 12 livres pour un carrosse à quatre chevaux, il fournit à qui voulut ce qu'on devait plus tard appeler un *fiacre*.

Plusieurs étymologies de ce mot ont été données :

« Sauvage, dit Delamare, demeuroit rue Saint-Martin, dans une maison appelée l'hôtel Saint-Fiacre, comme il étoit l'auteur de l'invention et le plus accrédité de son temps, les carrosses de louage furent non seulement nommés fiacres, mais les maîtres et les cochers en ont toujours retenu le nom (1) ».

Pour M. Maxime Du Camp, les fiacres auraient été ainsi baptisés de ce que, un moine nommé Fiacre étant mort en odeur de sainteté, on mit son portrait dans les voitures pour les protéger contre les accidents.

Enfin d'autres prétendent que ce nom est tout simple-

(1) Delamare. *Traité de la police.* Paris, 1738, T. IV, L. VI, t. XII, sec. 1, p. 437.

ment celui d'un loueur de voitures connu qui habitait rue Saint-Thomas-du-Louvre.

Quoi qu'il en soit, un sieur Charles Willerme s'étant associé avec Sauvage, obtint, en 1650, le premier privilège exclusif d'établir dans la ville « de grandes et petites carrioles, litières et brancards ».

M. de Givry obtint, de son côté, en mai 1657, la faculté « de faire établir des carrosses, calèches et chariots attelés de deux chevaux dans les carrefours, lieux publics et commodes de la Ville, de 7 heures du matin à 7 heures du soir ; ces voitures allaient tant à Paris qu'à 5 ou 6 lieues à la ronde (1) ».

C'était la création des premières places de voitures (2).

Il faut croire que l'entreprise prospéra, puisque, dès 1703, le nombre des voitures était devenu suffisant pour nécessiter leur numérotage. Déjà, le 20 janvier 1696, un tarif avait été promulgué comptant 25 sols la première heure, 20 sols les heures suivantes.

Vers le milieu du XVIIe siècle, un autre genre de voitures, était apparu. Les entrepreneurs qui ne possédaient pas le droit de stationnement sur la voie publique, imaginèrent de mettre dans des remises leurs voitures à la disposition des clients d'où leur nom de voitures de remise.

En 1753, soixante entrepreneurs, possédant 170 voitures, se partageaient le privilège d'occuper les 28 places de voitures existant alors.

Vint la Révolution et les voitures, suivant l'émancipa-

______

(1) Delamare. *Traité de la police.* Paris, 1738, T. IV, L. VI, t. XII, sec. I, p. 437.

(2) En 1669, s'organisa pendant quelque temps, un transport par chaises roulantes à deux roues, dites « brouettes ».

tion générale, jouirent, à partir du 24 novembre 1790, de la liberté d'exploitation.

Un décret du 13 vendémiaire an IX (3 octobre 1800) fixa la course à 1 fr. 50 et l'heure à 2 francs. L'argent depuis ce temps a perdu de sa valeur mais les tarifs n'ont pas changé.

C'est à cette époque qu'apparaissent les premiers cabriolets. Cette liberté d'avoir sur la voie publique des voitures et d'entreprendre le transport du public, ne devait pas durer longtemps ; en 1817, la Préfecture de police s'avisa de surveiller ces services et une taxe municipale fit payer aux loueurs 150 francs par voiture et 215 francs par cabriolet.

Il y avait alors dans Paris 1390 voitures de place.

Peu à peu, cependant, le service se perfectionne et nous voyons apparaître quelques détails encore en vigueur aujourd'hui ; c'est ainsi qu'à partir de 1830, toute personne montant dans une voiture a le droit d'exiger le numéro du cocher et qu'en 1841, la Ville créa, auprès de chaque station de voiture, un surveillant.

En 1855, apparaissent les premiers coupés de place dits « petites voitures », dénomination qui est restée ; cette année-là vit aussi une tentative d'unification semblable à celle qu'on faisait alors pour le gaz ; mais la réussite ne fut pas la même.

Paris comptait, à cette date, 4.487 voitures immatriculées. On créa une « Compagnie impériale des voitures à Paris », chargée de racheter tous les numéros roulants. Mais le rachat n'étant pas obligatoire, 1850 cochers préférèrent leur liberté.

Ce régime dura jusqu'en 1866, époque à laquelle, à la suite d'une grève, un décret du 23 mai 1866, déclara

libre la circulation des voitures de place ou de remise
dans la Ville de Paris (1).

Tout individu, disait l'article 1, a la faculté de mettre
en circulation dans Paris, des voitures de place ou de
remise destinées au transport des personnes et se louant
à l'heure ou à la course sous la condition d'en faire déclaration devant qui de droit, d'exécuter les dispositions
prescrites par les règlements de police et de se conformer
aux tarifs des prix de transport arrêtés par l'autorité compétente (2).

Article 2. — Les voitures de remise qui payent un droit
de stationnement peuvent, comme les voitures de place,
charger sur la voie publique et y stationner sur les em-
placements et aux conditions déterminées par l'autorité
compétente.

Article 3. — La délibération du Conseil municipal de
Paris, en date du 9 avril dernier, relative à la résiliation
du contrat conclu entre la Ville et la Compagnie des
Petites Voitures, est approuvée.

Ce dernier article vise la Compagnie impériale des voitures à Paris qui prenait dès lors la dénomination de Compagnie générale des Petites Voitures.

L'article 2 de ce décret permet donc, à Paris, l'existence de trois sortes de voitures : les voitures de place
proprement dites, numérotées et marchant au tarif ordinaire de 1 fr. 50 et 2 francs, les voitures de remise

______

(1) Maxime Du Camp. Les voitures publiques à Paris. *Revue des
Deux Mondes*, 15 mai 1867, p. 318.

(2) Toute personne qui profite de l'autorisation contracte donc pour
ainsi dire tacitement, vis-à-vis la ville, l'obligation de se soumettre à
ces conditions et l'on peut voir là un cas de contrat d'utilité générale
collectif et tacite.

payant un droit de stationnement et connues sous le nom
de voitures de cercle qui marchent aussi à l'heure mais
à un tarif plus élevé (3 francs). Enfin, les voitures de
grande remise qui ne peuvent se louer qu'à la journée
ou à la demi-journée et ne peuvent généralement pas
stationner sur la voie publique.

A l'époque où fut promulgué ce décret, Paris comptait
dans ses murs 6101 fiacres, auxquels il fallait ajouter 2.950
voitures de grande remise (1). En 1894, il y avait en tout
15.147 voitures publiques, avec environ 200 places de
voitures ; pourtant le dernier recensement de 1901 n'a
plus donné que 15.041 voitures, dont 4.313 de grande remise (2).

Jurisprudence. — Les maires ont des pouvoirs fort
étendus pour régler la circulation des voitures publiques,
mais cela ne veut pas dire qu'ils puissent aller jusqu'à
l'arbitraire, c'est ainsi qu'un maire ne peut, sans excès de
pouvoir, interdire à tout conducteur de voitures de remise, de circuler sur la voie publique, dans le but de
recruter des voyageurs et de satisfaire aux réquisitions,
en dehors des lieux de remisage autorisés par la municipalité, quand cette mesure a pour but et pour résultat de
concéder un monopole de fait à l'adjudicataire d'une entreprise de voitures de place accepté par l'Administration
municipale (3).

On ne peut pas davantage assimiler aux voitures

(1) On compte, à l'heure actuelle, des entreprises de louage automobile comme voitures de remise ou de place et plusieurs de ces
dernières sont même munies de taximètres.

(2) *Annuaire statistique de la Ville de Paris*, 1901, p. 520.

(3) Conseil d'Etat, 9 août 1889. Lebon, 1889, p. 959.

publiqués et soumettre à la nécessité d'une autorisation des voitures qui font le service des rues et promenades (1), ne recevant que des personnes ayant retenu leur place d'avance, sans stationner dans les rues, ni prendre ou laisser de voyageurs en route (2).

En revanche, l'arrêté par lequel un maire dispose que nul ne pourra organiser un service de voitures de place sans avoir obtenu l'autorisation, préalable de l'autorité municipale, ajoutant que cette autorisation ne sera accordée qu'à ceux qui auront préalablement déposé à la Mairie l'engagement de payer un droit de stationnement (3) est légal quand bien même, par une convention antérieure, la commune aurait gratuitement concédé pour dix ans un droit exclusif de ce genre à un loueur (4).

De même les maires (et, à Paris, le Préfet de police), peuvent imposer aux voitures l'emploi d'un compteur horo-kilométrique calculé sur la distance parcourue et prescrire l'emploi d'appareils satisfaisant à des conditions déterminées pour assurer l'application du tarif.

Ils peuvent, si l'appareil ne se trouve pas dans le commerce, édicter des dispositions relatives à sa location et à son entretien et même dispenser de l'obligation d'avoir des compteurs certains loueurs, par exemple, ceux ayant moins d'un certain nombre de voitures (5).

Ces pouvoirs des maires résultent de l'article 1 de la loi du 23 mai 1866, c'est à eux que nous devons après

(1) En l'espèce, les voitures de l'agence Cook.
(2) Conseil d'Etat, 5 mai 1899. Lebon, 1899, p. 338.
(3) En l'espèce, 1 fr. 50 par voiture et par jour.
(4) Conseil d'Etat, 28 octobre 1890. Lebon, 1890, p. 875.
(5) Conseil d'Etat, 9 août 1893. Lebon, 1893, p. 676 et 24 fév. 1899. Lebon, 1899, p. 156.

plusieurs essais peu satisfaisants de compteurs, l'adoption du taximètre (1).

Nous avons parlé plus haut, dans une note, d'un contrat tacite qui se conclut entre la municipalité et le loueur par cela seul qu'il profite du droit que lui donne la loi de faire stationner des voitures publiques dans les rues et places ; un autre contrat se forme de la même manière entre le loueur et le client qui accepte, par le seul fait qu'il monte dans la voiture avec l'intention de payer son prix, l'offre qui lui est tacitement faite de marcher au tarif. Il y a là un véritable contrat tacite et non pas une voie de fait (2).

II

Omnibus.

Histoire et législation. — Le premier service de transport en commun fut inauguré le 18 mars 1662. On sait que Pascal en avait été l'instigateur. Le duc de Roüannès, gouverneur et lieutenant-général du Poitou, le marquis de Sourches, grand prévôt de l'Hôtel et le marquis de Crénan, grand échanson de France, étaient à la tête de l'entreprise.

« Ils représentèrent au Roy, dit Delamare, que ces voitures seroient infiniment commodes pour un grand

(1) Au 1er février, 1428 voitures munies du compteur horo-kilométrique roulaient dans Paris. (Voir pour jurisprudence récente, *La Gazette des Tribunaux* du 12 janvier 1905).

(2) Justice de paix, Paris XIV, 5 janvier 1882. D. 82. 3. 110.

nombre de personnes, comme plaideurs, gens infirmes
et autres qui, n'ayant pas le moïen d'aller en chaise ni
en carrosse, parce qu'il en coutoit une pistole ou deux
écus au moins par jour, pourroient être menés pour un
prix tout à fait modique par le moïen de ces carrosses
qui feroient toujours les mêmes trajets dans Paris, d'un
quartier à l'autre, sçavoir, les plus grands, pour cinq sols
marqués et les autres à moins, pour les faubourgs à proportions et partiroient toujours à heures réglées quelque
petit nombre de personnes qui s'y trouvassent, même à
vide, s'il ne s'y présentoit personne, sans que ceux qui
se serviroient de cette commodité fussent obligés de payer
plus que leur place.....

Dans le même temps, le sieur Nicolas Piquet de Sautour,
mousquetaire du Roy et damoiselle Anne Piquet, sa
sœur, l'une des filles d'honneur de la Reine, sollicitèrent
le privilège de l'établissement de calèches qui ne seroient
tirées que par un cheval et pourroient tirer quatre personnes moyennant dix sols par personne et quarante
sols pour ceux qui voudroient disposer seuls entièrement
d'une calèche (1).

Ce privilège leur fut accordé pour trente ans, le 10 septembre 1664.

L'entreprise la plus sérieuse fut certainement celle de
Pascal ; trois lignes furent organisées, de la Porte Saint-
Antoine au Luxembourg, de la Place Royale à Saint-Roch,
et du Luxembourg à la pointe Saint-Eustache, elles fonc-
tionnèrent pendant quinze ans, puis disparurent sans
laisser de trace.

(1) Delamare. *Traité de la police.* Paris, 1738, T. IV, L. VI, t. XII,
sec. I, p. 438.

Il faut aller jusqu'en 1826 pour trouver un nouvel essai de transport en commun fait à Nantes par un nommé Baudry ; il obtint des résultats si satisfaisants que l'idée lui vint d'installer un service semblable à Paris, mais M. Delavau, alors Préfet de police, lui refusa l'autorisation nécessaire sous prétexte que ces voitures embarrasseraient la circulation, peut-être le vrai motif était-il qu'on se souciait peu d'être agréable à l'entrepreneur, très soupçonné de carbonarisme, à moins qu'on ait redouté, dit M. Maxime Du Camp, « le danger qui pouvait naître d'une fusion des classes ».

Repoussé à Paris, Baudry alla organiser, en 1827, un service à Bordeaux puis, les Préfets n'ayant qu'un temps et M. Debelleyme ayant remplacé M. Delavau, l'autorisation d'établir des omnibus à Paris lui fut enfin accordée, le 30 janvier 1828.

Il s'associa avec les sieurs Boitard et Saint-Céran et ouvrit les deux lignes de Louvre-Bastille et Madeleine-Bastille.

Mais les trois associés n'ayant pas de monopole, eurent bientôt une foule d'imitateurs.

On vit successivement apparaître les *Tricyles*, voitures à trois roues ; les *Favorites ;* les *Béarnaises ;* les *Dames Blanches ;* les *Dames réunies ;* les *Constantines ;* les *Bugnolaises ;* les *Gazelles ;* les *Hirondelles ;* les *Ecossaises ;* les *Excellentes ;* les *Parisiennes ;* les *Citadines.*

Quelques-unes ne vécurent que peu de temps, le succès, au début, ne fut pas grand et il fallut que la duchesse de Berry y montât, à la suite d'une gageure, pour les mettre à la mode ; pourtant certaines se maintinrent jusqu'en 1830 (1).

(1) On avait en 1840 établi l'usage de la correspondance et en 1853 on fit de même pour l'impériale.

Le vent d'unification qui soufflait à cette époque amena la fusion de toutes ces entreprises sous le patronage municipal; la « Compagnie générale des Omnibus » en sortit et un décret du 22 février 1855 lui accorda le monopole jusqu'à 1910 (1).

On a cependant, depuis lors, établi ce qu'on appelle les Omnibus des gares qui vont des Halles, du Bon Marché. de la Place de la République à la Gare Saint-Lazare, mais pour ne pas enfreindre le monopole de la Compagnie des Omnibus, on restreignit leur service aux deux points extrêmes.

En 1894, la Compagnie des Omnibus comptait 73 lignes et, pour suivre la marche en avant, se lançait peu à peu dans l'exploitation des tramways dont nous allons parler tout à l'heure.

La recette moyenne par kilomètre était, en 1893, de 63.005 francs pour les petits omnibus et de 188.684 francs pour les grands.

En 1901, 749 omnibus roulaient dans Paris (sans compter 236 tramways à la même Compagnie) (2).

Pourtant, Paris, sous ce rapport, est plutôt en retard sur les grandes villes comme Lyon, Marseille, Bordeaux, où l'absence de monopole a favorisé un développement plus rapide des services.

- **Jurisprudence.** — Voici tout d'abord une application curieuse de l'article 1134 du Code civil : Les conventions légalement formées tiennent lieu de loi à ceux qui les ont faites.

(1) Maxime Du Camp. Les voitures publiques à Paris, *Revue des Deux Mondes*, 15 mai 1867, p. 318.

(2) *Annuaire statistique de la Ville de Paris*, 1901, p. 520.

Il s'agissait de faire statuer le Conseil de Préfecture sur des difficultés auxquelles donnaient lieu l'interprétation et l'exécution d'un traité. Ce traité avait été passé entre une société et plusieurs communes pour la concession d'un service d'omnibus et il était stipulé dans le cahier de charges que le Conseil de Préfecture connaîtrait des difficultés qui pourraient survenir.

Néanmoins, la Cour déclara le Conseil incompétent car, dit l'arrêt, les parties ne peuvent déroger à l'ordre des juridictions (1).

La convention n'était donc pas légalement faite.

D'autre part, les maires peuvent, dans l'intérêt général, prendre des mesures de police et limiter, par exemple, le nombre des entreprises, mais ils ne peuvent faire des règlements pour assurer l'exécution des traités portant concession à une Compagnie du droit exclusif de laisser stationner sur la voie publique, dans l'étendue de la commune, des voitures pour prendre et déposer des voyageurs à destination ou de provenance des localités desservies par ladite Compagnie (2).

De même, un maire ne peut, sans excès de pouvoir, interdire aux conducteurs de voitures publiques de traverser le territoire de sa commune autrement qu'au pas (3).

Il a été enfin décidé, en 1870, dans un cas particulier, à Paris, que la Compagnie des Omnibus ne pouvait attaquer pour excès de pouvoir un arrêté du Préfet de la Seine rapportant deux précédentes décisions qui

---

(1) Conseil d'Etat, 24 décembre 1897. Lebon, 1897, p. 832.
(2) Conseil d'Etat, 2 août 1870. Lebon, 1870, p. 970.
(3) Conseil d'Etat, 16 juin 1893. Lebon, 1893, p. 475.

l'avaient autorisée à placer, à l'arrière de ses voitures, des boîtes destinées au transport des colis, sous condition de certains avantages stipulés au profit de la Ville. Cette décision ne faisant pas obstacle, ajoutait l'arrêt, à ce que la Compagnie fasse devant l'autorité compétente valoir les droits relatifs à son contrat (1).

III

Tramways.

Histoire. — La civilisation, en se perfectionnant, a trouvé de plus en plus fastidieux la lenteur des lourds omnibus et elle a inventé le tramway qui, peu à peu, fera disparaître les premiers, sinon complètement, du moins en grande partie. Le mouvement a déjà commencé et s'accentue de jour en jour.

Le mot *tram* était déjà usité au XVIIIᵉ siècle pour désigner, dans certaines localités du nord de l'Angleterre, un système de wagonnets servant au transport du charbon et roulant sur rails.

La première application de ce système, pour le transport des voyageurs, date de 1832, époque où on l'employa avec un médiocre succès, entre New-York et Harleem ; il était déjà supprimé en 1852, quand un ingénieur français, Loubat, en installa un analogue dans l'intérieur de New-York. Encouragé par le succès, il

(1) Conseil d'Etat, 28 février 1879. Lebon, 1879, p. 184. (Voir pour jurisprudence récente *La Gazette des Tribunaux*, du 13 février 1905).

revint à Paris et obtint d'établir son appareil entre Sèvres et Vincennes.

Dès sa fondation, en 1855, la Compagnie des Omnibus reprit l'exploitation de cette entreprise entre la place de la Concorde, Saint-Cloud et le Pont de Sèvres, sous le nom de chemin de fer américain.

Ces premiers tramways étaient munis d'un système spécial qui leur permettait de sortir des rails et de continuer leur trajet sur la « terre ferme » c'est par ce moyen que, dès 1866, leurs voitures pénétrèrent *sans rails* jusqu'au Palais-Royal.

Mais entre ces premiers essais et les tramways qui sillonnent aujourd'hui les rues, il devait se passer bien des années. Les premières concessions dans l'intérieur de Paris datent de 1873, elles comprenaient 115 kilomètres que se partagèrent trois Compagnies : les Omnibus, les Tramways-Nord et les Tramways-Sud.

La première ligne, l'Etoile-la Villette fut inaugurée le 15 juin 1875 et la ligne de Vincennes au Louvre deux mois après.

Dès 1877, on essaya, sans résultats d'ailleurs, d'appliquer au nouveau mode de locomotion, la traction mécanique. Déjà, des essais avaient été faits en 1848 à Bristol, en 1860 aux États-Unis, en 1875 en Belgique, en Danemark, en Allemagne, en Suisse, en Saxe.

Le premier service automobile public eut lieu à Nantes, en 1877, et, en 1881, un tramway à trolley promena les visiteurs autour de l'exposition internationale d'électricité aux Champs-Elysées.

Le premier véritable service public organisé fut une ligne à vapeur qui appartenait à la Compagnie des Omnibus et fut inaugurée à l'occasion de l'exposition de 1889.

Peu à peu, de 1893 à 1895, d'autres appareils à moteurs font leurs débuts et, en 1899, sous l'impulsion de Compagnies comme la Thomson-Houston, la Compagnie de Traction, la Parisienne électrique des tramways de pénétration se construisent de toutes parts ; à cette époque la longueur des voies dans Paris était de 301 kilomètres formant 67 lignes, exploitées par 7 concessionnaires.

Les anciens Tramways-Nord — qui portent maintenant le nom de Tramways de Paris et du département de la Seine — exploitaient, au 31 décembre 1895, onze lignes intra-muros avec 68 voitures, tandis que les Tramways-Sud — actuellement Société générale parisienne des Tramways — en avaient 75 sur leurs 10 lignes urbaines.

On remplace maintenant peu à peu la traction animale par la traction mécanique ; tous les systèmes sont appliqués, le funiculaire très employé en Amérique est peu usité en France (1). On lui préfère l'air comprimé ou l'électricité, soit emmagasinée dans des accumulateurs, soit drainée par des conducteurs aériens ou souterrains, trolleys ou plots ; quelques tramways enfin marchent à la vapeur, mais le moteur à gaz employé parfois en Amérique est inconnu à Paris pour cet usage (2).

En province, Marseille a 59 kilomètres de voies, Lyon, 50 ; Bordeaux, 40 ; Rouen, 38 ; Le Havre, 21. Tous ces réseaux (sauf l'exception citée en note) sont entièrement électriques.

(1) Sauf à Lyon, qui, à cause de sa topographie, possède plusieurs funiculaires.

(2) En 1896, il y avait des tramways mus par le gaz à Dessau, entre Berlin et Dresde. La Compagnie du gaz de Paris a fait des essais à son usine du Landy, mais aucune application industrielle ne les suivit.

A l'étranger, les États-Unis tiennent le premier rang avec 14.500 kilomètres de voies en 1890, 34.500 kilomètres en 1899, dont à peine 1.500 à traction animale ou à vapeur. C'est le triomphe du tramway électrique, 52.000 voitures roulent dans les cités américaines, plusieurs Compagnies possèdent, aux environs des grandes villes, des parcs où elles s'ingénient à accumuler les attractions afin d'y attirer le public et d'augmenter le mouvement. D'autres organisent durant les nuits d'été, dans des voitures découvertes, des promenades dans la campagne au clair de lune. L'ingéniosité de nos Compagnies parisiennes ne va pas jusque-là, pourtant, après avoir transporté 119 millions de voyageurs en 1875, elles montèrent à 191 millions en 1885 et à 285 millions en 1893.

La recette moyenne annuelle a été en 1901, par kilomètre, de 68.316 francs pour la traction animale et de 108.562 francs pour la traction mécanique (1).

Législation. — *France.* — Les tramways sont régis par le chapitre II de la loi du 11 juin 1880 qui déclare comment et par qui peuvent être données les concessions. Par l'État quand la ligne est sur son domaine, par le département ou la commune quand il ne dépasse au contraire pas les limites du leur (2). Un décret du 6 août 1881, modifié le 19 février 1900, donne un type de

---

(1) Dans toute l'Europe, il y avait, en 1898, 2.260 kil. de tramways électriques dont la moitié en Allemagne ; en France, y compris les parcours communs, 4.062 kil. étaient exploités en 1900, la dépense d'établissement avait été de 634.618.059 fr., les recettes de l'année 91.299.196 fr. et les dépenses de 72.402.532 fr.

(2) A Paris, il y a confusion de fait entre les voies nationales et municipales.

cahier de charges où sont mentionnées les formalités, les pièces à produire, les conditions du travail, les stipulations spéciales pour l'entretien et l'exploitation, la durée de la concession, les conditions de rachat et les cas de déchéance.

D'après cette loi et ce décret, les communes peuvent accorder une subvention aux chemins de fer d'intérêt local et aux tramways.

Plusieurs moyens se présentent pour réaliser ce but, ou bien on évalue globalement le bénéfice que retire la commune du passage du tramway et on paie en une fois la somme représentative de cette valeur, ou bien, l'évaluation faite, on stipule une subvention annuelle.

Le premier système a plusieurs inconvénients, outre qu'il favorise l'agiotage, une commune pourra rarement l'employer sans se grever d'une lourde dette et de centimes additionnels élevés à payer pendant des années ; l'autre, au contraire, peut être une charge aussi minime que l'on voudra et il y a des subventions qui ne dépassent pas deux cents francs par an.

En vain, on objecterait que la commune prend là un engagement illimité ; la limite est toute fixée, c'est le terme même de la concession, toujours expressément fixé en France.

Quant au droit d'accorder ces subventions, la commune le puise dans l'article 141 de la loi municipale de 1884, qui l'autorise à inscrire au budget ses dettes et les dépenses passées par elle, s'il n'y a pas contestation judiciaire ; la seule restriction apportée par la loi est celle de l'article 143, § 2 : Si la contribution est établie pour une durée de 30 années ou si l'emprunt, remboursable sur ressources extraordinaires, doit excéder cette durée, le décret est rendu en Conseil d'Etat. Ajoutons que la loi du 15 juillet 1845, sur la police des chemins de fer, s'applique aux tramways, sauf en ce qui concerne les clôtures et les servitudes riveraines.

Étranger. — En 1860, M. Train construisit une ligne à Birkenhead, — transformée depuis en ligne à traction électrique, elle transporta, cette année-là, 6 millions de voyageurs. — Pourtant, avant 1896, la loi anglaise était peu libérale. D'après le « *Tramvay act* » de 1870, les concessions duraient 21 ans avec faculté de rachat pour des sommes dérisoires par l'autorité locale.

La loi de 1896 est plus large, elle fixe les concessions à 33 et parfois 42 ans et stipule que le rachat devra être effectué au moins au taux de la valeur marchande de la ligne. La durée des concessions dans les différents pays d'Europe est la suivante (1) : en Saxe, 40 ans; en Italie, de 60 à 70 ans; en Brunswick et en Bavière, 90 ans; en Prusse, la durée varie selon que la ville est petite, moyenne ou grande et est de 30 à 50 ans, de 50 à 75 ans ou de 99 ans. La Suisse a adopté une durée de 80 ans et, en Belgique, aucune période n'étant fixée, la concession est à perpétuité (2).

Pour obtenir une concession de ce genre, il faut de huit mois à deux ans en Angleterre, de deux à trois ans en

(1) En France, les concessions varient suivant les cas et n'ont pas de durée fixe. Les dernières concessions faites à Paris, en 1899-1900, ont 30 ans de durée. Antérieurement à 1896, on accorda à la Compagnie des Omnibus des concessions qui n'avaient que 16 ans pour que toutes les concessions de cette Compagnie aient un même terme en 1910.

(2) De Moüy. *Annales des Chemins de fer et Tramways*, 1899, 3e partie, p. 63.

Belgique, d'un an à un an 1/2 en Allemagne, de six mois à un an en Italie et de deux à trois mois en Turquie... avec de sûres protections.

Des lois sur la traction mécanique ont été votées en Bavière, en 1855 ; en Belgique, en 1875 et 1885 et en Italie, en 1896.

D'ailleurs, ces lois, comme toutes celles concernant les Tramways, ont plus ou moins été copiées les unes sur les autres et toutes se ressemblent; signalons toutefois le système anglais, dans lequel la ligne fait retour à la communauté des autorités locales dont le territoire est traversé et la loi belge de 1885, — la meilleure d'après M. Stotter, — qui, dans ce même cas de plusieurs territoires traversés, fait intervenir l'État en même temps que le concessionnaire et les communes (1).

Jurisprudence (2). — *Droits et obligations de la Municipalité.* — Le Maire a, en vertu de son pouvoir de police, le droit d'arrêter la circulation des tramways quand il le juge nécessaire, durant une fête, par exemple, pour éviter des accidents (3).

Au point de vue fiscal, il possédait également, avant la loi de 1880, le droit d'établir certaines taxes, l'article 34 a fait disparaître ce droit dans une large mesure, pourtant, lorsque les taxes ont été établies par le Conseil municipal et approuvées par décision ministérielle avant

(1) Stotter. *Annales des Chemins de fer et Tramways*, 1903, 3e partie, p. 25.

(2) Pour la jurisprudence récente, voir Lebon, 1903, 17 juillet, p. 522 et 7 août p. 659.

(3) Conseil d'État, 27 janvier 1899. Lebon, 1899, p. 53.

cette loi, elles doivent continuer à être perçues (1).

De même, malgré l'article 34, § 2, de la même loi, une commune peut exiger d'un concessionnaire une redevance sans l'avoir stipulée dans le traité, si la concession a été accordée par le département sans qu'elle-même ait figuré au contrat (2).

Enfin, une commune peut réclamer au concessionnaire la subvention annuelle à elle promise pour l'entretien d'un chemin, nonobstant la décharge donnée par le Ministre à la Compagnie (3).

Quoique les pouvoirs des maires, en matière de police, soient très étendus, il ne faudrait pas croire qu'ils sont illimités, c'est ainsi que le Préfet de police, à Paris et les maires dans leur commune, ne peuvent changer le chiffre minimum des trains, arrêté dans une disposition contractuelle et fixer à leur nombre un chiffre supérieur (4).

C'est une simple application de l'article 1134 du Code civil.

Ils n'ont pas davange le droit d'intervenir dans l'application du tarif de la compagnie et ne peuvent la forcer à accepter, par exemple, des correspondances d'une autre compagnie (5).

(1) Tribunal de la Seine, 10 mai 1902. *Annales des Chem. de fer*, 1902, p. 251.

(2) Cass. 5 février 1902. *Annales des Chem. de fer*, 1902. 1re partie, p. 5.

(3) Conseil d'Etat, 20 juillet 1901. *Annales des Chem. de fer*, 1901, p. 44.

(4) Conseil d'Etat, 23 janvier 1902. *Annales des Chem. de fer*, 1903, 1re partie, p. 82.

(5) Conseil d'Etat, 20 juillet 1901. *Annales des Chem. de fer*, 1901, p. 44.

Les communes ont, de plus, dans certains cas, des responsabilités quand, par exemple, le cahier des charges stipule que, moyennant une indemnité forfaitaire, la commune se chargera de l'entretien du pavage des entrerails et de l'entrevoie. Dans ce cas, si des accidents surviennent aux tiers par suite du défaut d'entretien dudit pavage, la commune en est seule responsable (1).

Droits et obligations du concessionnaire. — Le concessionnaire, lui aussi, a des droits et se trouve protégé dans une certaine mesure contre l'arbitraire de l'Administration.

Ç'est ainsi que, si les concessions accordées par les Conseils municipaux ne deviennent définitives que quand l'utilité publique des travaux est déclarée et l'exécution ordonnée par un décret rendu sous la forme des règlements d'administration publique, le concessionnaire éventuel peut néanmoins réclamer à la commune une indemnité en cas de rupture si celle-ci a été uniquement amenée par les agissements du Conseil municipal (2).

Pourtant ces droits ne sont pas fort étendus, c'est ainsi qu'il n'a droit à aucune indemnité si, son contrat ne stipulant aucun monopole, le maire a accordé une autorisation de circuler et de stationner à une entreprise de transport concurrente (3).

De plus, toutes les fois qu'il n'y a pas, comme dans le jugement cité plus haut, stipulation contraire, il doit entretenir la voie et, dans les travaux qui lui incombent,

(1) Trib. Seine, 29 avril 1903. *Annales des Chem. de fer*, 1903, 1re partie, p. 152.

(2) Conseil d'Etat, 14 février 1902. Lebon, 1902, p. 116.

(3) Conseil d'Etat, 27 juin 1890. Lebon, 1890, p. 622.

peut même être compris le remplacement d'un certain nombre de pavés (1).

Enfin, il est tenu de réparer tous les dommages, d'indemniser pour tous les accidents causés par le mauvais état de la voie, même si ce dommage a été involontairement causé par un tiers (2).

Pénalités et sanctions. — Il y a en matière de transport et de tramways plusieurs genres de sanctions.

Tout d'abord les *sanctions civiles* qui sont celles découlant, soit de la loi (art. 1789 et suivants du Code civil ; art. 98, 103 et suivants du Code de commerce), soit du cahier de charges.

Les *sanctions administratives* qui sont énumérées dans le cahier des charges des grandes compagnies.

« Faute par la compagnie, dit un article, d'avoir rempli les diverses obligations qui lui sont imposées par le présent cahier de charges, elle encourra la déchéance et il sera pourvu tant à la continuation et à l'achèvement des travaux qu'à l'exécution des autres engagements contractés par la compagnie au moyen d'une autre adjudication. » Cette adjudication n'a lieu que s'il y a eu dérogation grave et encore pas toujours ; cette sanction est donc peu pratique à cause de la disproportion entre l'infraction et la pénalité.

L'administration a aussi le droit de faire révoquer l'agent fautif, mais, là aussi, il y a disproportion.

(1) Conseil d'Etat, 3 mars 1893. Lebon, 1893, p. 212, et *Annales des Ch. de fer*, 1900, 1re partie, p. 201.

(2) Conseil d'Etat, 27 juin 1902. *Annales des Ch. de fer*, 1903, 1re partie, p. 102.

En cas de contravention au cahier des charges, il existe également des *sanctions pénales*, elles s'élèvent de 300 à 3.000 francs d'amende suivant les cas et dérivent des articles 12 et 14 de la loi du 15 janvier 1845, qui prescrit de dresser procès-verbal de ces infractions.

La Cour de Cassation a inventé pour elles la classification des contraventions-délits, c'est-à-dire de délits qui, contrairement aux autres, peuvent se commettre sans intention délictueuse et être imputés à des êtres moraux ; celles qui sont frappées des pénalités de l'article 14 sont celles qui se rapportent au service de la navigation, *des routes* et du libre écoulement des eaux.

Enfin, il y a aussi les sanctions pénales édictées par l'article 21 de la loi du 15 juillet 1845 ; cependant la Cour de Cassation prétend qu'on ne peut poursuivre devant les tribunaux de répression les infractions visées par cet article (1).

Cette solution semble un peu exagérée car l'article 21 est formel (2).

Enfin, dans certains cas, il y a lieu à *dommages et intérêts*, c'est ce qui arrive quand une ligne de tramways oblige un riverain à modifier l'accès de sa demeure même s'il existe une autre entrée (3), ou l'empêche de faire stationner ses voitures devant sa porte (4) ; si l'entrée n'est

----

(1) Cass. 18 janvier 1873. S. 73. 2. 74 ; 10 mars 1877 ; S. 77. 1. 336 ; 17 déc. 1891 ; S. 92. 1. 168 ; 6 avril 1894 ; S. 1894. 1. 376.

(2) Georges Guillaumot. *Annales des Ch. de fer et Tramways*, 1900, 3e partie, p. 15.

(3) Conseil d'Etat, 8 août 1892. Lebon, 1892, p. 713.

(4) Conseil d'Etat, 25 novembre 1880. *Annales des Ch. de fer*, 1901, 1re partie, p. 4.

pas modifiée, il n'y a pas lieu à dommages et intérêts (1).

Il y aura lieu, de même, à indemnité réglée par la juridiction *civile* quand un décret (ou un arrêté municipal), englobera dans une nouvelle concession certaines portions de ligne déjà concédées et non pas à un recours pour excès de pouvoir (2).

Ajoutons, qu'en cas d'accident causé par des plots ou par suite du mauvais état de la voie publique dû à des réparations qui y sont effectuées, l'indemnité qu'il peut y avoir lieu d'allouer doit être fixée par les tribunaux administratifs, l'accident ayant, en effet, pour cause la mauvaise exécution d'un marché de travaux publics (3).

Pour exercer un recours de ce genre, il faut d'ailleurs avoir un intérêt direct et personnel à l'annulation de l'acte.

En conséquence, n'est pas recevable le pourvoi contre un arrêté autorisant l'établissement et l'exploitation d'un tramway dans une rue dont la largeur ne permet pas de réserver, en dehors de la voie ferrée, les largeurs réglementaires, quand ce pourvoi est formé par un tiers qui n'est ni propriétaire, ni habitant de ladite rue (4).

(1) Conseil d'Etat, 23 avril 1880. *Annales des Ch. de fer*, 1901, 1re partie, p. 4.

(2) Conseil d'Etat, 26 juillet 1900. *Annales des Ch. de fer*, 1901, 1re partie, p. 40.

(3) Trib. Com. Saint-Etienne, 27 mai 1902. Voir la loi du 3 juin 1902.

(4) Conseil d'Etat, 27 décembre 1901. Lebon, 1901, p. 946, et *Annales des Ch. de fer*, 1902, 1re partie, p. 114.

IV

Chemins de fer d'intérêt local. — Métropolitain.

1. — Les chemins de fer d'intérêt local peuvent être départementaux ou communaux, tous sont organisés et régis par la loi du 12 juillet 1865, modifiée par celle du 11 juin 1880.

Un décret du 6 août 1881, nous fournit un cahier de charges type où se trouvent mentionnés, comme dans celui de 1890 pour les tramways, la façon dont la ligne doit être tracée et construite, les détails d'entretien et d'exploitation, la durée de la concession, les conditions de rachat, les causes de déchéances, les taxes applicables au transport des voyageurs et des marchandises et diverses stipulations accessoires.

Ces chemins de fer peuvent être exécutés en régie ou par concession, ils font partie du domaine départemental ou communal, suivant la situation de leur parcours et ils peuvent être subventionnés dans les mêmes conditions que les tramways (1).

La loi de 1865 ne donna pas les résultats qu'on en attendait et, au 31 décembre 1870, il n'y avait que 268 kilomètres de construits sur 1.800 kilomètres projetés. On avait commis, en effet, plusieurs fautes, entre autres celle de ne pas adopter partout la voie étroite, qui permet de réaliser une économie considérable. De plus, la subvention que l'État accorde à ces chemins de fer

(1) Voir *supra.* p. 209.

n'était pas alors, comme depuis la loi de 1881, donnée sous forme de garantie d'intérêt avec certaines réserves, ce qui était une grande erreur, comme nous l'avons dit plus haut, et favorisait l'agiotage.

Il a été décidé par le Conseil d'État que, lorsqu'une voie ferrée est distraite du domaine départemental ou communal et classée dans le domaine public général, l'État se trouve substitué, à l'égard du concessionnaire, aux droits et obligations du département ou de la commune (1).

Au 31 décembre 1885, 1.772 kilomètres étaient en exploitation, 334 en construction et 1.450 en projet ; les recettes brutes avaient été, pour cette année, de 9.800.000 francs, les dépenses de 8.700.000 francs, soit un produit net par kilomètre de 795 francs.

Mais cette moyenne s'écarte beaucoup des chiffres extrêmes qui ont servi à l'obtenir, c'est ainsi que le chemin de fer de Bayonne à Biarritz y figure pour 21.000 francs, tandis que celui de Lyon à Fourvières, qui n'a pourtant qu'un kilomètre, y entre pour 166.800 francs.

2. — « Le chemin de fer métropolitain est, légalement, un chemin de fer d'intérêt local et, comme tel, soumis aux droits qui les régissent », dit un jugement récent de la Cour de Paris (2).

Il n'y a pas, en effet, de jurisprudence ancienne sur la matière et pour cause.

(1) Conseil d'État, 29 juin 1888. Lebon, 1888, p. 595 ; 27 juin 1890. Lebon, 1890, p. 629 ; 13 février 1891. Lebon, 1891, p. 121. (Pour la jurisprudence récente, voir Lebon, 1903 ; Conseil d'État, 13 février, p. 141).

(2) Cour de Paris, 7 janvier 1902. *Annales des Ch. de fer*, 1902, 1re partie, 212.

Tandis que Londres, Berlin, New-York possédaient des métropolitains en 1890, la première ligne de celui de Paris ne fut ouverte qu'en 1900, au moment de l'Exposition.

Les systèmes employés dans ces différentes villes varient suivant les conditions d'exploitation.

A Londres, un souterrain de 21 kilomètres raccorde toutes les gares de grandes lignes. L'ensemble des lignes métropolitaines est de 64 kilomètres. La vapeur a été employée jusqu'en 1898, mais, depuis cette époque, des lignes électriques ont été créées.

New-York est desservie par les quatre lignes de l' « Elevated » appelée aussi « l'Over head railway », dont les viaducs se déploient à hauteur du premier étage et qui drainent, dans le sens de la longueur, la presqu'île sur laquelle est construite la ville. Un autre métropolitain souterrain « le Central railway », parallèle à ces lignes, projette, de plus, trois embranchements vers les faubourgs.

Enfin, Berlin possède une double ligne à deux voies qui relie, par un viaduc en maçonnerie, deux gares de grandes lignes.

A Paris (1), la construction du réseau métropolitain fut approuvée, à la Chambre et au Sénat, en mars 1898.

On a adopté un système mixte comprenant des souterrains et des viaducs avec points de contact aux principales gares. Huit lignes sont projetées, dont plusieurs sont en voie de construction et trois ouvertes à la circulation.

____

(1) Je ne parlerai pas des lignes de ceinture concédées aux grandes lignes de chemins de fer et qui ont le même régime qu'elles.

Des amorces ont été ménagées en différents points de la périphérie pour leur prolongement éventuel dans la banlieue.

Les dépenses de l'infrastructure, c'est-à-dire des tunnels et viaducs, sont à la charge de la ville moyennant une redevance payée par les concessionnaires, tandis que la suprastructure comprenant la voie, le ballast, l'équipement électrique, les usines, le matériel roulant, les accès aux stations doit être soldée par la Compagnie.

En 1901, alors que seule la ligne de Vincennes à la porte Maillot était ouverte, 48.476.646 billets ont été délivrés (1).

L'entreprise est trop récente pour qu'il y ait sur cette matière une jurisprudence nombreuse pouvant nous intéresser. Voici pourtant un jugement, à titre de curiosité (2) :

Un Tribunal de justice de paix, de Paris, a jugé, le 12 avril 1901, que, lorsqu'un voyageur quitte le métropolitain par suite d'un arrêt momentané, il lui incombe de prouver qu'il n'était pas arrivé à destination.

Le simple bulletin d'une voiture de place ne suffit pas à démontrer que le voyageur a pris cette voiture à ce moment même et pour achever son parcours.

En conséquence, ce voyageur n'est fondé à réclamer le prix, ni de son billet, ni de la voiture (3).

---

(1) *Annuaire statistique de la Ville de Paris*, 1901, p. 513.

(2) Voir dans la *Gazette des Tribunaux*, du 18 janvier 1905 un jugement de la Cour de Paris concernant la convention passée au sujet du travail du personnel entre la Compagnie et la Ville.

(3) Justice de paix, Paris, 12 avril 1901. *Annales des Ch. de fer*, 1902, 1re partie, p. 208.

V

Bateaux omnibus.

Les bateaux omnibus n'ayant pas de relations officielles avec la ville, ne rentrent pas dans le cadre de cette
étude.

Leur service a commencé sur la Seine et la Marne
au moment de l'Exposition de 1867, sous le nom de
« Mouches »; depuis, on vit apparaître les « Hirondelles »
et, d'une façon éphémère, de 1888 à 1890, les « Ex-
press ».

Aujourd'hui, il n'y a plus qu'une seule compagnie, la
Compagnie des bateaux parisiens, qui fait, avec 106
bateaux, le service de Charenton à Auteuil et du Louvre
à Suresnes (1).

En 1895, elle a transporté 25.374.000 voyageurs; en 1901,
ce chiffre est descendu, sans doute par suite de la concurrence du Métropolitain, à 22.412.163 voyageurs (2).

(1) Les Bateaux parisiens ont besoin, pour établir leurs pontons,
d'une autorisation du service de la navigation qui dépend de l'État.
Le nombre maximum d'autorisations possibles leur ayant été accordé,
ils jouissent d'un monopole de fait, mais n'ont aucun contrat, ni avec
la Ville, ni avec l'État.

(2) *Annuaire statistique de la Ville de Paris*, 1901, p. 518.

CHAPITRE III

SERVICES MUNICIPAUX

En considérant, à première vue, la variété des contrats qui n'entrent pas dans les classifications précédentes et que nous groupons sous la dénomination de contrats municipaux, on serait fort empêché, tout d'abord, de leur trouver des ressemblances et tenté de croire qu'ils n'ont aucun point commun.

Cependant, un examen plus attentif fait rapidement apercevoir, qu'en les concluant, la commune obéit à des besoins différents et ne procède pas de la même façon.

Les uns mettent en valeur le domaine municipal, la commune y fait un apport en nature et, en plus de sa subvention pécuniaire, accorde temporairement la jouissance d'un de ses biens.

Elle possède ce qui doit former le fond, si j'ose ainsi dire, du service à organiser et, ne voulant pas exploiter en régie, cède, momentanément, ce fond à un concessionnaire en même temps que le droit à l'exploitation.

Tel est le cas dans une concession de théâtre municipal, dans un traité pour l'exploitation d'une source d'eau minérale après approbation de l'État, ou lors de l'adjudication de bains et lavoirs publics. Dans d'autres, la commune, au lieu de fournir le fond, comme elle pourrait le faire, adopte en quelque sorte l'entreprise d'un particulier qui s'est chargé de répondre au besoin collectif. Pour dédommager le concessionnaire, tantôt elle lui accorde une subvention, tantôt elle lui fait abandon de taxes qui devraient être perçues par elle.

C'est ce qui se produit en matière de halles et marchés et quelquefois en matière d'hôpitaux ou d'hospices.

Les halles et marchés, en particulier, fournissent, pour ainsi dire, le trait d'union entre les services compris dans la première catégorie, théâtres ou eaux minérales, et ceux renfermés dans la seconde, tels que les hospices et hôpitaux. L'entreprise, en effet, n'a ici qu'un caractère en général temporaire, les relations de l'entrepreneur et de la ville sont souvent déterminées par un bail emphytéotique qui assure, au bout d'un certain temps, le retour de la halle ou du marché au domaine communal.

Puis vient une troisième catégorie qui comprend les services qui ne peuvent pas être mis en régie et qui, cependant, répondent à un besoin collectif; telles sont, par exemple, les pompes funèbres où la rémunération du concessionnaire est organisée suivant un mode tout spécial, certaines compagnies pour l'enlèvement des ordures et des vidanges; jadis les Monts-de-Piété et, plus récemment, certaines écoles subventionnées étaient dans le même cas; c'est également sous ce régime que sont placés dans quelques pays, à l'heure actuelle, les corps de pompiers.

Il reste, de plus, une certaine quantité de services municipaux secondaires qui donnent lieu à des contrats sans rentrer dans aucune de ces trois catégories; nous en formerons une quatrième section toujours ouverte, car le nombre de ces concessions augmente chaque jour. Citons parmi elles les bureaux portatifs d'omnibus, les kiosques à musique, les kiosques de journaux et de fleurs, les chalets de nécessité, les urinoirs lumineux et tant d'autres inventions souvent éphémères comme ces kiosques de distribution d'eau chaude que l'on vit, il y a quelques années, fonctionner dans Paris pendant un an à peine (1).

I

Services pour la mise en valeur du domaine municipal.

Théâtres Municipaux.

Histoire. — Le premier texte réglementant les représentations publiques remonte à 1398; c'est une ordonnance du Prévôt des marchands qui défend à tous les habitants de sa juridiction, de représenter « aucun jeu de person-

______

(1) Il est bien entendu que cette classification n'est nullement rigoureuse; les théâtres peuvent appartenir à des particuliers ainsi que les eaux minérales ou les lavoirs et être simplement subventionnés. Réciproquement les halles et marchés peuvent être directement construits à ses frais, par une ville qui en concède l'exploitation à des fermiers; de même les hospices et hôpitaux municipaux peuvent être concédés à des sociétés particulières. Mais ce régime est l'exception et nous avons fondé notre distinction sur ce qui se passe le plus communément.

nages, soit des vies des saints ou autrement, sans congé
du Roi ».

Le congé du roi ne fut d'ailleurs accordé à personne,
de sorte que, pendant quatre ans, il n'y eut pas de représentations. C'est à cette époque que furent délivrées
des lettres patentes aux Frères de la Passion qui furent
ainsi, on peut le dire, les ancêtres du théâtre en France.
Le système des privilèges dura jusqu'à la Révolution,
aussi les théâtres furent-ils relativement peu nombreux ;
l'hôtel de Bourgogne, fondé en 1548, fut le premier
vraiment digne de ce nom, puis, en 1716, vint la Comé-
die-Italienne qui devait, en 1792, prendre le nom
d'Opéra-Comique.

Le règne de Louis XVI vit successivement s'établir les Fantaisies-Amusantes au Palais Royal, le théâtre
de Beaujolais, à l'angle nord-ouest du Palais-Royal et
le théâtre de Monsieur, qui, d'abord installé dans la
Salle des Tuileries, dut chercher un autre asile quand
la Cour revint y habiter.

En 1791, une loi ayant accordé la liberté des théâtres,
un grand nombre de scènes se fondèrent parmi lesquelles
il faut citer le théâtre Montansier, le théâtre Molière et
le théâtre Louvois ; en 1792, le théâtre du Vaudeville
s'installa près du Palais-Royal, dans une salle de la rue
de Chartres qui n'existe plus aujourd'hui.

Sous l'Empire, Paris compte 23 théâtres et, pour trois
d'entre eux, nous voyons apparaître, d'une façon régulière, la subvention.

L'État la fournit, mais ce moyen d'intervenir dans
l'administration des théâtres ne semblant pas suffisant,
un décret du 8 août 1807 rétablit le monopole et réduit à
huit le nombre des scènes.

B. — 15

Ces théâtres étaient : l'Opéra, la Comédie-Française, l'Opéra-Comique, le Théâtre de l'Impératrice (ancien Odéon qui reprit ce nom sous Louis XVIII), la Gaîté, l'Ambigu, les Variétés et le Vaudeville.

La Restauration ramena un régime plus libéral et permis l'installation de théâtres nouveaux.

Enfin un décret du 6 janvier 1864, proclama définitivement la liberté du théâtre. En 1897, Paris possédait 40 scènes, sans compter un certain nombre de théâtres à côté. Sur ce nombre quatre sont subventionnés par l'État, ce sont : l'Opéra, la Comédie-Française, l'Opéra-Comique et l'Odéon (1).

Opéra. — En 1749, un arrêt du Conseil du Roi confie la direction de l'Opéra à la Ville de Paris, la mission fut lourde au point de vue pécuniaire et la Ville, lorsqu'elle s'en dégagea, en 1757, avait payé 1.290.000 livres de dettes anciennes pour cet établissement. En 1769, nouvel arrêt, dans le même sens que le premier ; le théâtre, exploité en régie par la ville, fut dirigé par Berton, Trial, Dauvergne et Joliveau ; le résultat ne se fit pas attendre et, dès 1776, la ville avait encore perdu 800.000 livres,

Peu enthousiasmée par ce résultat, l'Administration confie, en 1777, le théâtre à Devisme assurant au conces-

(1) Quoique ce soit l'État et non la municipalité qui subventionne ces théâtres, nous ne croyons pas pouvoir les passer sous silence, d'abord parce que, si j'en excepte la Comédie-Française, le régime est identique à ce qu'il serait si la subvention venait de la municipalité, ensuite parce qu'ils sont les plus importants, enfin parce que, pour l'un d'eux, l'Opéra, la subvention fut, pendant un temps, réellement fournie par la municipalité et que les régimes variés auxquels il a été soumis, présentent bien toutes les phases par lesquelles peut passer un théâtre municipal..

sionnaire une subvention de 80.000 livres. C'est là, à notre connaissance, le premier exemple de subvention.

En 1780, nouveau changement, le Conseil retire l'Opéra à la Ville, lui laissant 200.000 livres de déficit à payer et 1.200 livres de pension à servir.

Enfin, une fois de plus, en 1790, la Ville reprend l'Opéra, opération qui se traduit encore par 627.590 livres d'arriéré à solder.

Depuis un décret du 22 mars 1866, le directeur de l'Opéra, nommé par le ministre des Beaux-Arts, est un simple concessionnaire soumis au droit commun, il administre librement son théâtre à condition toutefois de se conformer aux obligations de son cahier de charges et aux décrets et règlements le concernant (1).

Il reçoit annuellement une subvention de 800.000 fr. de l'État.

Comédie Française. — Dans les premières années du xixᵉ siècle, les artistes de la Comédie, constitués en société, recevaient une subvention de l'État et exploitaient directement leur théâtre. Napoléon, peu admirateur de l'indépendance d'autrui, les soumit, le 15 octobre 1812, au pouvoir discrétionnaire de l'autorité, par le fameux décret de Moscou.

Deux décrets nouveaux ont, en 1901, modifié cette organisation, le premier du 12 octobre, supprime le comité de lecture, le second, en date du 5 novembre, règle les conditions de mise à la retraite des sociétaires.

Aujourd'hui, le théâtre jouit d'un régime spécial, ses membres sont toujours constitués en Compagnie; ils reçoivent de l'État un administrateur qui gère le théâtre

(1) Paris, 16 mars 1888. *Gaz. Pal.*, 88. 2. sup., p. 29.

— autant que possible d'accord avec les sociétaires — et touche 240.000 francs, à titre de subvention.

L'Odéon eut des fortunes variées, subventionné au 9 thermidor an III (27 juillet 1794), il se vit supprimer ce crédit en 1795 et dut fermer ses portes. Jusqu'en 1841, il servit, d'une façon intermittente, d'abri à des troupes diverses et se reconstitua définitivement à cette époque avec le titre de second théâtre français. Sa subvention est actuellement de 100.000 francs.

L'Opéra-Comique a, de même, un administrateur nommé par le ministre des Beaux-Arts et 140.000 francs de subvention. Enfin l'Opéra-Italien était également subventionné ; il a disparu en 1879.

Nous avons vu comment, sous l'ancien régime, la Ville de Paris avait été amenée à subventionner l'Opéra. Sous l'Empire, les subventions furent payées par le ministre de la police, sur le produit de la ferme des jeux puis, au commencement de la Restauration, la liste civile touchant la moitié de ce produit, elles restèrent à sa charge.

Plus tard, une ordonnance du 4 août 1818, ayant concédé à la ville de Paris, cette ferme des jeux, lui imposa, en revanche, de payer 5.500.000 francs de dépenses diverses, parmi lesquelles les subventions.

De sorte qu'en 1818, comme en 1777 pour l'Opéra, ce sont les fonds municipaux qui fournissent les subsides. La liste civile y ajoutait d'ailleurs une somme importante.

Enfin, en 1830, les maisons de jeu ayant été supprimées, on dégreva la ville et l'État prit à sa charge les subventions aux quatre théâtres de Paris.

Voilà pourquoi, nous assistons aujourd'hui à cette

entremise de l'État dans l'administration de Théâtres qui sont, en somme, municipaux (1).

En province, où le même fait ne s'est pas produit, chaque grande ville a, en général, un et quelquefois plusieurs théâtres ou casinos subventionnés par la municipalité sur le budget communal.

Mais au droit à la subvention correspondent, naturellement, pour le directeur, des obligations constatées et acceptées dans un cahier des charges.

C'est ainsi qu'en 1866, la Ville de Marseille donnait déjà 220.000 francs à son grand théâtre, Lyon 250.000, Bordeaux 234.000, Rouen accordait une subvention de 130.000 francs au théâtre des Arts, Lille 75.000 au Grand-Théâtre, Toulouse 87.000 et ces subventions n'ont fait qu'augmenter depuis lors.

Jurisprudence. — Le contrat par lequel une commune cède la jouissance d'une salle de spectacle et de ses accessoires, sous des conditions déterminées, est un contrat purement civil, bien que revêtu de la forme administrative (2) ; dès lors le Tribunal civil est seul compétent pour en connaître, en cas d'inexécution ou d'amendes et même pour l'application de ces dernières (3).

De même, le maire en traitant avec un directeur, ne peut s'interdire toute autorisation d'autres spectacles, puisque la liberté des théâtres a été proclamée par le dé-

(1) Les recettes brutes réunies des 4 théâtres subventionnés ont été en 1901 de 7.876.122 fr. 70. (*Annuaire statistique de la Ville de Paris*, 1901, p. 599).

(2) Tribunal civil de Toulouse, 24 janvier 1887 ; cit. par Hesse, *Code du Théâtre*, p. 14.

(3) Conseil d'État, 13 janvier 1893. Lebon, 1893, p. 5.

cret du 6 janvier 1864 : il n'y a donc pas lieu à dommages-intérêts si cette clause, ayant été illicitement introduite, se trouve avoir été violée (1).

Enfin, au point de vue fiscal, il décide qu'un traité concédant à un entrepreneur, à ses risques et périls, l'exploitation d'un ou de plusieurs théâtres et où la commune s'engage à subventionner l'entreprise, ne constitue pas un louage d'ouvrage. Comme tel, il ne peut être frappé du droit proportionnel de 1 0/0, édicté par l'article 69, §.3, n° 1 de la loi du 22 frimaire an VII.

En effet, la subvention promise par l'autorité municipale, représente seulement la somme destinée à soutenir l'entreprise et n'est à aucun degré le prix de l'exploitation et de la direction du théâtre.

Il en serait autrement si la municipalité se réservait tous les produits de l'entreprise et se bornait à rémunérer l'industrie et les services du directeur par une allocation d'appointements (2).

Voyons maintenant comment sera fixé le prix de location d'une salle subventionnée quand le traité n'a pas pris soin d'en parler expressément. Il a été décidé que, dans ce cas, le ministre (ou le maire) peut (en exécution de l'article 12 du cahier des charges annexé à la loi du 7 août 1829), nommer trois arbitres pour en fixer le prix, à charge par la société exploitante, si elle refuse d'admettre ce mode de fixation, de se pourvoir devant la juridiction compétente ; mais, dans aucun cas, elle ne

____

(1) Cassation, 5 janvier 1880, et Rouen, 29 mars 1879 ; cit. par Hesse, *Code du Théâtre*, p. 15.

(2) Tribunal civil de Lyon, 5 juillet 1882. Tribunal civil de Rouen, 28 fév. 1889. Tribunal civil de Marseille, 12 juin 1890 ; pourtant *contra*, Rennes, 30 av. 1890 ; cit. Hesse, *Code de Théâtre*, p. 18.

peut adresser un recours pour excès de pouvoir (1).

Les droits des municipalités, vis-à-vis des directeurs de théâtre, sont d'ailleurs assez nettement délimités, c'est ainsi que, si le concessionnaire d'un théâtre a contrevenu aux conditions prescrites dans l'arrêté d'autorisation, le maire peut le révoquer sans qu'il ait pour cela droit à aucune indemnité (2).

De plus, en cas d'exécution partielle de l'obligation principale, il n'y a pas lieu de modifier la clause pénale quand elle a été édictée comme sanction d'un fait prévu, déterminé et dépendant de la volonté des contractants, comme le fait, par un directeur, d'abandonner son exploitation par sa faute et hors de tous cas de force majeure, surtout s'il est prouvé que l'exécution partielle n'a pas profité au créancier, ici, la Ville (3).

Enfin, au cas où un directeur est mis en état de liquidation judiciaire, la ville doit être autorisée à se faire payer par privilège, sur le montant du cautionnement, des créances nées à son profit, contre le directeur, du chef de son exploitation théâtrale. Par exemple, des sommes payées par la ville, à charge de remboursement, pour l'éclairage de la salle, des primes d'assurance et même des dégâts matériels qui lui incombent.

Ce cautionnement, versé dans les caisses de la ville par le directeur et affecté à la garantie des obligations imposées au cahier des charges, constitue, en effet, un gage régulier qui oblige les contractants et est opposable aux tiers (4).

<hr>

(1) Conseil d'État, 6 juin 1873. Lebon, 1873, p. 515.

(2) Conseil d'État, 16 nov. 1854 Lebon, 1854, p. 875.

(3) Tribunal de Commerce, Nantes, 10 décembre 1890 ; cit. Hesse, *Code de Théâtre*, p. 14. à comparer avec art. 1231. C. civ.

(4) Cour d'Aix, 11 janv. 1899 ; cit. Hesse, *Code de Théâtre*, p. 15.

Ajoutons pour terminer que, d'après le même jugement, quand le cahier des charges d'une concession théâtrale subventionnée stipule que le directeur doit justifier mensuellement, dans un délai déterminé, du payement de ses appointements au petit personnel du théâtre, à défaut par lui de le faire, il peut être procédé au payement par le receveur municipal au moyen d'un prélèvement sur la partie de la subvention alors exigible.

Eaux minérales et thermales.

Histoire et législation. — Dès Henri IV, on s'occupa en France de réglementer, par des édits, l'usage des eaux minérales. Louis XIV, Louis XV et Louis XVI ne se désintéressèrent pas de cette question et les décisions administratives, relatives à la surveillance et à la distribution de ces eaux, sont fréquentes au xviii⁰ siècle ; depuis 1789, les lois et décrets concernant la matière sont plus nombreux encore.

C'est d'abord un décret du 13 vendémiaire an VI (14 octobre 1797) qui charge la municipalité de surveiller les eaux minérales de sa circonscription, puis un arrêté du 8 floréal an VIII (23 avril 1800), édicta le mode de location et d'administration des sources et fut complété, en date du 6 nivôse an XI (17 décembre 1802), par un arrêté des Consuls qui déclare que les droits de propriété des communes sur les sources minérales seront discutés et réglés, en cas de contestation avec la République (lisez l'Etat), par le Conseil de Préfecture. Mais le texte fondamental sur ce sujet est une ordonnance royale des 18 juin et 7 juillet 1823. *Elle interdit toute concession sans autorisation de l'État*, confie la surveillance des sources à des médecins et chirurgiens, en faisant supporter les frais de cette surveillance par les fermiers, et règle l'exploitation et les tarifs.

Le titre III déclare, en outre, dans l'article 19, que les eaux minérales qui appartiennent à des départements ou à des communes, seront gérées pour leur compte (1). D'après les articles suivants, le régime est la mise en ferme ; l'exploitation en régie doit être spécialement autorisée. Cette loi est encore, d'ailleurs, celle qui règle les concessions d'eaux minérales, elle a été simplement un peu modifiée à deux reprises.

Une loi du 14 juillet 1856, permet de déclarer les sources d'utilité publique et leur assure un périmètre de protection. Elle impose au concessionnaire (ou au propriétaire) un mode d'exploitation qui ne puisse pas nuire à leur conservation et satisfasse aux exigences de la santé publique, mais en même temps elle lui accorde des privilèges qui semblent aujourd'hui quelque peu exagérés.

Enfin, une deuxième modification sans importance concernant les médecins inspecteurs de ces établissements a été apportée au régime par une loi du 12 février 1883.

Tous les traités de concession de sources d'eaux minérales ou thermales fixent d'avance le tarif applicable, elles contiennent souvent aussi des stipulations d'après lesquelles les indigents de la commune ont le droit d'être gratuitement soignés dans les établissements thermaux ; c'est par ces clauses que cette question touche à notre sujet.

---

(1) Certaines sources appartiennent à des syndicats des communes ; c'est le cas des Eaux-Bonnes et des eaux de Laruns qui appartiennent au syndicat des Vallées.

Jurisprudence (1). — Quant à ce qui est du pouvoir de l'administration d'apprécier les demandes de mise en exploitation, il est bien entendu qu'elle ne peut le faire qu'en se plaçant au seul point de vue de la santé publique et ne peut, sans excès de pouvoir, user de ce droit et refuser l'autorisation pour protéger, par exemple, une source voisine appartenant à l'État (2).

Quand la concession est accordée, elle comprend toute source qui émerge d'un terrain en faisant partie, eût-elle été découverte à la suite de travaux de recherches exécutés par l'État propriétaire de sources voisines, à charge, bien entendu, par le concessionnaire de lui en rembourser les frais (3).

D'autre part, quand des sources, étant la propriété d'une ville, n'ont jamais été déclarées d'utilité publique, on peut considérer les travaux de captage dont elles ont été l'objet comme entrepris dans un intérêt privé pour rendre l'exploitation plus lucrative et non dans un intérêt public communal. La demande adressée dans ces conditions, par les propriétaires d'une autre source vendue par la ville, à celle-ci ou à son concessionnaire, pour obtenir la remise en état des lieux, doit être considérée comme n'étant que l'exercice de la garantie formelle réclamée par un acheteur à son vendeur (4).

Pour ce qui est de la résiliation et de la déchéance,

(1) Pour la jurisprudence récente, voir Lebon, 1903. Conseil d'État, 13 février, p. 126.

(2) Conseil d'État, 6 décembre 1878. Lebon, 1878, p. 972. et 25 novembre 1882. Lebon, 1882. p. 952. Cass. 12 mars 1880. D. 80. 1, p. 288.

(3) Conseil d'État, 19 mai 1893. Lebon, 1893, p. 413.

(4) Conseil d'État, 25 novembre 1882. Lebon, 1882, p. 952.

elles peuvent être prononcées pour toute inexécution des charges fût-ce la non-construction d'un casino qui avait été stipulée ou le non-versement d'un cautionnement (1).

Lorsque le Conseil de préfecture prononce la résiliation et, qu'aux termes du cahier des charges, le nouveau concessionnaire éventuel devait prendre possession des terrains et bâtiments servant à l'exploitatation, à charge de rembourser à l'ancien fermier le montant de ses dépenses, la commune ne peut exiger d'être mise en possession, avant qu'une autre concession soit accordée et sans en payer la valeur, des terrains acquis par les anciens concessionnaires ou des plans et devis dressés, à leurs frais, par leur architecte. Elle ne peut pas davantage les faire condamner à une indemnité (2).

Mais le Conseil de préfecture n'est pas compétent pour statuer sur la contestation qui s'élève entre une commune et le locataire des eaux minérales dont elle est propriétaire, au sujet de l'exécution du bail et pour en prononcer la résiliation. On ne peut pas, en effet, assimiler, pour la compétence, les sources d'eaux thermales ou minérales appartenant aux communes, avec celles de l'État ou des départements qui sont de la compétence des tribunaux administratifs (3).

De même, c'est à l'autorité judiciaire et non au Conseil de Préfecture qu'il appartient de connaître du litige existant entre un particulier et un fermier d'eaux thermales relativement au prix de vente de ces eaux.

Il n'importe que le tarif convenu entre le fermier et le

(1) Conseil d'Etat, 18 mars 1898. Lebon, 1898 ,p. 241.
(2) Conseil d'Etat, 18 juin 1880. Lebon, 1880, p. 582.
(3) Conseil d'Etat, 20 juin 1861. Lebon, 1861, p. 528.

maire de la commune propriétaire n'ait pas été adressé au Préfet au commencement de la cession. Cette infraction à l'article 18 du décret du 28 janvier 1860, restant sans influence, sur la nature du litige et sur la compétence (1).

Bains et lavoirs publics.

Souvent les municipalités créent des bains et lavoirs publics qu'elles concèdent si elles ne veulent pas les exploiter en régie (2).

Dès 1840, des associations privées prirent, en Angleterre, l'initiative de construire des bains et des lavoirs publics et, devant le succès de l'entreprise, deux Acts de 1846 et 1847 s'empressèrent d'accorder toutes facilités aux corporations communales pour en organiser de semblables. Un Act de 1878 étendit l'application de ces lois à l'installation de piscines de natation.

En France, on ne resta pas indifférent à ce mouvement, mais l'intérêt fut long à se traduire d'une façon concrète. Enfin, en 1896 et 1897, la ville de Paris créa trois piscines municipales, rue Bouvet, place Hébert et avenue Ledru-Rollin. L'adjudicataire de ces bains paye une redevance à la ville et possède en revanche un droit de location obligatoire de linge.

En 1901, ces établissements ont vu passer le chiffre formidable de 445.261 baigneurs (3).

(1) Cass. 14 juin 1870. S. 72. 1. 79.
(2) Voir Lebon, 1903, Conseil d'Etat, 1er mai, p. 328 et 20 novembre, p. 691.
(3) *Annuaire statistique de la Ville de Paris*, 1901, p. 674.

A Lyon, la ville a concédé à une société le droit d'établir et d'exploiter huit chalets de bains en imposant à la société un prix maximum de 0 fr. 15 par bain.

D'autres municipalités ont subventionné des établissements pour leur permettre de donner des bains à bon marché. C'est ainsi que Tourcoing vota 400.000 francs et Dunkerque 150.000 francs de subvention.

En 1896, à Dijon, le Conseil municipal a également décidé de donner à un entrepreneur une subvention annuelle, à charge par lui de construire un établissement qui ferait retour à la municipalité au bout d'un certain nombre d'années (1).

II

Services qui peuvent être exécutés en régie ou par des particuliers subventionnés.

Halles. — Marchés. — Abattoirs.

Les halles et marchés sont, pour ainsi dire, intermédiaires entre les services de la première section et ceux de la seconde dans ce sens que, quelquefois, la ville fournit elle-même les bâtiments et en concède seulement l'exploitation. Parfois même, nous le verrons, elle exploite en régie, mais ce cas ne nous concerne pas.

Histoire et Législation. — L'établissement et la tenue des halles et marchés sont réglementés dès le XIII⁰ siècle,

(1) Stehelin. *Essais de socialisme municipal.* Larose, 1901, p. 179

et le roi seul a le droit d'en autoriser la construction.

Dans leurs domaines, les seigneurs possédaient des droits de hallage et de plaçage, la Révolution les leur enleva en leur conservant la propriété des bâtiments par eux construits. Mais bientôt, pour remédier aux inconvénients que cette mesure avait créés, une loi des 15-28 mars 1790, décida qu'ils devraient s'entendre avec les municipalités pour les leur vendre ou louer.

Une autre loi des 16-24 août de la même année, confia aux municipalités, la police, l'approvisionnement et l'inspection des marchés.

Puis des arrêtés consulaires des 12 messidor an VIII et 3 brumaire an IX, spéciaux à Paris, donnèrent au préfet de police les pouvoirs confiés partout ailleurs aux municipalités.

La loi du 24 juin 1867 et les articles 68 et 97 de la loi municipale de 1884 ne firent que confirmer le régime antérieur.

Quand une enquête a lieu sur l'établissement d'un marché, on doit réunir l'avis de toutes les communes dans un rayon de deux myriamètres.

L'autorisation supérieure qui est ensuite nécessaire, exige d'autres formalités trop longues à relater ici.

D'autre part, d'après l'article 6 § 3 d'une loi du 11 frimaire an VII, les communes ont la faculté de fixer un droit de place à payer soit à elles-mêmes, soit au fermier, suivant que le marché est exploité en régie ou concédé (1).

____

(1) Mentionnons à ce propos que Napoléon Ier, par la loi du 17 mai 1809, a laissé aux Communes la liberté d'affermer les octrois. Ces contrats peuvent, par conséquent, donner également lieu à des stipulations pour autrui, soit quant aux tarifs à appliquer soit pour certaines détaxes en faveur de tels ou tels individus.

Cette taxe devrait être fixée d'après la surface occupée en réalité, mais, en général, elle l'est d'après la valeur de la marchandise vendue et suivant les pavillons.

Dans la plupart des marchés, il existe, pour assurer l'exécution des mesures prescrites par la municipalité, des agents spéciaux : facteurs, porteurs commissionnés. Ils procèdent à l'exclusion de tous, sans toutefois que leur ministère soit obligatoire, car les pourvoyeurs peuvent procéder eux-mêmes aux ventes. De plus, conformément aux termes de l'arrêté du 7 brumaire an IX, des bureaux de poids public peuvent être installés à l'intérieur du marché.

Actuellement, en dehors des halles centrales, Paris possède 46 marchés de quartier, 29 régis par la ville (sur ce nombre 12 sont couverts et ont lieu quotidiennement, 17 se tiennent sur la voie publique à des jours déterminés). Les 20 autres, tous couverts, sont concédés à des particuliers.

En plus, il faut ajouter le marché du blé et de la farine, les marchés au vin : l'entrepôt Saint-Bernard, l'entrepôt de Bercy et la Halle aux vins, puis des marchés spéciaux comme les marchés aux chevaux, aux oiseaux, aux fleurs et les abattoirs.

Ces derniers, dans presque toutes les villes, sont exploités en régie ; pourtant, lorsqu'il y a lieu, pour couvrir les frais de construction, ils peuvent être temporairement concédés.

Dans ce cas, il est possible d'élever la taxe qui doit être perçue ; d'ordinaire elle est calculée de façon à couvrir exactement les frais d'abatage sans toutefois pouvoir dépasser 0 fr. 015 par kilo, elle peut alors être élevée jusqu'à 0 fr. 02.

Toutefois, après l'amortissement, elle doit être ramenée au tarif ordinaire.

La municipalité a un pouvoir de police sur les abattoirs, même concédés, et peut prendre toute mesure jugée utile pour la salubrité.

Jurisprudence (1). — En feuilletant la jurisprudence de cette matière, on trouve quelques jugements curieux se rapportant à une époque où le régime antérieur à la Révolution était assez proche encore pour avoir laissé son empreinte sur les faits de chaque jour.

C'est ainsi qu'il a été décidé par le Conseil d'État, en 1807, que les droits de halles et boucheries perçus par le roi (et par conséquent ses successeurs), sur un sol qui n'était pas sa propriété et en qualité de seigneur, devaient être considérés comme éteints par la loi des 15-28 mars 1790 (2).

D'autre part, on admet, qu'en vertu de cette même loi, une commune a toujours le droit de mettre en demeure le propriétaire d'un marché de le lui vendre ou louer et cela en dépit d'un jugement passé en force de chose jugée qui lui ordonne de le délaisser purement et simplement. A défaut d'option pour la vente, la commune peut seulement exiger la location et le préfet commettrait un excès de pouvoir en déclarant que le propriétaire sera tenu de vendre (3). Mais le plus grand nombre des arrêts se rapportent à la compétence.

(1) Pour la jurisprudence récente, voir Lebon, 1903. 29 mai 1903, p. 419.

(2) Conseil d'Etat, 16 mars 1807. Lebon, t. 1, p. 69.

(3) Conseil d'Etat, 25 mai 1850. Lebon, 1850, p. 506.

C'est ainsi que le Conseil de préfecture doit statuer sur toute interprétation du cahier des charges sans pouvoir arguer qu'il n'y a pas de litige né et actuel (1).

Il est compétent pour déterminer, par exemple, la portée des clauses d'un contrat de bail passé entre une commune et un fermier pour la perception des droits de pesage (2), ou pour toutes difficultés s'élevant entre les concessionnaires du marché et les adjudicataires des droits de place qui doivent être jugés comme en matière d'octroi (3).

De même, rentre dans la compétence du Conseil de Préfecture, aux termes de l'art. 4 de la loi du 28 pluviôse an VIII, comme marché de travaux publics, une soumission acceptée par un Conseil municipal par laquelle le soumissionnaire s'est engagé à abandonner à une commune un terrain et des travaux de construction, en partie terminés, en partie à exécuter sur ce terrain, pour l'établissement d'un marché et ce, moyennant la faculté de percevoir pendant un certain nombre d'années des droits de place et de stationnement (4).

Au contraire, chaque fois qu'il y a contestation entre le fermier des droits de place et un tiers, c'est l'autorité judiciaire qui est seule compétente (5).

Elle est également compétente, à l'exclusion du Conseil de Préfecture, pour connaître d'une demande d'indemnité ayant sa cause dans le préjudice résultant, pour le fermier

(1) Conseil d'Etat, 28 juin 1895. Lebon, 1895, p. 531.
(2) Conseil d'Etat, 26 décembre 1896. Lebon, 1896, p. 872.
(3) Conseil d'Etat, 11 janvier 1862. Lebon, 1862, p. 13.
(4) Conseil d'Etat, 7 juillet 1863. Lebon, 1863, p. 533.
(5) Conseil d'Etat, 18 décembre 1862. Lebon, 1862, p. 823, et 30 avril 1898. Lebon, 1898, p. 343.

des droits de place, d'une interprétation abusive de son cahier des charges, du maintien d'abonnements expirés et de l'insuffisance du matériel mis à sa disposition (1).

D'ailleurs, un concessionnaire de marché ou d'abattoir ne peut exiger autre chose que l'exécution de son cahier des charges, aussi est-il mal venu de se plaindre pour obtenir, qu'en l'absence de toute clause contraire, la commune prenne des mesures fiscales ou de police à l'égard des bêtes tuées hors de son enceinte (2).

Cependant, quand une commune a concédé à un tiers le droit de construire et d'exploiter un marché couvert et qu'elle s'est réservé le droit d'établir dans d'autres quartiers des marchés de même nature, elle n'est pas responsable de la concurrence dérivant de la construction de nouveaux marchés couverts, mais elle doit indemniser l'adjudicataire, soit pour l'ouverture dans le même quartier d'un marché découvert, soit pour le stationnement des voitures de marchands de quatre-saisons à proximité du marché concédé (3).

Le cahier des charges peut d'ailleurs stipuler que tous les étalages sur la voie publique seront soumis au droit de place sans distinction entre les marchands ambulants et les marchands à demeure qui étalent leur marchandise devant leur magasin (4).

Enfin, quand la commune ne tient pas ses engagements, la résiliation peut être prononcée, c'est ce qui arrive quand un concessionnaire, s'étant engagé à construire

(1) Conseil d'Etat, 20 janvier 1882. Lebon, 1882, p. 84.
(2) Conseil d'Etat, 5 août 1881. Lebon, 1881, p. 769.
(3) Conseil d'Etat, 10 mai 1901. Lebon, 1901. p. 443.
(4) Conseil d'Etat, 28 juin 1895. Lebon, 1895, p. 531.

une poissonnerie en échange du droit de percevoir, 15 ans durant, des droits de place et de vente à la criée, le maire modifie brusquement le règlement primitif et autorise, notamment, les pêcheurs à vendre à l'amiable et à ne pas se servir de l'intermédiaire du concessionnaire (1).

Il faut, en tout cas, chaque fois qu'il y a résiliation, s'en tenir rigoureusement à la lettre du traité; c'est ainsi qu'un arrêt du 26 décembre 1896, décide que, malgré la résiliation, le fermier n'est pas tenu de transférer immédiatement la propriété de son matériel à la commune, parce que son traité fixait la date de cession à l'expiration du contrat (2).

Il est encore à remarquer que, passé un certain délai, aucun recours n'est recevable; c'est ainsi que lorsque le Conseil municipal d'une commune a, par quatre délibérations, décidé la construction d'une halle et accepté l'offre d'une association de propriétaires pour cet établissement moyennant le droit d'y opérer des perceptions pendant une certaine période, une nouvelle municipalité ne peut pas former un recours devant le ministre de l'intérieur, sous prétexte qu'il y avait dans le Conseil municipal des membres personnellement intéressés, alors qu'elle forme ce recours avec un tel retard que les travaux sont déjà commencés (3).

Ajoutons enfin que, nul n'ayant le droit d'intervenir sans intérêt, en l'absence de toute contestation de la part d'une ville relativement à la validité du contrat passé

(1) Conseil d'Etat, 4 mai 1900. Lebon, 1900, p. 303.
(2) Conseil d'Etat, 26 décembre 1896. Lebon, 1896, p. 872.
(3) Conseil d'Etat, 27 juin 1867. Lebon, 1867, p. 612.

entre elle et les fermiers de la perception du droit de place, un réclamant est sans qualité pour en attaquer la régularité ou en poursuivre l'annulation (1).

La commune elle-même, lorsqu'elle n'est pas partie dans une contestation entre le fermier et les redevables, pour l'application du tarif, n'a pas le droit de demander au Conseil de Préfecture l'interprétation du cahier des charges quand, d'une part, la contestation a été portée devant l'autorité judiciaire qui s'est déclarée compétente et que, de l'autre, aucun litige n'existe au sujet de l'effet de l'adjudication entre elle et le fermier (2).

Hôpitaux. Assistance médicale gratuite.

Histoire. — Les hôpitaux sont une invention du christianisme, l'antiquité grecque et latine ne les a pas connus.

Les premières institutions qui reçurent les pauvres malades furent organisées dans les monastères et alimentées par les aumônes des fidèles.

Le premier hôpital fut fondé, dit-on, par Chilpéric, fils de Clovis et sa femme Ultrogathe, à Lyon, en 542 ; c'est cet hôpital qui est devenu l'Hôtel-Dieu de cette ville ; vinrent ensuite ceux de Reims et d'Autun.

Quant au principe de l'assistance donnée par la commune, il n'est pas nouveau et remonte aux Capitulaires de Charlemagne d'après lesquels les leudes étaient tenus de nourrir et soigner, sur les revenus de leurs bénéfices, les pauvres habitant sur leurs domaines.

(1) Conseil d'État, 14 août 1871. Lebon, 1871, p. 122.
(2) Conseil d'État, 22 janvier 1863. Lebon, 1863, p. 47.

Louis le Débonnaire ordonna, à son tour, dans son Capitulaire d'Aix-la-Chapelle, en l'an 816, que les deux tiers des donations faites à l'Église serviraient à l'usage des pauvres.

A Paris, en 829, l'Hôtel-Dieu, jusqu'alors couvent de femmes, fut transformé en hospice et devint plus tard, vers le XIIe siècle, l'infirmerie générale de Paris.

S'il faut en croire la légende, saint Landry y aurait, dès le VIIe siècle, fondé un refuge pour les pauvres, voyageurs ou malades.

Plus tard, jusqu'à la Révolution, les hôpitaux furent exploités tantôt en une sorte de régie, tantôt, et plus souvent, par des congrégations religieuses qui recevaient sous une forme ou une autre des subventions.

C'est ainsi qu'une décision prise le 23 mars 1716 par le Roi en son Conseil accorde à l'hospice de Vichy « 18 deniers pour chaque bouteille de trois chopines d'eau (mesure de Paris) prise au lieu dit de Vichy, lesquels 18 deniers tiendront lieu de dotation audit hôpital et pour lui donner moyen de soulager les pauvres qui iront dorénavant aux dits bains avec plus de commodité qu'ils n'y ont été dans le passé, à la charge par ledit hospice de fournir seulement pour l'usage des pauvres les lits, linges, bois et autres choses nécessaires dans le bain qui leur est destiné ».

Le droit de 18 deniers (1 sol 1/2) s'est trouvé réduit à 12 deniers (1 sol) par suite de la diminution de la bouteille ancienne.

Tous les baux à ferme, depuis celui du 6 février 1718 jusqu'à celui du 4e jour complémentaire de l'an X, reconnaissent et garantissent ce droit de l'hospice (1).

(1) Lebon, 1874, p. 726, note.

En 1789, le service hospitalier était dirigé à Paris par
l'une des deux administrations suivantes : le bureau de
l'Hôtel-Dieu et le bureau de l'Hôpital général (1). Il existait, de plus, un nombre considérable d'hôpitaux et
d'hospices particuliers appartenant pour la plupart, soit
à des corporations, soit à des congrégations religieuses.
La Révolution qui bouleversa, ici comme partout, ce qui
existait, sans s'inquiéter assez, peut-être, de ce qu'on
pourrait mettre à la place, partit de ce principe que l'assistance est une dette de l'État. Il fallut bientôt retourner
au système plus pratique de Charlemagne et l'assistance
est, à l'heure actuelle, redevenue municipale, les communes ayant toute latitude pour créer les services nécessaires.

Ce n'est que par exception que l'État ou le département
fondent ou dotent quelques établissements ; généralement
il se contente, quand il y a lieu, de donner une subvention aux communes.

Il y a cependant des institutions de bienfaisance nationales, comme les Quinze-Vingt et l'Institution des sourds-
muets. D'autres sont départementales, comme les maisons d'aliénés de Sainte-Anne, de Ville-Évrard et de
Villejuif, dans le département de la Seine. Les autres
hôpitaux sont communaux ; pourtant Paris est soumis
à un régime spécial, ses établissements sont dirigés par
l'Assistance publique. En 1888, la France comptait plus
de 1.700 établissements de charité renfermant 170.000
lits et recevant dans l'année 430.000 malades.

(1) L'Hôpital général fut établi en 1656, pour y « loger, enfermer
et nourrir les pauvres mendians, invalides, natifs des lieux ou qui y
auront demeuré pendant un an, comme aussi les enfants orphelins
ou nés de parens mendians ».

Les communes exploitent généralement leurs hôpitaux
et hospices en régie, mais, quand elles n'en possèdent pas
à cause de leur peu d'importance, elles peuvent traiter
avec l'hôpital du département et y avoir droit à un certain nombre de lits, soit en vertu des engagements du
département, soit même en vertu de fondations (1).

C'est ainsi qu'il a été jugé que la commune de Chécy
avait le droit de faire entrer de nouveau et à perpétuité à
l'hôpital général d'Orléans trois malades indigents car
telle avait été la condition de la réunion au dit hôpital
des biens de sa maladrerie, réunion opérée en vertu de
lettres patentes du roi Louis XIV (2).

De même, les hospices de Nogent-le-Rotrou furent condamnés, en 1886, à recevoir deux incurables de la commune
de Saint-Pierre-la-Bruyère en exécution des conditions
d'une donation précédemment acceptée (3).

Il arrive aussi que des subventions sont accordées à
des œuvres particulières, soit parce qu'il n'en existe pas
d'autres dans les environs, soit à cause des soins spéciaux qu'on y donne.

Par exemple la ville de Paris subventionnait, en 1900,
plusieurs œuvres parmi lesquelles celle des enfants scro-
fuleux des Frères Saint-Jean de Dieu et la société des
dispensaires tuberculeux français (4).

____

(1) Conseil d'Etat, 14 juillet 1858. Lebon, 1858, p. 513, et
29 avril 1894. Revue générale d'administration, septembre 1894,
p. 81.

(2) Conseil d'Etat, 1er mars 1851. Lebon, 1851, p. 145.

(3) Paris, 7 mai 1886. S. 86. 2. 173.

(4) La subvention aux Frères Saint-Jean de Dieu vient d'être re-
poussée à l'hôtel de ville pour l'année 1905, par 43 voix contre 32.
(Journaux du 31 décembre 1904).

Législation. — Les hôpitaux sont régis par trois lois principales : une loi des 22 janvier, 8 avril, 7 août 1851 fixe, en plus de la façon dont ils doivent être administrés, les conditions pour y être admis et l'article 1 porte que, lorsqu'un individu privé de ressources tombe malade dans une commune, aucune condition de domicile ne peut être exigée pour son admission dans l'hôpital existant dans la commune.

Deux autres lois, en date des 21 mai 1873 et 5 août 1879, fixent des indications relatives aux commissions administratives des établissements de bienfaisance.

Assistance médicale gratuite (1). — Nous avons vu que les hôpitaux étaient loin de rentrer toujours dans le cadre de cet ouvrage, puisqu'en fait, beaucoup d'entre eux sont exploités en régie, l'assistance médicale gratuite à domicile y entre, au contraire, entièrement (2).

Toutes les communes, en effet, ne sont pas assez riches pour avoir des hôpitaux, quand elles n'en ont pas, le nombre de lits dont elles disposent dans ceux du département est minime, enfin l'état de bien des malades ne nécessite pas un transport à l'hôpital ; il est donc nécessaire à tous points de vue de les soigner à domicile.

La seule question d'économie d'ailleurs, mériterait d'être prise en considération puisqu'elle permet avec une

____

(1) Voir Lebon, 1903. Conseil d'État, 15 mai 1903, p. 353.

(2) L'assistance à domicile devrait, d'après la classification que nous avons établie au commencement de ce chapitre, être rangée parmi les services et contrats de la 3e section mais, nous n'avons pas cru pouvoir séparer son étude de celle des hôpitaux, dont elle n'est, en quelque sorte, qu'un prolongement.

même somme de soulager un bien plus grand nombre de misères.

Or, les chiffres sont éloquents, en 1865, tandis que la journée de malade à domicile revenait, à Paris, à 0 fr.90, elle coûtait dans les hôpitaux de 2 fr. 30 à 2 fr. 70.

C'est, poussées par ces considérations diverses, qu'un grand nombre de communes se sont entendues avec des médecins ou sages-femmes afin de faire soigner par eux, moyennant une subvention, leurs indigents.

En 1887, 12.701 communes avaient ainsi organisé l'assistance gratuite. La première tentative d'assistance médicale fut faite en 1810, par M. de Lésay-Marsénia, préfet du Bas-Rhin, malheureusement il n'eut pas d'imitateurs et il fallut attendre jusqu'en 1830 pour assister à un second essai dans le Loiret.

Ce système, comme on le voit, était, au début, plutôt départemental que communal; aujourd'hui, malgré la dénomination de « médecin cantonal » donnée dans certains pays au médecin d'assistance, l'organisation se municipalise de plus en plus.

Il n'y a, d'ailleurs, aucune législation sur la matière et les communes jouissent de la liberté la plus absolue. Seule la loi du 15 juillet 1893 (1) fixe ce qu'on a nommé le domicile de secours, c'est-à-dire les conditions de naissance ou d'habitation nécessaires pour avoir droit à l'assistance dans une commune.

Il y a plusieurs façons d'organiser l'assistance médicale gratuite, soit à domicile, soit chez le médecin. La plus répandue est celle des *circonscriptions médicales*. Le bureau de bienfaisance de chaque commune arrête tous

(1) Art. 6 à 9.

les ans la liste des indigents qui jouiront du traitement gratuit et la fait remettre au médecin ; les visites faites, donnent ensuite lieu à un règlement de comptes entre eux.

Le deuxième système est dit des « *bons à prix réduit* ». Les communes qui veulent profiter de la médecine gratuite s'engagent à payer une somme égale au produit d'une quotité fixe multipliée par le nombre d'indigents inscrits sur la liste municipale. Quand un indigent tombe malade, il réclame un bon à la mairie, l'envoie au médecin de son choix parmi ceux qui sont inscrits à l'assistance et celui-ci a droit à une indemnité dont le tarif est fixé d'avance. Le troisième mode de subvention, connu sous le nom d' « *abonnement* », consiste à faire fournir par chaque commune intéressée un contingent dont le minimum a été déterminé à l'avance et ces communes réunies forment la circonscription médicale. Un médecin, sur la proposition des maires, est chargé par le préfet du service et reçoit, à titre d'indemnité, le montant total des contingents inscrits aux budgets communaux. Nous avons été, enfin, personnellement à même d'étudier, dans une petite commune des environs de Paris, une quatrième manière fort ingénieuse de subventionner un médecin ou une sage-femme. Elle consiste simplement à leur assurer un minimum d'appointements de telle façon que, si les consultations et visites payantes ne produisent pas ce minimum, la commune doit le parfaire.

Les exemples de médecins et sages-femmes subventionnés ne sont pas rares aujourd'hui ; un jugement de la Cour de Rennes nous en fournit un assez curieux, sous forme d'un procès en diffamation. Il s'agissait du Conseil municipal de Plouhinec qui, après avoir, pendant un temps, appointé une sage-femme, refusa, en 1899, de continuer cette subvention, agrémentant sa décision d'épithètes et d'allégations injurieuses. D'où procès. (1)

Disons un mot d'un service, organisé à Paris sous le nom de service médical de nuit et qui ressemble beaucoup au système d'assistance « par bons à prix réduit ». Les noms et adresses des médecins et sages-femmes qui consentent à en faire partie, sont affichés dans les postes de police ; quiconque a besoin d'un médecin n'a qu'à se rendre au poste, un gardien de la paix accompagne le requérant au domicile du médecin, suit le médecin chez le malade, le reconduit chez lui et lui remet un bon payable sur la caisse de la préfecture. L'administration réclame ensuite au malade le montant de ce bon ou le prend à sa charge suivant les cas.

En 1901, 10.248 personnes ont été ainsi secourues (2). Ajoutons, pour terminer, qu'une commune ne peut établir l'assistance gratuite pour tous ses habitants quand il existe sur son territoire des médecins exerçant d'une façon régulière et permanente (3).

III

Entreprises particulières subventionnées.

Pompes funèbres.

Le service des pompes funèbres est réglementé par les décrets du 23 prairial an XII et du 18 mai 1806. Il

(1) *Gazette des Tribunaux*, 1899. p. 321.
(2) *Annuaire Statistique* de la Ville de Paris, 1901. p. 689.
(3) Conseil d'État, 29 mars 1901. Lebon, 1901, p. 333.

constitue un monopole établi au profit des fabriques des églises catholiques et des consistoires protestants ou israélites. Ce monopole s'applique non seulement aux inhumations proprement dites, mais à toutes les fournitures nécessaires à la décence et à la pompe des funérailles. Les fabriques ou consistoires exercent leur monopole soit sous forme de régie simple, — et, dans ce cas, elles se réunissent dans les grandes villes en syndicat constituant une administration unique, — soit par entreprise concédée à des fermiers, sous la réserve qu'il n'y ait qu'un seul entrepreneur pour la même ville, soit par une régie intéressée, c'est-à-dire au moyen d'un entrepreneur qui fait les avances de fonds et de matériel, avec un profit limité, sous la surveillance d'un conseil d'administration. Enfin, il peut se présenter des cas où la commune est substituée à la fabrique ou au consistoire pour l'exercice du service des pompes funèbres, dans ces circonstances la commune fait exécuter ce service par un entrepreneur choisi par une mise aux enchères ou par un traité de gré à gré (1).

Histoire. — Avant la Révolution, les funérailles étaient réglées à Paris par des officiers publics appelés « *crieurs de corps et de vin* ». Ils joignaient, en effet, à leurs fonctions funèbres, le « *cri* » des vins dans les tavernes, des légumes et des viandes sur les marchés, des enfants et des chiens perdus dans les carrefours.

Une ordonnance de 1415 avait fixé le tarif des droits qui leur revenaient. Leur nombre successivement porté

_____

(1) La loi du 28 décembre 1904 a changé cet ordre de choses. Voir *infra*, p. 255.

de 24 à 30, fut définitivement fixé à 50 par un édit de janvier 1690.

En 1789, la corporation des crieurs de corps existait encore; seulement, en quelques endroits, les hôpitaux et hospices avaient obtenu le privilège de mettre des tentures aux funérailles.

Ce droit fut conservé par l'arrêté préfectoral du 21 ventôse an IX et le décret du 23 prairial an XII qui se contentèrent de substituer, comme bénéficiaires, les fabriques et consistoires aux hôpitaux.

La première entreprise de pompes funèbres à Paris remonte à cette époque. Un sieur Bobée reçut, pour l'exécution du service commun, le produit de la taxe d'inhumation payée par les riches, mais ces ressources étaient insuffisantes pour couvrir les frais et Frochot, alors préfet de la Seine, dut concéder à Bobée le droit de traiter de gré à gré avec les familles désirant des suppléments somptuaires.

Un arrêté du 23 prairial an XII, consacra ce régime d'une manière officielle.

Un autre arrêté du 11 vendémiaire an XIII, assura à l'entrepreneur un droit exclusif de transport, à charge de faire remise d'une partie des taxes perçues aux fabriques et aux consistoires. Le tarif de ces taxes fut établi par un arrêté du 25 pluviôse de la même année. Enfin un décret du 18 mai 1806, confirmant les prescriptions de l'arrêté précédent, régla les tarifs par classes.

Ces tarifs furent homologués par décret du 18 août 1811. Le 10 janvier 1812, le bail de Bobée étant terminé, le contrat du nouvel adjudicataire porta que la part des fabriques serait de 50 0/0 du montant brut de chaque mémoire. La ville lui allouait une indemnité de 8 francs par corps.

Cette concession expira le 22 mars 1821; Terson-Saint-Hilaire en obtint la succession moyennant une redevance de 72 0/0 aux fabriques, il tomba bientôt en déconfiture et, en 1822, son bail fut exploité par MM. Hérail et Stricker (1821-1832). Le montant annuel de la remise aux fabriques s'élevait, à ce moment, à 485.389 francs. Sur autorisation d'une ordonnance royale du 25 juin 1832, une troisième adjudication fut prononcée, le 23 juillet de la même année, au profit d'un nommé Fabas.

La remise aux fabriques était de 70 fr. 25 0/0 et le prix payé par la ville pour chaque transport, de 7 francs au lieu de 8 francs.

Les prix du tarif ayant été trouvés trop élevés, le nombre des classes fut porté à neuf, ce qui permit d'organiser, pour les pauvres, des services peu coûteux.

Des adjudications eurent encore lieu le 11 septembre 1842, puis le 2 octobre 1852; lors de cette dernière, Léon Vafflard fut le nouveau concessionnaire.

La part des fabriques était, dans ces deux adjudications, fixée à 50 0/0, elle fut portée à 60 0/0 par décret des 4 novembre-5 décembre 1859.

Vafflard, dont la concession finissait le 1er janvier 1860, se porta de nouveau adjudicataire.

A partir de 1870, il géra pour le compte de la ville, car on ne voulait plus de concessionnaire et il s'agissait de faire gérer directement par les fabriques et les consistoires.

Un traité du 20 juin 1872 mit à exécution ces projets et, le 27 octobre 1875, un syndicat des fabriques et des consistoires fut créé par décret. Il commença sa gestion le 1er avril 1878.

Paris a possédé jusqu'au premier janvier dernier une organisation mixte où intervenaient à la fois la ville et les fabriques ou consistoires; ce service considérable avait été organisé par un décret du 18 août 1811, modifié à différentes reprises par d'autres décrets des 4 novembre 1859, 27 octobre 1875, créant le syndicat, et 18 avril 1877.

A la tête du service était un conseil d'administration composé de 13 membres élus par les fabriques et les consistoires, l'archevêque y déléguant un vicaire général et le préfet de la Seine un inspecteur, ce dernier avait seulement voix consultative.

Les inspecteurs, sous-inspecteurs, contrôleurs, et ordonnateurs, étaient nommés par le Préfet de la Seine et payés par la caisse municipale.

Celle-ci couvrait ses frais en percevant, pour le transport des corps, une taxe graduée suivant la classe du service.

Enfin la ville payait aux fabriques 5 francs par transport de corps et celles-ci en revanche donnaient à la ville 0 fr. 60 par inhumation pour frais de fossoyeurs. Les convois comprennent encore, à l'heure actuelle, 9 classes, les 7 premières sont subdivisées en deux tarifs suivant le luxe déployé.

Le tarif le plus élevé, non comprises les cérémonies religieuses, est de 6.288 francs, le plus bas de 3 francs.

Les pompes funèbres ont rapporté en 1901, 1 million 685.070 fr. 67 aux fabriques catholiques et 116.247 fr. 12 aux consistoires protestants ou israélites soit: 1 million 801.317 fr. 79 contre 2.353.832 fr. 11 en 1882.

On vient de retirer cette source de revenus aux précédents bénéficiaires pour l'attribuer aux communes. Une proposition avait été votée dans ce sens à la Chambre en 1881, renvoyée au Sénat, elle n'y passa, avec modifications, qu'en 1886 et, depuis lors, la Chambre, devant qui elle était retournée ne s'en était plus inquiétée, lorsque, récemment, elle ratifia le vote du Sénat (1).

C'est le 1er janvier 1905 que la loi abolissant le monopole des inhumations et substituant les municipalités aux fabriques et consistoires est entrée en application. A Paris le service des inhumations qui a une importance considérable et qui nécessite, entre la Ville et la Société des Pompes funèbres, des formalités importantes, continue à être assuré par la Société des pompes funèbres, sur laquelle l'administration exercera, jusqu'à transmission complète, son contrôle financier.

Jurisprudence. — *Droits des Fabriques et Consistoires.* — D'après l'article 22 du décret du 23 prairial an XII et les articles 10, 11 et 14 du décret du 18 mai 1806, les fabriques et consistoires peuvent exercer en régie tous les droits qu'ils possèdent quant aux pompes funèbres ou donner ce droit à ferme pourvu qu'il n'y ait qu'un seul entrepreneur par ville.

Pourtant, le fait que la majorité des fabriques exploite en régie, n'empêche pas la minorité d'affermer ses droits, pourvu qu'il n'y ait qu'un seul concessionnaire (2).

Une fabrique peut également charger un hospice du service des corps et, dans ce cas, les conventions doivent recevoir leur application du jour où elles ont été réci-

----

(1) La loi a été promulguée le 28 décembre 1904.
(2) Conseil d'Etat, 10 avril 1867. Lebon, 1867, p. 379.

proquement acceptées et non de celui de l'approbation préfectorale (1).

Le service ordinaire des pompes funèbres, c'est-à-dire le transport des corps à l'église et au cimetière est un service municipal.

Aussi, depuis que les fabriques et consistoires de Paris ont été constitués en syndicat, par décret du 27 octobre 1875, pour exécuter le service des pompes funèbres, le conseil d'administration de ce syndicat doit être considéré comme le nouvel entrepreneur et la redevance de 5 francs par corps payée par la ville à l'ancien concessionnaire doit être versée au syndicat substitué à ses droits et obligations (2).

De même, les fabriques de la banlieue, appartenant à des communes annexées par la loi du 16 juin 1859, peuvent refuser toute responsabilité provenant de ce que la Ville de Paris a résilié sans droits un marché conclu avec une société de Pompes funèbres.

En effet, si les fabriques étaient solidairement obligées avec les communes annexées, elles ne peuvent être tenues de supporter avec la Ville de Paris qui leur est subrogée, les indemnités de résiliation alors que l'inexécution des traités est imputable à la ville seule qui a adjugé le service des pompes funèbres, sur les territoires annexés, sans tenir compte des droits existants (3).

Droits et obligations des communes. — Aucune disposition de loi ou de règlement ne s'oppose à ce qu'une commune soit partie au contrat passé, pour le service

(1) Conseil d'Etat, 5 mars 1875. Lebon, 1875, p. 206.
(2) Conseil d'Etat, 20 janvier 1889. Lebon, 1889, p. 31.
(3) Conseil d'Etat, 6 juin 1872. Lebon, 1872, p. 363.

des pompes funèbres entre un entrepreneur et des fabriques ou consistoires, mais quand elle n'a été partie au traité que pour stipuler à son profit certains avantages et n'a, elle-même, contracté aucun engagement envers l'entrepreneur ou les fabriques, elle ne peut être considérée, par ce seul fait qu'elle a figuré au contrat, comme ayant renoncé à réclamer des modifications du tarif de service ; elle est donc sans intérêt et par suite sans qualité, pour demander qu'il soit décidé que le contrat a pris fin, alors que l'entrepreneur et les fabriques concluent à la continuation du traité (1).

D'ailleurs, si le maire est compétent pour prendre des arrêtés relatifs aux modes de transport des personnes décédées, il excède ses pouvoirs de police quand il édicte un règlement qui a pour effet d'imposer à l'entrepreneur, concessionnaire des fabriques, des obligations qui ne résultent pas de son traité et de porter atteinte aux droits à lui conférés par le contrat (2).

De même, si l'article 93 de la loi du 5 avril 1884 l'investit du droit de pourvoir d'office au service des pompes funèbres, il n'appartient pas au conseil municipal de disposer par voie réglementaire que ce service provisoire sera fait aux frais des fabriques (3).

Compétence. — Enfin, une fabrique ne peut céder le monopole du transport des corps qui lui est accordé par les décrets du 22 prairial an XII et 18 mai 1806 et quand un individu, qui ne se prévaut d'aucun marché, demande une indemnité à la commune pour l'obstacle mis, par le

(1) Conseil d'Etat, 16 fév. 1900. Lebon, 1900, p. 132.
(2) Conseil d'Etat, 24 mars 1893. Lebon, 1893, p. 257.
(3) Conseil d'Etat, 28 novembre 1902. Lebon, 1902, p. 704.

maire, au libre exercice de sa profession, le Conseil de Préfecture n'est pas compétent pour statuer (1).

Responsabilités. — D'après la législation en vigueur, les fabriques devant pourvoir au service des pompes funèbres, les communes ne peuvent avoir aucune responsabilité vis-à-vis des entrepreneurs de ce service (2).

Citons, pour terminer, un curieux jugement rendu après la guerre de 1870, sur une demande d'indemnité intentée par l'entrepreneur des pompes funèbres de Paris, à raison des pertes causées par les réquisitions de chevaux, la rareté des fourrages et l'augmentation du prix des bois nécessaires pour la construction des cercueils.

Le jugement repousse la demande, constatant que le concessionnaire avait continué son service à ses risques et périls et exécuté son cahier des charges sans protestation ni réserves, ajoutant que, s'il avait considéré son contrat comme impossible à exécuter par suite du cas de force majeure, il aurait dû en demander la résiliation (3).

Enlèvement des ordures et vidanges.

Histoire. — A Paris, au xiie siècle, les habitants étaient obligés de faire enlever et porter aux champs, à leurs frais, les boues et immondices. Pour effectuer ce transport, un certain nombre de propriétaires s'associaient et louaient un tombereau en commun. Ces prescriptions ne concernaient que les rues ; les places publiques étaient

(1) Conseil d'Etat, 8 août 1895. Lebon, 1895, p. 646.
(2) Conseil d'Etat, 11 mars 1881. Lebon, 1881, p. 272.
(3) Conseil d'Etat, 21 janvier 1879. Lebon, 1879, p. 89.

abandonnées et l'infection de la place Maubert devint telle, au XIVe siècle, qu'une ordonnance de 1374 dut établir des impositions sur les marchands et habitants du voisinage pour l'enlèvement des ordures.

Plus tard, ce travail fit l'objet d'une concession pour tout Paris et, en 1506, une taxe fut établie pour être versée aux entrepreneurs.

Ce système fut pratiqué jusqu'au début du XVIIe siècle, mais les taxes étaient si difficiles à faire rentrer, les princes et seigneurs refusant la plupart du temps de les payer, qu'aucun bourgeois ne voulut bientôt plus se charger du service, de sorte qu'on fut contraint, par un arrêt du Conseil du Roi du 21 juin 1608, de donner l'entreprise de nettoiement général de Paris à Raymond Vedel dit La Fleur, capitaine du charroi de l'artillerie et à Pierre de Sorbet, son associé.

Une quantité innombrable d'arrêts avaient été pris pour réglementer ce sujet pendant toute la durée des XVIIe et XVIIIe siècles, quand un arrêté du 22 messidor an VIII, confia au préfet de police le soin d'assurer le service. Un seul entrepreneur fut chargé, en même temps, de l'enlèvement des immondices, du balayage des rues et du curage des égouts.

Puis une ordonnance de 1834 régla la matière et fut ensuite remplacée par une autre le 1er septembre 1853. Le service a été transféré, par décret du 10 octobre 1859, de la préfecture de police à la préfecture de la Seine.

Les ordures ménagères sont enlevées, dans des tombereaux, par des entrepreneurs avec lesquels la ville a passé un marché et qui peuvent être rémunérés au moyen d'une taxe imposée aux propriétaires (1).

(1) Voir Lebon, 1903. Conseil d'État, 23 nov. 1903, p. 711.

L'adjudication de ce service se fait à forfait pour des périodes de 5 ans, celle de 1895 à 1899 s'est élevée au prix de 2.740.000 francs.

Il y avait alors dans Paris 550 tombereaux attelés de 1.075 chevaux et enlevant chaque matin 2.500 mètres cubes d'ordures.

Depuis 1884, un arrêté de M. Poubelle, préfet de la Seine, a interdit la décharge des ordures à même la rue et ordonné que, dorénavant, elles seraient déposées dans des boîtes que la faconde populaire a baptisé de son nom.

Pénalités et sanctions. — La totalité de la jurisprudence, d'ailleurs peu nombreuse, que nous fournit ce sujet se rapporte, soit au cas où il y a lieu à dommages-intérêts, soit à ceux où la résiliation peut être prononcée (1).

Il y a lieu à dommages-intérêts quand, par exemple, l'emplacement du dépôt des immondices a été changé au cours du contrat sans qu'il y ait eu nécessité pour le conseil municipal, chaque fois qu'il en résulte une aggravation de charge pour l'adjudicataire (2).

De même, l'entrepreneur a droit à une indemnité pour le préjudice résultant de l'enlèvement, par des balayeurs étrangers à l'entreprise, des immondices déposées sur la

(1) A citer pourtant, un très curieux jugement, tout récent, qui déclare que l'enlèvement des boues et immondices d'une ville ne saurait être considéré comme constituant une entreprise de transport assujettie à la loi du 9 avril 1898, sur les accidents du travail « parce que, dit le jugement, l'entrepreneur *s'approprie* les boues et immondices en exécutant son marché ». Cass., 24 octobre 1904. *Gaz. des Tribunaux*, 23 déc. 1904.

(2) Conseil d'Etat, 10 février 1865. Lebon, 1865, p. 188.

voie publique susceptibles d'être employées comme engrais (1).

Le même arrêt déclare qu'une demande en payement de travaux supplémentaires est recevable nonobstant la présentation de comptes mensuels relatifs au mouvement de l'entreprise et ne mentionnant pas lesdits travaux.

Parfois même, quand pour bien déterminer l'étendue des obligations de l'adjudicataire, les règlements de police auxquels sont astreints les habitants sont annexés au cahier des charges, ils font corps avec lui et, dès lors, l'inexécution totale ou partielle desdits règlements peut être de nature à ouvrir une action en dommages-intérêts en faveur de l'entrepreneur (2).

Enfin, il peut arriver qu'une indemnité soit une pénalité insuffisante et que l'adjudicataire ait le droit d'obtenir la résiliation.

C'est ce qui arrive quand, une compagnie n'ayant consenti à accepter la charge de balayage des rues qu'en échange de l'abandon des eaux vannes, cette clause d'abandon et d'utilisation est déclarée inexécutable.

A vrai dire, il y a moins lieu de prononcer la résiliation du contrat que de le déclarer inexistant pour inexécution des conditions (3).

Quoi qu'il en soit, la compagnie a, de plus, le droit de réclamer, à la ville, le remboursement du balayage des rues et du curage des égouts, jusqu'à ce jour, sous déduction de ce qu'elle a pu retirer de la vente des boues et immondices (4).

(1) Conseil d'Etat, 15 nov. 1875. Lebon, 1875, p. 879.
(2) Conseil d'Etat, 10 janv. 1890. Lebon, 1890, p. 4.
(3) Voir *supra*, p. 155.
(4) Conseil d'Etat. 12 juillet 1895. Lebon, 1895, p. 577.

La résiliation doit encore être prononcée quand la commune augmente les charges de son adjudicataire en tolérant des infractions au cahier de charges telles que de ne pas exiger le balayage par les riverains et de ne pas interdire la décharge des immondices dans la rue quand elle devrait n'avoir lieu que dans les tombereaux (1).

Pourtant, il n'y a pas lieu à la résiliation du contrat simplement parce que la municipalité n'interdit pas l'industrie des chiffonniers alors qu'elle existait déjà lors de la passation du contrat et que les chiffonniers n'ont en rien contrevenu aux règlements de police (2).

Vidanges. — Il nous faut ajouter ici quelques mots sur l'industrie des vidanges, bien qu'elle ne rentre pas dans le cadre de notre sujet, étant, en effet, absolument libre et ne donnant lieu à aucune concession. Pourtant, dans la plupart des villes, elle est soumise, du fait des arrêts pris par les municipalités dans un but d'hygiène, à une réglementation rigoureuse. A Paris, nul ne peut exercer la profession sans une permission du Préfet de la Seine qui est subordonnée à la possession des voitures, chevaux, tinettes, seaux, appareils de désinfection et autres, nécessaires au service (ordonnance de police du 5 juin 1834 et arrêtés préfectoraux des 9 février 1867 et 11 mai 1872). C'est l'obligation d'être détenteur de tout ce matériel qui explique, qu'en fait, une compagnie unique y exerce un monopole.

Mais il a été maintes fois décidé par la jurisprudence, après, il est vrai, bien des hésitations, qu'un monopole

(1) Conseil d'Etat, 12 août 1879. Lebon, 1879, p. 611.
(2) Conseil d'Etat, 4 mai 1877. Lebon, 1877, p. 414.

de ce genre ne peut être créé par les communes (1).

D'ailleurs, dans la plupart des communes rurales, la profession n'existe même pas, chacun fait lui-même le nécessaire, on ne peut donc pas réglementer les vidangeurs mais seulement les vidanges.

C'est sur le matériel que portent les prescriptions (2) et, en cas de demande d'autorisation, l'autorité municipale peut répondre par un refus s'il n'est pas conforme aux réglements (3).

De plus, il y a contravention quand, l'autorisation ayant été accordée sous certaines charges, l'industriel ne s'y soumet pas ou ne s'y soumet qu'en partie (4).

Services aujourd'hui supprimés en France (5).

Monts-de-Piété. — Le 8 thermidor an IV, la liberté des prêts sur gages fut déclarée, elle donna bientôt lieu à de tels désordres et fit tant de victimes qu'un mouvement d'opinion ne tarda pas à se produire.

La municipalité, sans entraver la prétendue liberté des transactions, essaya d'y opposer le frein d'une concurrence normale. L'immeuble des Blancs-Manteaux, considéré comme propriété de l'Hôpital général, devint l'apport des hospices dans une société dirigée par un

(1) Cass. crim., 18 janv. 1838. *Bull. de Cass. crim.* 1838, n° 16, p. 26. Cass. crim., 12 fév. 1881. *Bull. de Cass. crim.* 1881, n° 42, p. 77.

(2) Cass. crim., 13 mars 1868. *Bull. de Cass. crim.*, 1868, n° 72, p. 117.

(3) Conseil d'Etat, 5 décembre 1866, Lebon, 1866, p. 1095.

(4) Cass. crim., 13 août 1847. *Bull. de Cass. crim.*, n° 181, p. 319.

(5) En France, tous ces services sont actuellement en régie.

groupe de banquiers, dont le crédit et l'honorabilité avaient attiré quelques fonds.

Le premier Mont-de-Piété français était constitué.

L'ouverture eut lieu le 1er thermidor an V (19 juillet 1897), mais l'organisation en était défectueuse, les fonds dont on disposait (500.000 fr.) insuffisants, de telle sorte, qu'en août 1799, l'affaire était à la veille de sombrer.

Les membres du conseil entreprirent de réagir et décidèrent d'excellentes mesures. On ouvrit, dans un beau quartier de Paris, rue Vivienne, une succursale qui fonctionna dans de bonnes conditions de 1800 à 1813.

Mais, le 16 pluviôse an XII, la fermeture de toutes les maisons de prêts sur gage ayant été prononcée, les actionnaires furent remboursés en vertu d'un décret du 24 messidor an XII. Puis le 8 thermidor an XIII, un autre décret subordonna le Mont-de-Piété à l'administration hospitalière. D'après ce décret, le chef-lieu est établi dans les bâtiments des hospices, rue des Blancs-Manteaux, et les opérations doivent être faites au moyen de fonds appartenant aux hospices ; si des emprunts sont nécessaires, ils sont contractés sous l'hypothèque générale des biens dépendant de la dotation des hospices de Paris.

Il y a donc là aujourd'hui une organisation autonome d'où le concessionnaire a depuis longtemps disparu et, à ce titre, les Monts-de-Piété ne sauraient nous intéresser plus longtemps.

Service d'incendie.— Au moyen âge le service d'incendie était fait par les moines ; c'était pour eux une façon d'exercer la charité et les services qu'ils rendaient ainsi n'étaient nullement rétribués.

En 1699, Dumourier du Périer se fit accorder, par privilège royal, l'autorisation de construire des pompes, dont il avait vu le modèle pendant un voyage en Hollande (1) et se chargea, moyennant 20.000 livres, d'en assurer le service. Paris posséda successivement jusqu'à trente de ces pompes. Du Périer fut, d'abord, en 1712, nommé directeur des pompes, puis, en 1722, on créa une compagnie de pompiers pour les servir et, à dater de ce jour, le service d'incendie cessa d'être, à Paris, une entreprise privée subventionnée.

Aujourd'hui, les pompiers ont, en France, des organisations diverses, selon qu'il s'agit des pompiers des campagnes ou de ceux des grandes villes, mais, nulle part cependant, le service d'incendie n'est une entreprise privée (2).

Il n'en est pas de même en Angleterre ou aux Etats-Unis. A Londres et à New-York, notamment, ce service est assuré par des Compagnies particulières, qui n'ont même pas de monopole et dont la subvention se compose de deux parties distinctes, l'une formant une solde, l'autre payée sous forme de primes aux premiers arrivants sur le lieu du sinistre.

Écoles subventionnées. — On pouvait encore citer, avant la loi du 30 octobre 1886, des subventions données par les communes aux écoles libres, laïques ou congréganistes, ces subventions ne peuvent plus exister maintenant (3).

---

(1) La pompe Van der Heyde alors en usage en Hollande.

(2) Il faut excepter les pompiers de certains établissements (magasins et théâtres), mais ils sont alors spéciaux à ces établissements.

(3) Conseil d'Etat, 20 février et 17 avril 1891. D. P. 1892. 3. 73.

Pourtant M. Cosson, dans une brochure sur les subventions communales et départementales, en faveur des écoles primaires libres, constate que, le 21 décembre 1888, le Conseil municipal de Paris a encore voté 31 bourses dans 7 écoles professionnelles ou primaires supérieures privées, de jeunes filles et 45 dans des internats privés et laïques. Le 26 décembre, 57.000 francs de subvention furent alloués à divers orphelinats ou sociétés laïques s'occupant d'orphelins, dont 15.000 pour l'orphelinat de la Seine et 16.000 pour l'orphelinat maçonnique de la rue Cadet. Le 31 décembre, le Conseil municipal accorda encore 33.600 francs à 15 écoles libres de dessin pour femmes et jeunes filles et 230.500 francs à diverses associations libres et laïques d'enseignement primaire supérieur ou professionnel. De plus, 250.000 francs étaient inscrits pour allocations de bourses d'externes dans divers établissements libres et laïques d'enseignement primaire. Ces diverses subventions ont représenté, pour la ville de Paris, une dépense de 1.202.331 francs en 1887, elle s'est élevée à 1.390.835 francs au budget de 1888 et celui de 1889 l'a encore majorée. La plupart de ces subventions auraient été illégales, d'après la stricte application des principes posés par le Conseil d'État, cependant ces faits n'étaient pas isolés et, dans les budgets de presque toutes les grandes villes et de beaucoup de communes, on trouvait des allocations analogues.

La question, d'ailleurs, ne se pose plus, pour les écoles congréganistes, depuis la loi de 1904 qui a prononcé la dissolution des congrégations religieuses enseignantes.

On peut citer, sur ce sujet, le curieux jugement qui suit :

Une société d'enseignement fut considérée comme

ayant géré utilement l'affaire d'une ville dans un cas où, après l'expiration d'un traité par lequel la société s'était engagée moyennant une subvention annuelle, à tenir ouvert un établissement d'enseignement secondaire et à recevoir gratuitement un certain nombre d'élèves, l'ancien état de choses s'était continué pendant deux années entre les parties. En conséquence, la ville, citée devant les tribunaux judiciaires, à raison du quasi-contrat de gestion d'affaire, fut condamnée à payer la subvention portée au budget, sans qu'il y ait, disait le jugement, de la part des tribunaux, empiètement sur le domaine de l'autorité administrative (1).

IV

Concessions diverses.

Nous faisons rentrer dans cette quatrième section, les concessions si variées d'édicules de toutes sortes, qui peuplent nos places ou nos jardins publics et encombrent les trottoirs.

Citons les kiosques à musique, les kiosques de journaux, de fleurs, les bureaux portatifs d'omnibus, les chalets de nécessité et urinoirs lumineux, les colonnes de théâtre, les bornes postales à publicité, les bascules automatiques, etc. Il est vrai que certaines d'entre elles ne donnent pas positivement lieu à des « contrats d'utilité générale passés au profit d'une collectivité », mais c'est le cas de la plupart.

(1) Cass. 12 décembre 1881, S. 82. 1. 353.

Histoire. — Le baron Haussmann fut le premier à autoriser, en 1860, moyennant certaines redevances, les premières concessions sur la voie publique; depuis, elles ne se sont que trop multipliées.

Paris possédait, au 31 décembre 1894, deux catégories d'édicules : les uns construits par la ville et en partie entretenus par les concessionnaires, les autres entièrement édifiés et entretenus par les concessionnaires, comprenant 330 urinoirs lumineux à 3 stalles, 127 à 1 stalle, 96 bureaux d'omnibus ou tramways, 213 colonnes affiches pour spectacles, dites colonnes Moriss, du nom du concessionnaire, 125 chalets de nécessité, 350 kiosques pour la vente de journaux ou de fleurs, 23 buffets parisiens, 250 boîtes-bornes postales à publicité et 58 bascules automatiques.

Constitue aussi un « contrat d'utilité générale passé au profit d'une collectivité » le fait d'affermer le droit de location des chaises sur les boulevards et promenades. Cette location n'est d'ailleurs pas sans importance et a rapporté, à la ville, 98.200 francs en 1897.

Jurisprudence. — Il n'y a guère à citer sur cette matière que deux arrêts interprétatifs des cahiers de charges.

Le premier, en date du 5 avril 1895, déclare que, la ville devant rester, à la fin d'une concession de kiosques lumineux sur la voie publique, propriétaire, sans indemnité, de tous aménagements exécutés en cours d'entreprise, l'ancien concessionnaire ne peut enlever les doubles vitres placées à l'intérieur des kiosques pour protéger les affiches mais qu'il n'en est pas de même des suspensions à journaux qui, pouvant être facilement détachées, ont le caractère d'effets mobiliers (1).

L'autre, en date du 25 juin 1897, décide qu'un arrêté du préfet de la Seine modifiant la durée d'une concession de colonnes affiches pour spectacles, ne peut pas être déféré pour excès de pouvoir au Conseil d'État.

Le préfet, ajoute l'arrêt, n'a fait là qu'affirmer une prétention de la ville de modifier la durée de la concession mais cette prétention ne fait nullement obstacle à ce que le concessionnaire fasse valoir ses droits devant la juridiction compétente (2).

Voici terminée l'étude des contrats si divers conclus par les communes, tels que permet de les concevoir notre législation actuelle (3), la nomenclature en a été longue et a empli trois longs chapitres, qu'on nous la pardonne en songeant, que, si ce travail devait être

(1) Conseil d'État, 5 avril 1895. Lebon, 1895, p. 313.

(2) Conseil d'État, 25 juin 1897, Lebon, 1897, p. 483.

(3) Sans parler des Publicains qui affermaient l'impôt dans le monde romain, les contrats municipaux ont affecté, à travers les siècles, les formes les plus diverses.

Au moyen âge, les villes d'Italie, qui étaient alors, il est vrai, des États plus que des communes, leur avaient donné une grande extension. C'est ainsi que, lorsque Venise voulait entreprendre une guerre, elle s'entendait avec des armateurs qui se chargeaient d'en faire les frais pour le compte du gouvernement ou d'exécuter l'entreprise à leurs risques et périls, moyennant certains avantages. A Gênes, au xiie siècle, les finances ayant été épuisées par la guerre d'Espagne, on afferma le droit de poids, de mesures, la vente du fer pour l'espace de 15 années, déduction faite de celles où il y aurait guerre, la fabrication de la Monnaie, etc. (*Revue de législation*, t. XVII, p. 675 et suiv.)

récrit dans un demi-siècle, elle serait plus longue encore. En effet, la tendance actuelle nous pousse insensiblement vers les ententes collectives, non seulement particulières mais encore, si j'ose dire, officielles. Nous verrons peut-être naître le socialisme d'État, le socialisme municipal, lui, n'est plus à naître, il l'est déjà, nous le voyons grandir sous nos yeux et pouvons journellement constater ses efforts pour se développer.

La tendance générale qu'on a, de nos jours, à mettre tous les services publics en régie n'en est qu'une des manifestations.

Mais, avant la régie, avant la commune se faisant elle-même entrepreneur, boulanger, boucher, on peut concevoir un état intermédiaire où un concessionnaire monopolise un service sous la surveillance de la municipalité. Tel est aujourd'hui le rêve de beaucoup.

Nous allons donc, dans le prochain chapitre, passer en revue ces théories nouvelles et voir ce qu'il faut en penser, puis revenant à la partie purement doctrinale de ce travail, nous essayerons de déterminer la nature des contrats que nous venons d'étudier en détail.

CHAPITRE IV

LA CITÉ FUTURE

Il faut bien avouer que nous glissons de plus en plus sur un plan incliné qui nous mène droit au collectivisme ou à quelque chose d'approchant, nous croyons donc utile d'étudier ici la question de la municipalisation des services publics.

Ce n'est pas un exposé complet du socialisme municipal que nous avons la prétention de faire ; une pareille étude dépasserait sensiblement le cadre de cet ouvrage, nous voulons simplement esquisser un rapide tableau de la tendance actuelle qui pousse les communes à se mêler de plus en plus de l'administration des grands services publics et examiner, parmi les systèmes de municipalisation qui se présentent, quel est celui qui offre le moins d'inconvénients.

Nous serons d'ailleurs forcés, sous peine de tomber de suite en plein roman, d'étudier les possibilités de l'avenir d'après les tentatives du passé et les organisations similaires du présent.

Les socialistes se font, en effet, de la cité future une idée qui paraît éclose sous le front d'un poète plus que dans la tête d'un économiste.

Pour eux, tout doit retourner soit à l'État, soit à la commune ou en émaner. La commune omnipotente est la base du système et les hommes y vivraient selon ce vers du poète :

Chacun pour tous, tous pour chacun et tous en elle ! (1).

— Tandis que l'État rachèterait les chemins de fer, les assurances, les mines, « nationaliserait » la Banque de France, les communes monopoliseraient, par achat ou expropriation, toutes les terres et, étant ainsi seules propriétaires et capitalistes, les loueraient à des fermiers, leur prêtant, au besoin, des fonds provenant des revenus perçus par elles.

M. Fauconnier à qui nous empruntons ce programme ne dit par sur quelles garanties seront prêtées ces sommes, ce ne serait toujours pas sur hypothèques, puisque les communes seraient seules propriétaires.

En un mot, la commune, au gré des socialistes, doit étendre peu à peu son domaine jusqu'à ce qu'elle ait tout englobé (2). Dans la grande caserne humanitaire de leurs rêves, chacun trouvera, avec le logement à bon marché, l'eau, la lumière, les magasins communaux, munis de tout ce qui est nécessaire aux ménages, boulangerie, épicerie, boucherie, charcuterie, combustible, étoffes et vêtements, mercerie, buvette, etc.

Aucune municipalité ne s'étant d'ailleurs, jusqu'à pré-

(1) Jean Richepin. — *Par le Glaive*, acte III, sc. viiie.

(2) Arthur Mangin. Essai de rajeunissement du socialisme. *Économiste français*, 27 septembre 1879, p. 378.

sent, prêtée à l'expérience tant désirée des socialistes, ils ont fondé en plusieurs endroits des organisations particulières qui donnent assez exactement l'idée de ce que serait, en grand, la commune collectiviste.

Le familistère de Guise, en France et les sociétés coopératives belges, le « Vooruit » de Gand, en particulier, sont les plus remarquables. Le Vooruit, institution socialiste par excellence, fut d'abord une boulangerie coopérative où le pain était délivré contre des jetons payés d'avance et représentant un kilo. Il y est vendu au prix courant, mais le prix de revient est ensuite établi et la différence entre ces deux prix constitue les bénéfices. Ces bénéfices sont versés chaque semaine par le Vooruit à une société de secours mutuels au nom de chacun de ses membres, de sorte que chaque sociétaire a droit gratuitement, en cette seule qualité, à des remèdes et à des visites médicales s'il vient à tomber malade.

Le Vooruit possède aujourd'hui non seulement une boulangerie mais une pharmacie, une épicerie, un magasin de charbon, un magasin de chaussures, où il fait confectionner lui-même les objets vendus, un magasin de draps, toiles et étoffes communes et, enfin, un estaminet et une imprimerie qui sont, à un titre égal, ses instruments de propagande.

L'association loue, de plus, un local au syndicat des ouvriers chaudronniers qui y a installé un atelier de chômage où travaillent, outre les membres momentanément sans ouvrage, un noyau permanent d'ouvriers qui produit et dont les profits vont au syndicat comme les profits de la boulangerie vont au parti socialiste lui-même. Un autre atelier est loué au syndicat des cigariers.

L'exemple donné par le Vooruit a été imité dans

d'autres villes belges et, à l'heure actuelle, des sociétés coopératives socialistes, organisées sur les mêmes bases fonctionnent à Bruxelles, Anvers, Liège, Louvain, Verviers, Jolimont, Seraing, etc. (1).

Pour arriver à la municipalisation générale des services publics, deux systèmes s'offrent aux novateurs :

1° La simple réglementation du service avec concession et quand il y a lieu, subvention ;

2° L'exploitation directe par la municipalité ou mise en régie.

Nous allons étudier séparément ces deux systèmes dont le premier surtout nous intéresse et, préjugeant de l'avenir à l'aide du passé, rechercher, d'après différents essais qui en ont été faits jusqu'à présent, les résultats pratiques qu'ils peuvent donner.

I

Réglementation. Concession. Subvention.

Ce n'est pas d'aujourd'hui que les villes ont eu à intervenir pour réglementer l'exercice des principaux métiers. Ceci entre, en effet, en dehors de toute idée socialiste, dans leurs attributions et deux faits identiques qui se sont passés à cinq siècles de distance et que M. Hubert Valleroux rapportait, il y a quelques années, dans l'*Economiste français*, prouvent bien que le temps a peu modifié la situation.

Au XVe siècle, raconte-t-il, l'industrie de la boucherie

(1) Hubert Valleroux. Les coopératives socialistes en Belgique. *Économiste français* du 2 avril 1892, p. 425.

était, dans la ville de Colmar, la propriété exclusive d'un certain nombre d'artisans organisés en corporation ; très puissante, cette corporation avait limité la quantité de viande que chaque boucher pouvait abattre par semaine et par jour, de sorte que les habitants étaient obligés de payer fort cher de la viande détestable, grâce à une entente des bouchers qui ne tuaient de nouveau que lorsque la marchandise de leurs confrères était entièrement écoulée.

Le Sénat de Colmar, sur les plaintes réitérées des habitants, fit comparaître les bouchers et les pressa de mieux agir. Que firent ceux-ci ? Après avoir écouté avec respect les remontrances, ils résolurent de se venger et, pour ce faire, de ne plus vendre du tout de viande de bœuf. Grand émoi dans la ville, nouvelle plainte, second appel devant le Sénat qui leur déclara péremptoirement qu'ils devraient promettre de tuer chaque semaine une quantité minima de bêtes de bonne qualité, sous peine de se voir suspendre pour cinq ans de leurs fonctions et privilèges. Sur leur refus, le Sénat leur fit jurer de s'abstenir pendant cinq ans d'exercer leur métier. Cet étrange moyen d'assurer l'exécution d'une décision prise par l'autorité publique qui nous surprend aujourd'hui, était alors fréquent. Le Sénat s'inquiéta, en même temps, de fournir de la viande aux habitants de Colmar ; il envoya donc un émissaire dans l'Oberland pour acheter des bœufs et rechercher en même temps des bouchers auxquels on promit d'assurer le droit d'exercer leur profession pendant cinq ans. Il en vint de Bâle, de New-Brissach et de Neubourg mais ils ne voulurent s'engager que si le Sénat promettait de les protéger contre toute agression des bouchers dépossédés.

Le Sénat fit donc venir de nouveau ceux-ci et leur demanda un second serment qui était « de n'offenser les nouveaux ni en paroles, ni par actes, ni publiquement, ni en secret et ne leur susciter aucune espèce d'entraves. »

Cette fois, les bouchers virent qu'il fallait céder : « Ils annoncèrent qu'ils se soumettaient aux conditions précédemment refusées et supplièrent qu'on voulût bien les admettre à exercer leur profession, regardant comme non avenu leur serment. » Le Sénat, « par égard pour leurs parents et leurs enfants », les admit à l'annulation du serment déjà prêté, mais établit en même temps des inspecteurs pour examiner les qualités des viandes mises en vente.

Les bouchers firent des excuses et tout rentra dans l'ordre (1).

Rapprochons maintenant de cet incident vieux de cinq cents ans, cet autre fait qui remonte à quelques années et nous verrons que, si le temps a fait naître d'autres remèdes, il n'a pas transformé la nature du mal.

Le Conseil municipal d'Issoudun ayant, au mois d'août 1892, voulu diminuer le prix du pain, les boulangers de la ville se constituèrent immédiatement en syndicat et signifièrent au Conseil que, si la taxe n'était pas rapportée dans les trois jours, ils cesseraient de cuire.

Ainsi fut fait ; le jour où les boulangeries restèrent fermées, la municipalité prévoyante ayant fait venir de Paris et d'Orléans des wagons entiers de pain, tout se passa pour le mieux mais cette combinaison coûteuse et peu

____

(1) Hubert Valleroux. Deux villes aux prises avec des corps de métiers. *Économiste français*, 8 avril 1893, p. 419.

pratique, ne pouvait durer toujours, la quantité de pain nécessaire chaque jour était difficile à calculer exactement, risquer d'en manquer était grave, d'autre part, en en demandant trop, on en perdait forcément dans l'impossibilité où l'on était de le conserver.

Un certain nombre-de citoyens, sous l'égide municipale, résolut donc « d'opposer à l'association des boulangers un groupement de consommateurs » ils provoquèrent la formation d'une société coopérative de production, cherchèrent et trouvèrent un four et du matériel et, dès le lendemain, la coopérative put fournir du pain à ses adhérents.

Les boulangers — « esprits vraiment modernes » dit spirituellement M. Hubert Walleroux, — commencèrent par s'adresser au sous-préfet, au préfet, au ministre même, puis, n'ayant rien pu obtenir ni contre la taxe, ni surtout contre la société coopérative, ils imitèrent leurs devanciers, les bouchers de Colmar et se soumirent. La seule chose qu'ils eussent gagnée à l'aventure, était la concurrence d'une boulangerie coopérative, bien organisée et fonctionnant à merveille.

Cette double anecdote, pour s'écarter un peu de notre sujet, nous a semblé assez curieuse pour être rapportée ; la boulangerie coopérative, fondée à Issoudun, constitue, d'ailleurs, une sorte de municipalisation partielle, de fait, de la boulangerie dans cette ville.

Une autre société coopérative du même genre, s'était déjà créée, en 1874-1875, à Orléans, pour empêcher les bouchers de hausser leurs prix d'une façon exagérée.

Ces deux sociétés, quoique fondées sous l'égide municipale, étaient, à vrai dire, des sociétés particulières, sans ingérence de la commune dans leur administration; il n'en avait pas été de même lors d'un essai précédent fait sous le second Empire.

Tous les métiers avaient été déclarés libres par la loi du 2 mars 1791. Toutefois, l'Assemblée constituante comprit vite qu'une exception devait être faite pour les parties les plus indispensables de l'alimentation, la boucherie et la boulangerie. Cette exception fut prévue dans l'article 20 de la loi des 19-22 juillet 1791, ainsi conçu:

« La taxe des subsistances ne pourra provisoirement avoir lieu dans aucune ville ou commune du royaume, que sur le pain et la viande de boucherie sans qu'il soit permis, en aucun cas, de l'étendre sur le vin, sur le blé, les autres graines ni aucune autre espèce de denrée. »

« Ce texte légal, qui est encore en vigueur, fut dépassé aux grands jours de la lutte révolutionnaire par la loi du maximum que les circonstances imposèrent (1). »

Un arrêté des Consuls du 19 vendémiaire an X, vint encore restreindre la liberté, en exigeant de tout boulanger un approvisionnement proportionnel à son débit, sous peine d'emprisonnement administratif. Il lui fallait, de plus, pour ouvrir boutique, prouver une connaissance suffisante du métier et présenter un certificat de bonnes vie et mœurs.

Il devait exercer à l'endroit même fixé par son autorisation et ne pouvait abandonner le métier qu'après avoir prévenu six mois d'avance (2).

Le nombre des boulangers était calculé de façon à ce qu'il y en eut un par 1.800 habitants.

(1) Stehelin. Thèse précitée, p. 190.
(2) Ces prescriptions étaient encore en vigueur en 1863.

Enfin, un décret de 1811 confirma aux communes le droit de taxer le pain.

Telle était la situation, lorsqu'en 1847, le prix du pain augmenta beaucoup à Paris, par suite du déficit de la récolte, la municipalité, pour y remédier, remit alors aux nécessiteux des bons avec lesquels ils pouvaient se procurer du pain chez tout boulanger au prix de 0 fr. 40, puis le boulanger se faisait ensuite, sur présentation du bon, payer la différence avec le prix réel par la caisse municipale. Ce système coûta 9 millions à la ville.

En 1853, la même situation s'étant présentée, on chercha un autre moyen et, par décret du 27 décembre, fut fondée la « Caisse de service de la boulangerie ».

Elle était chargée de payer et de recouvrer, pour tous les boulangers, le montant d'achats de blé ou farine.

« Il sera ouvert, disait le décret, à chaque boulanger, par le Préfet de la Seine, un crédit sur le montant de ses dépôts de garantie et réserve. »

Art. 3. — Tous payements des grains et farines, sans exception, seront opérés par l'intermédiaire de la Caisse.

Ceux qui ne voudront pas profiter de leur crédit, verseront à la Caisse, la veille au plus tard de l'échéance, le montant de leurs engagements.

Art. 5. — *La Caisse sera chargée de verser aux boulangers, la différence en moins qui pourra, en vertu des délibérations du Conseil municipal, exister entre le prix du pain réglé par la taxe municipale et le prix fixé par la mercuriale.*

Art. 6. — La Caisse pourra, avec l'autorisation du Conseil municipal, emprunter les fonds nécessaires.

Art. 7. — Les frais d'administration seront à la charge

de la ville, les intérêts des avances faites aux boulangers ne pourront excéder 5 0/0.

On voulait, en organisant cette Caisse, établir le « système des compensations », c'est-à-dire régulariser le prix du pain.

Pour se couvrir de ses avances faites quand le pain était cher, elle percevait des différences en plus lorsque les blés étaient bon marché, tandis qu'aux époques de cherté exceptionnelle, la municipalité lui accordait des subventions.

Le 30 juin 1854, la Caisse avait déjà avancé, tant aux boulangers de Paris qu'à ceux du département de la Seine, la somme de 23.411.013 fr. 29.

Quelques années plus tard, M. Haussmann tenta de faire faire à la boulangerie un pas de plus et de la rendre complètement municipale.

« Il croyait le moment venu, dit M. Boiteau, de traiter Paris comme une grande caserne et de lui distribuer militairement du pain fabriqué non plus dans des boulangeries particulières mais dans quelques manutentions, comme la grande usine des hôpitaux où le grenier, le moulin et le fournil auraient été réunis. En ce, il se montrait moins libéral que les préfets du prétoire de l'ancienne Rome, qui faisaient distribuer le plus de blé possible au peuple des rues mais n'interdisaient pas aux meuniers d'en moudre le grain et aux boulangers d'en cuire la farine (1). »

M. Haussmann ne se rendait pas compte qu'à ce moment même, la grande usine Scipion (2), qui faisait le pain

(1) Paul Boiteau. La liberté de la Boulangerie. *Journal des écono mistes*, juillet 1863, p. 109.

(2) Ainsi nommée du nom de l'ancien hôtel où elle fut installée.

des hôpitaux et en vendait sur le marché, le fabriquait plus chèrement que les entreprises privées et eut été en perte sans sa subvention. L'idée n'eut d'ailleurs pas de suites.

En province, un mouvement des boulangers se produisit en 1859 et amena, le 14 avril, avec l'autorisation du préfet de police, la réunion à Paris de syndics et délégués des principales villes de France.

Les lois révolutionnaires, en donnant aux communes le droit de réglementer l'exercice de la boulangerie, avaient fait naître des myriades d'arrêtés dont le moindre défaut était d'être souvent contradictoires ; d'autre part, un décret impérial avait, le 16 novembre 1858, imposé aux boulangers de province d'avoir un approvisionnement d'avance en grains et farine égal à leur fabrication pendant trois mois (1) ; presque assimilés aux boulangers de Paris sous le rapport des charges, ils demandaient à l'être entièrement et à bénéficier d'une limitation de nombre et de Caisses de service (2).

Ces réclamations firent toucher du doigt les inconvénients et le danger du système et, par un brusque retour assez familier à la politique d'alors, l'Empire se décida subitement, en 1863, à proclamer la liberté de la boulangerie (3).

La boucherie, quoique réglementée de fort bonne heure, ne fut jamais l'objet d'essais aussi hardis.

Dès le moyen âge, dans la plupart des villes, les bou-

(1) Clément. Projet de réglementation générale de la boulangerie en France. *Journal des économistes* du 15 juillet 1859, p. 22.

(2) De 1853 à 1863, 165 villes établirent des taxes officielles comme les y autorisait le décret de 1811.

(3) Voir Lebon, 1903. Conseil d'Etat, 31 juillet 1903, p. 584.

chers étaient obligés de débiter leurs viandes dans une boucherie centrale. En 1220, ceux d'Orléans obtinrent une limitation de nombre à charge d'une redevance.

A Chartres, au contraire, le commerce de la boucherie fut déclaré libre dès le mois d'octobre 1416 car, disait-on, « tant plus il y aura de bouchers et gens tenant et vendant chair en détail, tant plus sera le profit du commerce et de la chose publique ».

Cette liberté fut étendue à toute la France par la loi des 2-17 mars 1791 qui abolit les maîtrises et les jurandes. La seule condition pour l'exercice de ce métier fut de prendre patente et de se conformer aux règlements de police. L'autorité municipale exerce, en effet, sur les boucheries une surveillance basée sur l'article 3, titre XI, du décret des 16-24 août 1790 (1).

Le 6 février 1811, un décret limita à 300 le nombre des bouchers parisiens et fonda la Caisse de Poissy qui, ainsi que le fut plus tard la Caisse de la boulangerie, était l'intermédiaire forcé entre eux et les producteurs.

Une ordonnance du 9 octobre 1822 porta ensuite leur nombre à 370, puis ce chiffre fut encore modifié et enfin, après de nombreux changements, un décret du 24 février 1858 supprima à la fois la taxation de la viande et la Caisse de Poissy.

Tels furent les quelques essais tentés au cours du siècle pour municipaliser les grands services de l'alimentation.

On y voit déjà apparaître, en certaines circonstances, pour la boulangerie, le système de la subvention. Il peut d'ailleurs se présenter sous plusieurs formes, soit que la subvention se compose d'une somme une fois

____

(1) Modifié par l'art. 97 de la loi du 5 avril 1884.

donnée, soit qu'elle se subdivise en annuités, soit enfin qu'elle consiste en un placement de fonds dans une entreprise coopérative pour l'aider à ses débuts. C'est avec une subvention de cette sorte que s'est constituée à Shaerbeek, faubourg populeux de Bruxelles, sous le patronage de M. Louis Bertrand, son échevin, une société anonyme pour la construction et la location d'habitations ouvrières.

Le capital a été souscrit par la commune, la Commission des hospices et les bureaux de bienfaisance.

On peut concevoir aussi des subventions à des entreprises privées à charge par elles de fournir, par exemple, des retraites ouvrières.

De même, on pourrait imaginer de subventionner des bureaux de placement, des caisses contre le chômage (1), des bourses de travail, enfin toute société coopérative de consommation ou de production, qu'elle s'applique à l'alimentation, comme les cantines scolaires, par exemple, à l'habitation ou au vêtement (2).

Nous avons vu d'ailleurs, dans les chapitres précédents, que ce système de concession ou de subvention, s'applique à tous les services déjà étudiés.

II

La régie municipale.

Pour les socialistes militants, la concession réglementée ou subventionnée n'est qu'un état transitoire, un

____

(1) Voir note, 1re partie, p. 74.

(2) En France des subventions ont été accordées à des sociétés

degré qu'ils franchissent volontiers, quand ils le peuvent, sans s'y arrêter.

Leur but c'est la municipalisation absolue des services publics et leur exploitation en régie par la commune elle-même. Ici, il n'y a plus de contrat collectif, il y a main mise de la municipalité ; nous étudierons cependant rapidement ce système pour pouvoir le comparer à l'autre et tirer des conséquences de ce parallèle.

A en croire les apôtres du socialisme, le premier résultat de la régie est de supprimer une grosse partie des dépenses en supprimant la nécessité de faire un bénéfice, tout est livré au prix de revient et c'est le consommateur qui en profite.

Imbu de cette doctrine, le Conseil municipal de Roubaix décida, à l'unanimité, le 13 octobre 1892, la création d'une pharmacie municipale, livrant les médicaments au prix coûtant.

« Il y a une chose, disait le rapporteur du projet, de particulièrement monstrueuse, c'est la liberté laissée à des hommes de spéculer sur la maladie de leurs semblables en leur vendant 50 fois ce qu'ils coûtent les médicaments, c'est-à-dire les moyens de recouvrer la santé.

« La grande majorité des travailleurs se trouve ainsi dans l'impossibilité de se soigner et de soigner les siens ; comment, dans ces conditions, avoir de l'argent pour le pharmacien alors que, bien souvent, il n'y en a pas pour le boulanger !

« Le devoir d'une municipalité soucieuse de la vie de ses administrés c'est de mettre fin à un pareil état de choses ;

coopératives en 1848 et sous le second Empire. Le résultat n'a pas, il faut l'avouer, été très encourageant.

elle le doit d'autant plus que cette réforme ne grève pas d'un sou ses finances municipales.

« J'appelle, ajoutait le rapporteur, votre attention sur ce point; il suffit, en effet, d'ajouter les frais d'installation et d'entretien d'une pharmacie municipale (local, personnel, etc.) aux prix d'achat et de fabrication des produits pharmaceutiques, ce qui n'empêchera pas de les livrer à 50 0/0 meilleur marché qu'aujourd'hui.»

Cette pharmacie donna lieu à des polémiques sans fin entre l'administration centrale et le maire comme ayant été illégalement créée ; le Conseil d'État se rangea à l'avis de l'administration et son arrêt mit fin à la discussion.

Les socialistes, non contents d'aider à soigner leurs malades, ont aussi songé à prévenir les maladies en maintenant la santé publique au moyen d'une nourriture convenable.

Par la création de cantines scolaires, un premier pas avait été fait vers la municipalisation de l'alimentation, là ne s'arrête pas leur ambition, la commune ne pourrait-elle pas aller plus loin et étendre, dans une certaine mesure du moins, aux parents, les bienfaits qu'elle accorde déjà aux enfants ?

On pourrait commencer tout d'abord, s'il faut en croire M. Stehelin (1), par une première étape qui consisterait à donner le pain « sinon gratuit, du moins à bon marché », c'est d'ailleurs la marche qu'a suivie le Vooruit de Gand.

Plusieurs propositions ont été élaborées dans ce sens, entre autres le projet suivant, présenté au Conseil municipal de Paris par MM. Vaillant et Chabert : « Pour

(1) Stehelin. Thèse précitée, p. 184.

mettre un frein; disaient-ils, à une spéculation homicide, pour réduire les souffrances du chômage et de la faim, vu les lois des 19 et 22 juillet 1791, les ordonnances et décrets ultérieurs.

_ Article 1er. — La taxe du pain est rétablie, elle sera fixée en rapport avec la valeur du grain de sorte que le prix du pain soit le plus bas possible.

Article 2. — Un service d'inspection sera institué, ayant pour objet d'assurer la bonne qualité, la valeur nutritive du pain, la fidélité, la régularité du débit, l'exactitude des poids.

Article 3. — Le Gouvernement, les Chambres sont invités à donner aux communes la faculté de taxer les grains, la farine, la viande.

Article 4. — En chaque quartier sera établi un bazar municipal d'alimentation où les éléments essentiels à la vie, et tout d'abord le pain et la viande, seront vendus à prix de revient.

Article 5. — Pour abaisser ce prix de revient, annuler une cherté artificielle, faire échec à la spéculation sans nuire au producteur, ces bazars, seront alimentés par achat direct de la municipalité aux lieux d'origne et de production des denrées, grains, farines, etc. »

Une autre proposition, présentée par MM. Paulard, Brousse, Chabert, Joffrin, Vaillant, Dumay, Faillet, Lévy, Retiès, et Sœns, qui succéda à la première était conçue en ces termes :

« Considérant le devoir pour les municipalités de prendre toutes les dispositions ayant pour but de procurer à leurs habitants des subsistances de première qualité et au meilleur marché ; considérant que ces résultats peuvent être sûrement obtenus par l'organisation, à titre municipal, de minoteries, boulangeries, de boucheries et de comptoirs alimentaires dont les produits seraient livrés à prix de revient, enfin que l'organisation d'un service municipal d'alimentation exigera un temps assez long et que, par suite des lois de protection capitaliste, notamment celle du 3 mars 1887 qui, en facilitant la spéculation sur une denrée de première nécessité comme le blé, a amené un renchérissement du prix du pain contre lequel il convient de prendre des mesures préventives immédiates et, vu l'article 30 de la loi des 19 et 22 juillet 1791 sur la taxe municipale des subsistances :

Article 1er. — Un service municipal d'alimentation sera organisé pour la ville de Paris ; il sera d'abord créé dans chacun des vingt arrondissements une minoterie-boulangerie, une boucherie et un comptoir alimentaire.

Article 2. — Les salaires des ouvriers attachés à ce service seront fixés chaque année d'après le prix des denrées et des subsistances et la journée de travail n'excédera pas huit heures.

Article 3. — Comme mesure transitoire destinée à sauvegarder les intérêts des consommateurs, M. le Préfet de la Seine est invité, en vertu des pouvoirs que lui confère la loi, à régler administrativement le prix du pain et de la viande à livrer par les établissements privés. »

Cette dernière proposition fut rejetée le 8 décembre 1888 et depuis, la question n'a pas été reprise à l'Hôtel de Ville. D'autres municipalités, au contraire, comme celle de Saint-Ouen et de Dijon ont respectivement, en 1888 et 1897, créé des boulangeries municipales (1).

(1) Un essai de boulangerie coopérative est actuellement tenté à Paris, 33, rue Doudeauville.

Citons encore, sur ce sujet, une proposition de loi de M. Paul Lafargue, renvoyée à la Commission parlementaire du crédit agricole et tendant à la création, par les communes, de Caisses municipales d'approvisionnement.

Cette proposition était ainsi conçue :

Art. 1er. — Les conseils municipaux, sur la simple déclaration adressée au ministre de l'intérieur, sont autorisés à constituer une Caisse dite d'approvisionnement pour acheter directement au cultivateur les blés nécessaires, en partie ou en totalité, à l'alimentation des communes qu'ils administrent.

La Caisse d'approvisionnement sera créée par voie d'emprunt ou par des ressources communales ; elle pourra recevoir des dépôts mais il lui est interdit de se livrer à des opérations de banque.

Le ministre des finances à droit de contrôle sur les fonds de cette caisse.

Art. 2. — Les blés, transformés en farine, seront cédés aux boulangers aux prix de revient accrus d'un bénéfice de 5 °/₀ dont la moitié sera consacrée à la formation d'une caisse de réserve et l'autre à l'alimentation de la caisse communale des écoles et de la vieillesse.

Art. 3. — Les citoyens sont invités à acquitter en nature dans les greniers de la commune les contributions publiques en totalité ou en partie.

Art. 4. — La Caisse d'approvisionnement est autorisée à faire des avances aux cultivateurs pour achats de semences, d'engrais, d'instruments aratoires et de bestiaux à élever ou à engraisser, dans la proportion de 50 °/₀ de la valeur approximative de leurs récoltes ou des bestiaux achetés qui serviront de gages.

Les avances ne seront faites qu'après avis préalable du Conseil municipal de la commune où réside l'emprunteur et sous la garantie dudit Conseil.

Art. 5. — Le cultivateur souscrira un billet au verso duquel seront indiqués les gages donnés en garantie.

Il existera à la mairie de chaque commune un registre sur lequel il sera fait mention du billet et du gage que le cultivateur ne pourra vendre que pour en affecter le montant au payement de son billet (1).

L'intérêt sera de 4 %, sans commission.

Art. 6. — Le cultivateur pourra acquitter en nature, dans les greniers de la commune, sa dette en totalité ou en partie.

Tels sont les projets les plus saillants, ils ne sont certes pas dépourvus de quelque beauté, en théorie du moins, reste à savoir ce qu'en serait l'exécution.

« La réforme accomplie pour la boulangerie, dit M. Stehelin, devrait être complétée par celle de la boucherie et, d'une façon générale, par une réforme portant sur la production de tous les éléments essentiels de l'alimentation. Des magasins généraux pourraient être créés, ils fourniraient les légumes tandis que les boulangeries et les boucheries fourniraient le pain et la viande.

« La nourriture, qui constitue avec le logement, l'éclairage et le vêtement, l'une des conditions primordiales de l'existence physique, serait ainsi assurée, grâce au budget commun, à ceux qui n'ont pas tous les jours de quoi satisfaire leur faim (2). »

(1) Il y a là quelque chose d'analogue à l'organisation des Warrants agricoles.

(2) Stehelin. Thèse précitée, p. 202.

Le logement doit être, en effet, un des objets de la sollicitude municipale.

« L'homme vaut ce que vaut sa demeure », disait, au dernier congrès international des habitations à bon marché, M. Jules Siegfried son président. Il convient donc, à tous points de vue, de s'occuper de cette question des habitations ouvrières, la promiscuité de la misère étant aussi malsaine pour la santé morale que pour la santé physique.

Les projets sur ce point n'ont pas manqué non plus et l'imagination des penseurs s'est donnée libre carrière.

Tandis que certains, comme M. Clovis Hugues et plusieurs de ses collègues, demandent modestement la réduction des loyers par voix parlementaire, d'autres ne craignent pas de trancher dans le vif et de réclamer, les uns, comme MM. Manier et Dazet, l'expropriation au profit de la ville de Paris du sol compris dans l'enceinte fortifiée en indemnisant les propriétaires au moyen d'obligations communales hypothécaires amortissables (1), d'autres, comme MM. Fiaux et Amouroux, la construction de maisons ouvrières sur des terrains communaux au moyen d'un emprunt (2).

Aucune de ces propositions ne fut prise en considération par le Conseil municipal et Paris se trouve, à ce point de vue, devancé par de nombreuses villes d'Angleterre (3).

(1) Il faudrait donc admettre, si le gage devait être réalisé, une reconstitution de la propriété privée.

(2) Pour la question de la municipalisation du logement, voir Stehelin, thèse précitée, pp. 203 et suiv.

(3) Dans la plupart des pays où l'on a expérimenté le municipa-

Le Conseil du Comté de Londres surtout a tenté de réaliser une partie de ce programme en ordonnant la destruction de certaines maisons insalubres pour les remplacer par des maisons municipales ; le premier essai eut lieu en 1890 ; on vota l'expropriation et la démolition du quartier de Bethnal Green où, sur un espace d'un peu plus de six hectares, habitaient près de 6.000 personnes dans des maisons en ruines. Commencés en 1893, les travaux furent achevés en 1899. Depuis, d'autres, de moindre importance, ont été entrepris et 70 millions y avaient été employés en 1901.

Inutile de dire qu'ayant municipalisé le logement, les Anglais ont, en de nombreux endroits, municipalisé l'éclairage et la plupart des autres services, tels que l'eau et les tramways, c'est donc en Angleterre, où le socialisme municipal est plus développé qu'ailleurs, que nous allons étudier les avantages et les inconvénients du système (1).

III

Inconvénients de la régie.

Des avantages, les Anglais commencèrent par en

lisme, les essais ont été des tentatives de fait sans réglementation législative ; il n'en a pas été de même en Italie. Une loi y fut votée le 15 mars 1903, autorisant les municipalités à exploiter en régie leurs différents services publics et énumérant 19 services municipalisables. Cette loi a organisé une procédure spéciale et un système d'autorisation susceptible de donner quelques garanties. Elle est encore, toutefois, trop récente pour qu'on puisse apprécier ses résultats.

(1) Nous avons vu que les socialistes réclament aussi la municipalisation des assurances.

trouver tellement à la municipalisation des services qu'ils s'y lancèrent à corps perdu (1). Certaines de leurs colonies, comme la nouvelle Zélande et l'Australie, les dépassèrent encore de beaucoup dans cette voie.

Dans cette dernière surtout le socialisme rural a pris de telles proportions qu'en certaines régions, si les meubles, habits et ustensiles de ménage sont restés propriété individuelle, les outils agricoles appartiennent à la communauté et les « villagers » sont entretenus par l'association. Tous les vendredis a lieu une distribution de bons sur la vue desquels sont délivrés des effets d'habillement et des provisions de bouche, de telle sorte que le dernier mot du progrès, selon le cœur des socialistes, se trouve réalisé (2).

Il est vrai qu'il en résulte une singulière augmentation des dettes locales et cet inconvénient, qui s'est naturellement reproduit dans les essais de municipalisation faits dans la métropole, n'a pas été sans frapper certains esprits sérieux.

A West-Ham, par exemple, sorte de faubourg industriel de Londres, qui ne compte pas moins de 275.000 habitants, les socialistes qui ont gouverné de 1898 à 1901, ont laissé 45 millions de passif (3).

(1) Au 31 mars 1902, il y avait, dans l'Angleterre proprement dite (Angleterre et Pays de Galles), 299 municipalités sur 317 se livrant à des entreprises dites « reproductives ». Les capitaux engagés atteignaient 3 milliards 59 millions. (Daniel Bellet. Des manifestations nouvelles du municipalisme. *Journal des économistes*, mai 1903, p. 228.

(2) Il est à remarquer que ce soi-disant progrès se rapproche singulièrement de l'organisation du *mir* russe qui, lui, n'a jamais passé pour être une forme avancée de civilisation.

(3) *La Réforme sociale* du 16 novembre 1902, p. 781.

Lord Avebury qui s'est mis à la tête d'un mouvement d'opinion destiné à enrayer cette municipalisation à outrance, estime, avec chiffres à l'appui, que cet accroissement des dettes locales depuis l'application du système est dans le rapport de 1 à 39.

Il est facile de s'imaginer, qu'en de pareilles conditions, les impôts ne doivent pas suivre une marche décroissante. Là n'est pas, d'ailleurs, le seul inconvénient de la régie qui, possédant en théorie toutes les qualités, n'a guère, dans la pratique, que des inconvénients.

La prétendue économie qui en résulte est toute dans les calculs des sociologues en chambre.

Le capital, disent-ils, n'ayant plus besoin d'être rémunéré, tous les services peuvent être faits au prix de revient, quant au gaspillage, il n'est pas à craindre, les communes ayant tout intérêt à ménager leurs ressources.

Cela serait parfaitement vrai si, dans la pratique, ils n'oubliaient quelques détails non sans intérêt.

D'abord, quoi qu'on en dise, le capital nécessaire au fonctionnement des régies et fourni par des emprunts, doit, comme le capital d'une entreprise privée, distribuer aux prêteurs des intérêts et se trouve soumis à l'amortissement.

Ensuite, ils veulent ignorer que ceux qui payent l'impôt forment rarement la majorité élisant ceux qui le dépensent, de sorte que les économies intéressent fort peu ces derniers ; en revanche, quelle multitude de places le favoritisme et l'incapacité ne pourront-ils pas se disputer !

Il est vrai que tous les services exigeant des connaissances techniques, comme l'éclairage ou les tramways, n'y gagneraient probablement pas, que les consommaleurs seraient sûrs de payer le prix le plus élevé possible pour un service probablement défectueux et la commune certaine de rester définitivement en perte; mais qu'importe, si les ouvriers municipaux sont protégés et assurés d'un maximum de salaire pour un minimum de travail !

Tous les essais faits jusqu'ici ont démontré, à peu de chose près, l'exactitude de ces affirmations.

Parmi les villes anglaises qui distribuent l'eau en régie, par exemple, 28 ont en moyenne 141.000 livres sterling de profit, tandis que 19 sont en perte de 237.000 livres.

La municipalisation des télégraphes dans le même pays n'a pas donné de meilleurs résultats, il a coûté plus de 7 millions de livres et le déficit va toujours en augmentant. On objectera vainement que la taxe a été diminuée : on peut déduire de faits identiques qu'elle l'eut été de même sans la municipalisation et qu'il n'en serait pas résulté un pareil déficit.

A Victoria, où les chemins de fer furent exploités quelque temps en régie (par l'État), il en résulta une perte de 7.750.000 livres ; l'Australie a gaspillé de la même façon, deux millions de livres, dans l'Inde, les résultats furent semblables.

L'essai de régie tenté à Paris pour l'électricité n'eut pas un succès plus encourageant; les concessions de tous les secteurs électriques parisiens expirent en 1907-1908; à cette époque, non seulement ces secteurs auront amorti leur capital mais il leur restera encore un assez joli bénéfice.

On pourrait croire qu'il en sera de même pour le secteur municipal des Halles, il n'en est rien et, pour tout bénéfice, il lui restera alors un million à amortir.

Cet exemple n'a cependant pas empêché le Conseil municipal de Paris de discuter un projet de régie du gaz que beaucoup d'ingénieurs de la ville sont les premiers à déconseiller.

Ils connaissent trop les faiblesses de toutes les administrations municipales, leur manque de souplesse, d'indépendance, de rapidité de décision, rapidité indispensable pour des industries considérables nécessitant de gros achats de matières premières et comportant un nombreux personnel.

Les partisans des régies eux-mêmes déclarent qu'elles doivent être autonomes, dégagées des influences politiques, gardant la responsabilité ou le bénéfice de leurs pertes et de leurs gains. Elles seraient évidemment, de la sorte, plus acceptables par cela même qu'elles se rapprocheraient davantage du régime des concessions, mais seraient-elles ainsi dans la pratique? C'est douteux.

Quoi qu'il en soit, alors qu'on n'a pas voulu donner aux compagnies d'électricité des concessions de longue durée, sous prétexte que les conditions d'éclairage pouvaient changer — et grâce à cette mesure, l'hectowatt ressort, pour le consommateur, à 14 centimes au lieu de 3 1/2 — la ville devra mettre 75 ans à amortir l'emprunt nécessaire à la régie et ajouter 120 ou 150 millions aux 470 millions d'emprunt qu'elle a déjà actuellement à émettre (1).

Tels sont les avantages réels de la régie, ils ne sont vraiment pas de nature à tenter les expérimentateurs, ce

(1) Paul Leroy-Beaulieu. Projet sur la régie municipale du gaz à Paris. *Économiste français*, 19 mars 1901, p. 381.

ne sont pourtant pas les seuls défauts qui soient à signaler.

Outre l'impossibilité absolue pour les conseils municipaux de trouver le temps de diriger et de gérer tous les services publics, il ne faut pas passer sous silence la concurrence terrible que la généralisation des régies créerait aux entreprises privées, ni oublier que c'est à la vitalité de ces dernières que se mesure la puissance économique d'un pays.

De plus, les sociétés sont à l'heure actuelle surveillées par les municipalités, celles-ci veillent à la pureté de l'eau distribuée, à la bonne qualité du gaz. Qui surveillerait les municipalités elles-mêmes? La ville, seul fournisseur public, n'ayant rien à craindre de la concurrence, se refusera à tout progrès se traduisant pour elle par des dépenses et rien ne l'empêcherait, d'un autre côté, de hausser, au besoin, ses prix au point de transformer la consommation des objets de première nécessité, comme l'est celle du tabac ou des allumettes, en impôt indirect et détourné.

Quant aux réclamations que pourraient avoir à faire les consommateurs mécontents, il n'y a qu'à interroger un abonné au téléphone parisien, à l'heure actuelle, pour être de suite fixé sur la façon dont l'administration des services municipalisés pourraient en tenir compte.

Notons d'ailleurs que certaines innovations socialistes ont complètement manqué leur but.

Les maisons municipales construites à Londres, par exemple, trop luxueuses, ne sont, en général, pas habitées par les classes à qui elles étaient destinées ; celles-ci, incapables de payer le loyer demandé, si peu élevé soit-il, s'entassent un peu plus qu'auparavant dans les vieux quatiers des environs. On dépossède ainsi deux cents familles pour en loger 80 (1).

Il serait peut être plus simple et moins coûteux d'obliger, comme les communes en ont le droit en France, fût-ce au prix d'une subvention, les propriétaires à rendre leurs maisons salubres. Les maisons municipales sont presque toujours, d'ailleurs, louées au dessous de leur valeur réelle (2).

« Un tel système, dit Lord Avebury, offre une vaste perspective d'intrigue et de corruption. »

Le noble lord a eu tort de spécialiser cette pensée si juste aux logements municipaux; à être appliquée au système de la régie tout entier elle eut gagné en ampleur sans rien perdre en vérité.

Citons, pour finir, un exemple palpable des entraves continuelles apportées au progrès par les régies, MM. E. Cheysson et Paul Leroy-Beaulieu y ont fait allusion, l'an dernier, à la Société d'Économie politique, lors d'une discussion sur le municipalisme.

Il s'agissait de la fabrication des allumettes.

C'était en 1896, le ministre des finances, M. Doumer, s'était assuré, par une convention avec un inventeur américain, l'usage exclusif d'une machine qui, disait-on, était un véritable prodige mécanique. Elle était construite de telle façon que, si on mettait à l'entrée un bloc de bois d'une dimension déterminée, il en sortait à l'autre extrémité des boîtes d'allumettes, phosphorées, toutes prêtes à être livrées à la consommation. L'adoption de cette

(1) Discours de Lord Rosebery à Shoreditch.

(2) H. Bouet. Le socialisme municipal. *Journal des économistes*, août 1900, p. 209.

machine présentait des avantages inappréciables : les allumettes auraient été meilleures que celles fabriquées précédemment par la régie, elles auraient coûté moins cher, enfin les ouvriers auraient été à l'abri de la terrible maladie de la nécrose qui faisait à ce moment des ravages dans la population ouvrière des usines d'allumettes. Malgré tous ces avantages, le ministre dut renoncer à son projet en raison de l'opposition qu'il souleva de la part des députés socialistes, le fonctionnement de la nouvelle machine devant, en effet, avoir pour conséquence de faire licencier les deux tiers des ouvriers, sur 2.200, 1.400 auraient dû être renvoyés ; au lieu des six ou huit usines qui fonctionnaient à ce moment, il n'y en aurait plus eu que deux.

Voilà un des résultats de la régie.

Il fallait certes prendre certaines précautions : introduire seulement graduellement les nouvelles machines, suspendre le recrutement du personnel ouvrier, tâcher de placer dans d'autres services publics les ouvriers devenus surabondants ; mais le ministre avait les mains liées et, sacrifiant l'intérêt des consommateurs, l'intérêt bien compris des ouvriers eux-mêmes, il ne fit rien.

Cet exemple montre les inconvénients particuliers que présente le socialisme d'État dans les conditions modernes de gouvernement.

Dans un régime comme celui du premier Empire, en l'absence de tous partis et sous l'autorité incontestée d'un maître absolu, la socialisation de certaines industries n'est que l'application de l'administration à de nouveaux objets ; or cette administration, fortement hiérarchisée, étroitement surveillée, peut apporter, dans les fournitures aux particuliers, une régularité et une perfection qu'on ne saurait peut-être obtenir d'individus isolés ; mais, quand l'administration est, comme dans les États modernes, obligée de compter avec les partis et de se plier aux nécessités politiques, les avantages que pouvaient présenter le système s'évanouissent et il n'en reste que les inconvénients.

IV

Système préconisé.

Par l'appréciation quelque peu sévère que nous venons de donner de la régie socialiste, nous n'avons nullement l'intention d'insinuer que tout est à rejeter en bloc dans le système des humanitaires modernes. Il ne faut pas donner aux mots un pouvoir qu'ils n'ont pas et ils ne sont subversifs que dans la pensée de ceux qui les emploient. Le socialisme n'a donc rien d'effrayant en lui-même, si ce n'est le manque de sens pratique... ou l'arrivisme de ses apôtres qui ne reculent devant aucune aberration pour parvenir à leurs fins.

A notre avis, la lutte contre lui doit consister, non pas à l'étouffer, chose probablement impossible, car on n'arrête pas le développement d'une race, mais, comme un torrent grossi, à le drainer et à l'endiguer.

On pourrait, semble-t-il, employer pour cela les moyens même de ceux qui le veulent florissant, soit par conviction, soit parce qu'ils savent que flatter les passions de la masse, est le plus sûr marchepied pour s'élever au dessus d'elle. Mais il faut adapter ces moyens aux conditions d'existence actuelles et ne pas réduire l'individu à zéro, car, dit M. d'Haussonville, « deux zéros accouplés et rien, c'est la même chose ». Le plus souvent, d'ailleurs, l'égalitarisme du socialisme légal est un trompe-l'œil, au fond, il a un caractère aristocratique et anti-égalitaire (1). Il crée des monopoles et des privilèges quand il ne conserve pas purement et simplement ceux qu'avait établis l'ancien régime et, appliquant au progrès la parole de Gœthe sur la perfectibilité de l'esprit humain : « Il avance toujours, mais en spirale » (2), on peut dire que le progrès social tend à réglementer au xx° siècle des professions, monopolisées avant la Révolution, libres depuis, sans qu'on puisse savoir pourquoi il accorde telle faveur à l'un et non pas à l'autre.

De sorte, qu'ayant gravi un étage dans la spirale du progrès, les conditions sociales et économiques étant transformées, on se trouve cependant dans la même orientation qu'il y a deux siècles, avec une tendance marquée à restreindre la liberté individuelle en faveur de la souveraineté nouvelle, celle de la collectivité.

Le remède à ce mal est, croyons-nous, dans le libre développement, avec la réglementation, la surveillance, l'appui et la subvention de la commune, de tous les services que le socialisme voudrait municipaux.

Il n'est pas douteux qu'il n'y ait encore beaucoup à faire pour soulager la misère du peuple et que des insti-

____

(1) M. Frédéric Passy a décrit d'une façon humoristique les méfaits du socialisme municipal en matière d'usage des eaux. (La commune des Cinq-Étangs. *Journal des économistes* du 15 novembre 1859, p. 229.)

(2) Mme de Staël. De l'Allemagne, 3e partie, chap. x, éd. Charpentier, p. 461.

tutions collectives de prévoyance et de secours ne soient, dans notre société moderne, une impérieuse nécessité.

Le contrat collectif assure, dans ce cas, aux intéressés des garanties suffisantes, tout en laissant aux contractants la liberté d'allures nécessaire au bon fonctionnement des services. Au lieu des magasins municipaux, des logements municipaux, des assurances municipales; que l'on organise des sociétés coopératives de consommation, des sociétés pour la construction d'habitations bon marché, des compagnies mutuelles d'assurances, en leur accordant, chaque fois que cela sera indispensable ou même utile, une subvention sous une des formes que nous avons indiquées.

Quant aux multiples services étudiés dans les trois premiers chapitres de cette seconde partie, les quelques exemples cités dans la section précédente prouvent surabondamment qu'il n'est pas à souhaiter de les voir mettre en régie.

La concession, avec ou sans subvention, de ces services, assure aux communes un maximum de rendement en courant un minimum de risques et permet d'appliquer, dans le bon sens du mot, la doctrine socialiste, procurant à la masse ses avantages en souffrant le moins possible de ses inconvénients.

Cette municipalisation partielle des services qui est, en réalité, une combinaison de l'individualisme et du socialisme ; — le socialisme ayant, si j'ose ainsi dire, la jouissance du droit et l'individualisme en ayant l'exercice, — peut s'appliquer encore en d'autres matières.

La question s'est posée, en 1896, de savoir si une commune pouvait entretenir une salle d'asile annexée à un établissement hospitalier et quel serait le caractère de cette institution ; serait-ce une institution communale ou une institution privée placée sous le contrôle de la commune, c'est-à-dire une institution analogue, dans sa condition, aux services concédés ? A ce propos, on s'est demandé s'il n'y avait pas là un nouveau champ ouvert à l'activité des communes et si la municipalité ne pourrait pas ainsi patronner des établissements d'assistance qu'elle adopterait sans les absorber. On y a vu un double avantage, d'un côté, maintien d'une certaine indépendance pour l'établissement et, de l'autre, l'existence d'un contrôle utile et sérieux de son fonctionnement. L'avenir dira si ces organismes mixtes appliqués à des services dépourvus de caractère financier sont appelés à prospérer (1).

Disons, pour terminer, sans craindre d'ajouter une ombre au tableau, qu'il est nécessaire que les concessions aient une longue durée.

En effet, dans le cas contraire, les concessionnaires ayant un matériel à amortir très rapidement, sont obligés de fournir leurs services à des prix moins avantageux et, de plus, la crainte de ne pas voir la concession se renouveler et de perdre le bénéfice des frais qu'ils auraient faits, incite, en fin de période, les fermiers à délaisser le service et à négliger l'entretien.

Il faut donc espacer le plus possible les renouvellements, ce qui a l'inconvénient d'engager à l'avance les municipalités pour un avenir encore éloigné.

C'est le reproche le plus grave que l'on peut faire au système ; c'est bien peu, comparé à ceux que l'on peut adresser à la régie.

(1) Voir note de Meynial, S. 1896. 1. 129.

CHAPITRE V

THÉORIE JURIDIQUE

Etant d'accord sur le moyen à employer pour perfectionner le mécanisme municipal, il est plus que jamais nécessaire de connaître exactement la nature des contrats collectifs que passeront, de plus en plus, les communes dans l'intérêt général de leurs administrés.

C'est seulement par l'établissement d'une théorie juridique bien définie que l'on pourra nettement déterminer les droits et les obligations des contractants et des tiers.

« En interdisant aux habitants de pourvoir, à leur gré, à la satisfaction de leurs besoins, la municipalité a le devoir de s'en préoccuper et d'empêcher que le concessionnaire d'un service monopolisé fasse aux habitants des conditions trop dures et des prix trop élevés (1). »

Conditions d'exploitation et tarifs forment, en effet, l'un des genres de stipulations que l'on rencontre dans les contrats d'utilité publique, l'autre est constitué par les clauses relatives aux avantages que le concessionnaire devra accorder à ses ouvriers ou fournisseurs.

(1) Ch. Sainctelette. Des contrats d'utilité publique. *Revue de Droit international*, t. XX, 1888. nº 5, p. 429.

La légitimité de pareilles clauses est aujourd'hui unanimement reconnue. Mais en vertu de quels pouvoirs la municipalité stipulera-t-elle pour le public ou les ouvriers? C'est le moment, encore une fois, de nous poser la question déjà examinée à propos des syndicats professionnels et des associations agricoles ou foncières.

Doit-on voir, en ces contrats, un mandat, une gestion d'affaires, une stipulation pour autrui ou une autre forme juridique nouvelle et spéciale à la matière.

I

« L'autorité qui stipule, dit M. Planiol, est chargée de veiller aux intérêts communs ; ordinairement, elle a reçu ses pouvoirs d'une élection et, par conséquent, elle tient de la population un mandat direct donné sous la forme collective. Par conséquent, les actes qu'elle fait dans l'intérêt des habitants, considérés comme futurs abonnés de la Compagnie, concessionnaire d'un service public, sont donc réellement les actes d'un mandataire, ils sont accomplis en vertu d'un pouvoir implicite mais réel et antérieur ; il n'y a donc pas ici une véritable stipulation pour autrui qui suppose une personne agissant sans mandat. La conséquence est que toute idée de ratification est inutile.

Comparez avec ce que dit, à ce sujet, dans la *Revue de Droit international*, M. Sainctelette qui a fort bien vu que pour le gouvernant le gouverné n'était pas « autrui » (1).

____

(1) Planiol: *Traité de droit civil*, 2ᵉ édition, t. II, p. 379, note 4.

B. — 20

M. Sainctelette a, en effet, dans l'article auquel fait allusion M. Planiol, exposé une théorie spéciale d'après laquelle les contrats qui nous occupent seraient passés en vertu d'un mandat particulier, le mandat public dû à l'élection.

« Il s'agit par exemple, dit-il, de l'installation d'une gare de chemin de fer ou de tramway vicinal, stipulée par l'administration communale comme condition de la cession de partie du domaine privé de la commune. »

« Il est évident que la commune, considérée comme propriétaire d'un bien privé, fait une mauvaise affaire et paye d'une importante réduction de l'indemnité la charge imposée au concessionnaire du chemin de fer ou du tramway. Comme pouvoir public, être abstrait, elle ne voyage ni ne transporte. On ne conçoit pas quels dommages-intérêts, à raison de l'inexécution de la convention, pourrait libeller la commune, propriétaire privé ou personne publique. La stipulation donc est bien introduite uniquement en vue du public. L'avantage en est accessible à quiconque. L'inexécution en cause un tort commun à toute la collectivité et qu'il est impossible d'individualiser.

« Le contrat est-il obligatoire ?

« Le contrat, disent quelques-uns, n'est pas obligatoire.

« Ce n'est point parce que le concessionnaire a promis un fait qui doit être autorisé par le gouvernement. On tient, par hypothèse, l'autorisation pour donnée. Mais c'est, nous dit-on, que vous, commune, vous avez, en réalité, stipulé pour autrui et, en plein XIXe siècle, on nous renvoie à la maxime romaine : *Alteri nemo stipulari potest.*

« Sans discuter ici la valeur, en pur droit civil, de la

règle « qu'on ne peut, en général, stipuler en son propre nom que pour soi-même », nous prétendons qu'on en fait la plus fausse application qui se puisse imaginer. Nous affirmons que, entre le gouvernant et le gouverné, l'administrateur et l'administré, il y a un rapport de droit civil quelconque et que, pour l'un, l'autre n'est pas *autrui*.

« Sans doute, le gouvernant n'est pas le mandataire du gouverné.

« Tout pouvoir public émane de l'entité politique que l'on appelle nation (art. 25 de la Constitution belge), non des individus privés.

« Tout pouvoir public accomplissant sa fonction légale représente la nation et non une pluralité, si nombreuse qu'on l'imagine, de mandants individuels.

« Autre est l'élu ; autre, le mandataire.

« Le pouvoir public promet et stipule de son chef.

« Nécessairement. Autrement, il ne serait pas le pouvoir.

« Le *Jus imperii* ne doit son énergie qu'à soi-même, mais il commande ou il contraint au profit du public...

« L'élu tient de la loi d'organisation sociale charge de stipuler et de promettre, dans l'accomplissement de sa fonction, au profit ou aux dépens, non pas seulement des électeurs, mais de quiconque. Il ne lui est besoin ni de mission ni de ratification.

« Sa fonction est de veiller aux intérêts du public, de tout le public et non pas seulement de ceux qui usent du domaine public ; sa force est de le faire de son chef.

« Il commet *un crime*, s'il prend garde à son intérêt personnel, s'il stipule ou s'il promet pour son compte ou pour quelque compte individuel que ce soit.

« Le pouvoir public, quel qu'il soit, central, provincial

ou communal, qui accorde une concession, a le droit et le devoir de subordonner l'accord et le maintien de cette concession aux conditions et aux charges qu'il juge nécessaires ou utiles au public.

« Il ne peut point ne pas stipuler et promettre pour le compte du public de qui, cependant, il n'a aucun mandat, dans l'acception civile de ce mot.

« Cependant il est impossible que, pour le gouvernant, le gouverné soit autrui ; il est impossible que ce que fait le gouvernant, stipulation ou promesse, soit indifférent au gouverné, que celui-ci ne recueille aucun avantage de stipulations et ne subisse aucune charge de promesses faites exclusivement par considération de ses intérêts.

« Quelle est donc, entre le gouverné et le gouvernant, la relation de droit civil? » (1).

Pour M. Sainctelette, c'est une relation *sui generis*, un quasi-rapport d'ayant cause à auteur, « quasi-rapport que peut-être, ajoute-t-il, il serait utile de définir et de régler législativement » et auquel ne sont pas applicables tous les principes du droit civil.

Mais ce mandat dû à l'élection, dont il parle, n'a, il le reconnaît lui-même, rien de commun avec le contrat de droit civil appelé mandat, le nom seul est identique et « s'il entre dans le mandat politique une certaine idée de représentation de plusieurs personnes par une autre, l'objet n'est pas du tout le même (2). »

D'autre part, dit M. Saleilles, « c'est peut-être trop tôt dit et trop tôt fait » que d'écarter en bloc l'application des règles du droit privé, en matière de contrats d'utilité

(1) Ch. Sainctelette, loc. préc., p. 432.
(2) Planiol, loc. préc. p. 299.

publique ; c'est aussi l'avis de M. Labbé dans une note accompagnant un arrêt dont M. Sainctelette a précisément fait la critique en soutenant sa théorie.

Cet arrêt a clôturé un procès qui s'était élevé entre la ville de Mons et sa Compagnie d'éclairage au gaz. Un traité était intervenu le 30 mars 1873, entre la ville et la Compagnie. La ville autorisait la Compagnie à établir au dessous et au dessus de la voie publique une canalisation, en échange, la Compagnie prenait divers engagements dans l'intérêt des habitants. On relevait notamment dans le traité la clause suivante : « Si pendant la durée du contrat une ville française ou belge venait à se procurer l'éclairage par le gaz extrait de la houille à des conditions préférables à celles obtenues par la ville de Mons, la Société accorderait à la ville et aux habitants les mêmes conditions avec restitution des sommes perçues en trop depuis le début de l'exploitation. La condition s'étant réalisée, la ville assigna la Compagnie pour obtenir condamnation contre elle, à la diminution de ses prix pour l'avenir et à la restitution des sommes déjà perçues en trop.

Successivement le Tribunal de commerce de Mons, le 10 mai 1886, et la Cour de Bruxelles, le 7 décembre de la même année, admirent que la ville pouvait bien faire reconnaître en principe l'existence des droits qui résultaient du contrat au profit de ses habitants mais qu'elle n'avait pas qualité pour réclamer en leur nom les sommes perçues en trop.

Le pourvoi formé contre l'arrêt de la Cour de Bruxelles fut rejeté par la Cour de Cassation belge le 21 juillet 1888 (1).

(1) S. 89. 4, 1.

Les motifs de l'arrêt avaient été rédigés avec une grande précision : « Attendu que loin de refuser force de loi à la convention intervenue le 30 mars 1873, l'arrêt attaqué décide qu'en cas de contestation la ville a qualité pour faire reconnaître en principe les droits, résultant, pour les habitants, de-ladite convention et que ceux-ci ont individuellement le droit d'exiger l'exécution des stipulations faites à leur profit, attendu, d'autre part, que la décision attaquée n'a pas contrevenu aux articles 1121 et 1134, qu'elle a reconnu formellement la validité des stipulations faites par la ville au profit des habitants, mais que, par une interprétation souveraine de ces stipulations, elle a décidé qu'elles avaient été faites, non au profit de la ville, mais exclusivement en faveur des habitants, qu'il suit de là que ceux-ci puisent dans la convention du 30 mars 1873 combinée avec leur contrat d'abonnement, le droit de réclamer les sommes qu'ils auraient indûment payées à la société défenderesse ; que ce droit est entré dans leur patrimoine, que seuls ils peuvent l'exercer ou y renoncer et qu'il n'appartient pas à la ville de l'exercer à leur lieu et place... »

Cet arrêt met bien en lumière la ligne de démarcation qui sépare ces deux principes :

1° On peut valablement stipuler au profit d'un tiers ;

2° On ne peut jamais contraindre ce tiers à se prévaloir du droit qu'on lui a ainsi acquis.

« La Cour de Cassation belge, dit M. Labbé, a distingué dans la convention intervenue entre la Ville et la Compagnie d'éclairage deux parties, l'une constituant un contrat d'utilité publique, auquel elle n'a pas fait application des articles 1119 et 1121 du Code civil, l'autre constituant des stipulations faites au profit des habitants qui y consentiraient et, à cette seconde partie, elle a fait application des articles 1119, 1120 et 1121 du Code civil.

« La Cour de Cassation nous paraît avoir fait ainsi à la théorie trop absolue de M. Sainctelette, inspirée toutefois de considérations très élevées, toutes les concessions nécessaires pour donner satisfaction aux intérêts divers engagés dans le contrat. Ces intérêts sont à la fois des intérêts généraux et des intérêts privés.

« L'article 1119 a été écrit, il faut l'avouer, en vue de contrats intervenant entre particuliers s'occupant de leurs intérêts individuels, il est donc raisonnable de l'assouplir aux convenances des intérêts généraux. »

Néanmoins M. Labbé se refuse à déclarer à priori que les règles du droit privé ne sont pas applicables aux contrats d'utilité publique.

« La Cour de Cassation, nous l'avons dit, continue-t-il, s'est tenue dans un juste milieu entre les extrèmes... Tout en laissant pleine liberté aux habitants, l'autorité municipale s'était préoccupée de satisfaire à un intérêt collectif puisqu'elle n'excluait aucun habitant du droit de se prévaloir du traité et des tarifs qu'il contenait, puisqu'il avait été dans l'espoir de toutes les parties au traité que la grande généralité des habitants profiteraient de l'établissement nouveau. »

« Cette circonstance générale nous servira dans la discussion des deux principes de droit privé que l'on opposait à l'action de la commune.

« 1° Nul ne peut acquérir un droit en stipulant un avantage pour autrui. Ce principe, à notre avis, ne peut mettre obstacle à ce que les administrateurs de la ville veillent à l'exécution de toutes les clauses du traité de concession, spécialement des stipulations qui intéressent les habitants; ils ne sortent pas ainsi de leur rôle de gardiens des intérêts généraux de la ville.

« Il est d'un intérêt vraiment municipal que le gaz, l'éclairage ou le chauffage soient procurés aux habitants à aussi bas prix que dans les villes voisines. La prospérité même de la ville y est attachée, intéressée; il peut en résulter une augmentation ou un maintien du chiffre de la population. Il est donc utile, logique et juste que les représentants de la ville puissent contraindre le concessionnaire à l'exécution des clauses édictées pour les particuliers qui s'abonneraient; ils ne sortent pas de leur compétence quand ils reprochent au concessionnaire l'inobservation de ces clauses, ils peuvent dans ce but agir en justice, leur action regarde à la fois et les intérêts généraux de la ville et les intérêts particuliers des habitants abonnés » (1).

Pour M. Labbé, la meilleure preuve que cette action est possible, c'est que, si le concessionnaire n'observe pas les clauses et conditions de son contrat, même les clauses regardant ses rapports avec les abonnés, la résolution du contrat peut être prononcée. Et qui pourra donc demander cette résolution si ce ne sont les représentants de la ville, laquelle en profitera en recouvrant la disponibilité du sol de sa voirie.

« Le droit de canalisation souterraine et le service des abonnés forment comme un arbre aux branches multiples, un tout qui fonctionnera ou s'écroulera en son ensemble. Ce tout appelle une action commune, une solution collective. »

(1) Labbé, note précitée. Sous Cass. belge, 21 juillet 1888. S. 89. 4. 9.

Est-ce à dire que les pouvoirs publics de la commune seraient en droit de faire prononcer une condamnation à la restitution des sommes indûment exigées des abonnés sans que ces derniers eussent été nominativement mis en cause ? Non, assurément, les représentants de la commune auront seulement le pouvoir de faire reconnaître un principe uniforme en vertu duquel les abonnés auront droit à une restitution si leur contrat, en son unité collective, a été mal interprété, mal exécuté, vicié ou violé à l'égard de tous les habitants abonnés. « Ce principe, judiciairement reconnu dans l'instance entre la ville et le concessionnaire, aura force de chose jugée au profit des particuliers abonnés ; ceux-ci auront été représentés en justice par l'autorité communale. »

Il n'est d'ailleurs pas nécessaire, au moment où l'on plaide sur la portée et les clauses du contrat, que les tiers qui en profiteront soient connus et désignés.

« Ils sont déterminés, puisque leur détermination dépend d'un fait accompli : l'abonnement ; ils sont représentés en justice puisque c'est en leur qualité d'habitants, c'est-à-dire d'administrés, qu'ils ont pu tirer avantage du traité conclu par leurs administrateurs. »

L'article 1121 n'est pas violé mais seulement appliqué avec une certaine largeur.

Dans la cause pendante devant les tribunaux belges une autre objection avait été soulevée contre la demande formée par les représentants de la ville.

Cette demande devait profiter en définitive aux particuliers abonnés ; ceux-ci étaient les vrais intéressés dans la cause, leur nom n'était énoncé dans aucun acte de la procédure ; on violait donc cette règle de droit : Nul ne peut plaider par procureur, c'est-à-dire nul ne peut, étant mandataire, agir en justice pour son mandant sans le nommer.

On pouvait soutenir, en effet, que les représentants de la commune, en voulant assurer le respect du traité de concession et de ses clauses plaidaient, en réalité, dans l'intérêt, non pas de tous les membres de la commune, — cas où ils eussent été suffisamment qualifiés comme administrateurs d'une unité fictive — mais seulement dans l'intérêt de ceux qui avaient conclu un traité d'abonnement.

« Nous croyons, répond M. Labbé, que cette argumentation est trop subtile et trop serrée. Les agents municipaux doivent être considérés comme s'occupant d'intérêts généraux lorsqu'ils disposent de la voie publique pour favoriser un établissement qui procurera le gaz ou l'eau à tous les habitants disposés à s'en servir. Ce n'est pas, de leur part, prendre souci de quelque intérêt privé puisque l'avantage est accessible à tout le monde ; nous concédons que chaque traité d'abonnement crée des droits et des obligations qui ont un caractère privé et non collectif, mais il nous semble que lorsque les magistrats municipaux soutiennent la validité du contrat qu'ils ont formé et plaident pour rappeler le concessionnaire au respect des clauses, quand ils combattent, dans l'intérêt de tous les abonnés, des procédés généraux qui diminueraient pour les habitants de la commune en masse, l'utilité de la concession, ils sont dans leur rôle et dans leur caractère de défenseurs des intérêts généraux.

« Nous l'avons dit, au point de vue de l'article 1121, nous le redirons au point de vue de la procédure. Ils veulent fixer l'interprétation du contrat qu'ils ont fait ; ils demandent à la justice de consacrer un principe qui

n'est pas uniquement la source d'une créance au profit
de telle ou telle personne ; car sa constatation peut également servir à trancher une question de résolution de
contrat ou de retrait de concession (1). »

En somme, M. Labbé conclut à une stipulation pour
autrui puisqu'il en déclare les principes applicables à
notre espèce.

Et en effet, le gouvernement qui, nous l'avons vu, n'est
pas au sens civil du mot le mandataire du gouverné,
n'est pas davantage son gérant d'affaires. M. Sainctelette
lui-même l'avoue.

Un simple examen des articles 1372, 1373 et 1374 suffit
à le démontrer.

Ce n'est pas un subalterne révocable *ad nutum*, tenu
d'achever la gestion jusqu'à ce que le propriétaire ou
maître soit en état d'y pourvoir lui-même, il n'est pas
davantage soumis à toutes les obligations résultant d'un
mandat exprès qui lui aurait été donné, ni passible de
dommages-intérêts.

II

Pour nous, nous n'hésitons pas à voir ici encore une
stipulation pour autrui et nous sommes, en cela, d'accord
avec la jurisprudence qui a fréquemment, en dehors du
jugement précité, appliqué aux clauses dont il s'agit, les
règles de cette dernière forme juridique.

De nombreux auteurs partagent d'ailleurs cette opinion. M. Saleilles, dans sa *Théorie générale de l'obligation*, M. Planiol, quoique moins affirmatif, dans son

(1) Labbé, note précitée. Sous Cass. belge, 21 juillet 1888, S. 89. 4. 9.

Traité de droit civil, MM. Lambert et Champeau, dans leurs *Thèses sur la stipulation pour autrui*.

« La commune non seulement peut stipuler pour autrui, dit M. Lambert, mais elle en a le devoir (1). »

« Remarquons, ajoute M. Champeau, reprenant la pensée de M. Labbé, que la jurisprudence ne s'est pas laissée arrêter par le caractère d'indétermination des bénéficiaires qui, cependant, est des plus caractérisé. Le bénéfice de la stipulation peut être invoqué, en effet, non seulement par ceux qui habitaient la commune lors du contrat, mais encore par ceux qui viendront s'y établir par la suite; le promettant pourra être poursuivi en exécution de ses engagements, alors que la population aura été entièrement renouvelée (2). »

Les habitants bénéficiaires de la stipulation peuvent agir directement contre le concessionnaire pour l'exécution des clauses conclues dans son contrat en leur faveur.

Il en a été de la sorte dans de nombreux jugements ; nous en avons cité quelques-uns au cours de cet ouvrage (3).

En voici un dernier d'espèce particulière, qui déclare que la défense, faite aux tribunaux, d'interpréter des actes administratifs ne s'applique pas aux actes contractuels dans lesquels une commune figure comme partie intéressée. A plus forte raison, lorsque le sens de ces actes n'est pas contesté, les tribunaux peuvent en déterminer la valeur et les conséquences légales.

(1) Lambert, *Des Stipulations pour autrui*, p. 346.
(2) Champeau, *Des Stipulations pour autrui*, p. 211.
(3) Voir dans chaque section sous la rubrique : *Jurisprudence.*

De plus, lorsque, dans un acte passé entre deux parties, il a été stipulé une clause avantageuse pour un tiers, quoique principalement en vue de l'intérêt de l'une d'elle, ce tiers est en droit de réclamer directement l'exécution de la stipulation dont il s'agit (1).

L'arrêt précité de la Cour de Cassation belge au sujet du différend entre la ville de Mons et sa Compagnie du gaz est également à rapprocher de ces décisions.

Cet arrêt avait évidemment bien jugé en décidant que la ville avait le droit de faire reconnaître en justice le droit des tiers, car il y avait là pour elle un intérêt *quasi-professionnel*, mais nous ne saurions partager l'étonnement de MM. Sainctelette et Champeau à voir la Cour refuser à la municipalité le droit de se faire rembourser les sommes dues à ses administrés. Ici, elle cesse d'être qualifiée faute d'intérêt personnel pour agir et en décidant autrement, on violerait le droit qu'a chaque abonné de renoncer à la stipulation faite en sa faveur.

Si on peut plus ou moins hésiter à reconnaître le caractère d'une stipulation pour autrui dans les hypothèses que nous venons d'étudier, alors que la personne morale agit, potestativement, en faveur de tous les membres qui la composent, dans les limites de ses attributions administratives; il apparaît, au contraire, très nettement, chaque fois que la commune insère, dans des contrats, des clauses en faveur des ouvriers et fournisseurs contre les adjudicataires (2).

(1) Cass., 13 juin 1877, S. 77. 1. 307.
(2) Des clauses semblables se rencontrent non seulement dans les contrats qui font l'objet de cette étude, mais dans la plupart des cahiers de charges dressés pour l'adjudication de travaux publics.

« Ainsi, dit M. Champeau, un entrepreneur se rend adjudicataire d'un travail à effectuer pour le compte de l'État, d'une commune, d'une compagnie de chemin de fer. Il passe des marchés avec des sous-traitants pour l'exécution des travaux, en l'absence de toute convention spéciale, les ouvriers et fournisseurs, créanciers des sous-traitants n'auraient, en cas d'insolvabilité de ceux-ci, que l'action oblique de l'article 1166, concurremment avec les autres créanciers, pour réclamer à l'entrepreneur principal les sommes par lui dues aux sous-traitants et si ceux-ci avaient cédé leurs créances, les ouvriers et fournisseurs seraient désarmés. La clause dont il s'agit a précisément pour but de permettre aux ouvriers et aux fournisseurs d'agir directement contre l'entrepreneur : de cette façon, celui-ci est intéressé à ne pas payer les sous-traitants sans s'assurer que les sommes ainsi versées sont employées au payement des travaux et des fournitures. Toute cession faite par les sous-traitants, de leurs créances, est nulle à l'égard des ouvriers et des fournisseurs tant que ceux-ci n'ont pas été intégralement désintéressés (1). »

Alors que l'article 1798 donne aux ouvriers un seul débiteur : le sous-traitant, avec privilège sur les sommes à lui dues par le maître de l'ouvrage, la stipulation du cahier des charges leur en accorde un second : le maître de l'ouvrage lui-même, l'entrepreneur principal qui reste tenu envers eux alors même qu'il se serait acquitté déjà envers le sous-traitant.

D'autres clauses se rencontrent également dans les cahiers de charges d'adjudication des communes, non plus

(1) Champeau, thèse précitée, p. 218.

pour assurer le payement des ouvriers et fournisseurs contre l'insolvabilité des sous-traitants mais contre celle de l'adjudicataire lui-même.

« L'article 1798 du Code civil ne s'applique, en effet, qu'aux ouvriers et l'article 3 du décret du 26 pluviôse an II qui accorde un privilège *aux ouvriers et aux four- nisseurs* ne vise que les adjudications de l'État et non celles des communes » (1).

Celles-ci ont cherché à obtenir pour les ouvriers et four- nisseurs de leurs adjudicataires les mêmes avantages au moyen de stipulations expresses. Tel est le cas dans un jugement de la Cour d'appel de Lyon en date du 18 dé- cembre 1878, qui déclare que « si le cahier des charges d'une entreprise de travaux publics porte que l'entrepre- neur ne recevra le solde de son entreprise *qu'en justifiant qu'il ne doit plus rien aux ouvriers et fournisseurs*, les sous-traitants et fournisseurs peuvent, en vertu de l'ar- ticle 1121 du Code civil, s'ils ont accepté cette stipula- tion en temps utile, — c'est-à-dire, dans l'espèce, avant le payement du solde de l'entreprise, une cession régu- lière ou la faillite de l'entrepreneur, — se faire attribuer, par préférence aux autres créanciers, le solde dû à celui-ci, jusqu'à concurrence du montant de leurs créances » (2).

La validité de ces stipulations insérées dans les contrats d'utilité générale n'a jamais été mise en doute par la ju- risprudence.

« Cependant, dans tous les exemples que nous avons cités, les bénéficiaires étaient certainement des personnes

(1) Champeau, thèse précitée, p. 220.
(2) Lyon, 18 déc. 1878. D. 70. 2. 113.

indéterminées, souvent même des personnes futures. Le droit d'invoquer les clauses des cahiers de charges est reconnu à des ouvriers, que les administrateurs de la commune ne connaissent certainement pas ; il peut l'être même à des ouvriers belges, italiens ou allemands » (1).

Quant aux personnes publiques, elles ont elles-mêmes, vis-à-vis de leurs co-contractants, les mêmes actions qu'auraient, dans le même cas, des particuliers : l'action en résolution, l'action en exécution, le droit à des dommages-intérêts pour retard ou inexécution. Nous avons examiné ces différentes actions au fur et à mesure que nous les avons rencontrées dans l'étude de chaque espèce, nous n'y reviendrons pas.

En résumé et pour bien préciser notre pensée, nous retrouvons ici les éléments nécessaires et suffisants de la stipulation pour autrui valable. C'est-à-dire l'intérêt du stipulant à l'exécution du contrat et son engagement de faire en sorte que les conditions stipulées soient acceptées.

En effet, l'intérêt du stipulant est évident, car une ville a un intérêt considérable à favoriser les conditions d'existence de ses habitants et, d'un autre côté, il y a bien un engagement de la part de la commune, puisqu'elle propose et préconise le contrat qu'elle a passé, qu'elle s'impose de n'en passer aucun autre et qu'ainsi, elle met les habitants dans l'alternative de se passer de gaz, d'eau, d'électricité, etc…, ou de se les procurer auprès des Compagnies concessionnaires.

Si, malgré tout, la théorie de la stipulation pour autrui semblait, à certains, trop étroite pour être applicable,

____

(1) Champeau, thèse précitée, p. 223.

en bloc, à notre matière, rien n'empêcherait de l'atténuer à l'aide des idées préconisées par M. Lotmar.

Il ne rejette pas, en effet, comme M. Sainctelette, la plupart des règles de droit privé et son système ingénieux d'un contrat-règlement destiné à circonscrire le domaine où devront se mouvoir les contrats individuels futurs, sans que les bornes ainsi fixées puissent être dépassées, semble s'adapter parfaitement aux cas que nous venons d'étudier et n'est pas incompatible avec la théorie de la stipulation.

Il y a bien là, suivant l'idée de M. Lotmar, restriction à la liberté de contracter, non pas quant aux personnes, dont l'adhésion est libre, mais quant aux conditions, déterminées d'avance par une convention qui est bien, en réalité, un contrat de tarif.

Il y aurait, ici, un nouvel emploi de cette forme juridique récente de contracter, dont M. Lotmar a déjà cité dans son livre « *Der Arbeitsvertrag* » plusieurs applications possibles et dont le développement semble être une des probabilités de l'avenir.

CONCLUSION

Ici se termine cette longue étude des contrats municipaux.

Avec les contrats des syndicats, nous étions en plein
droit privé puis les contrats des associations agricoles ou
foncières nous ont amené à frôler le droit public, enfin, en
abordant les contrats municipaux, nous en avons franchi
la limite.

Nous n'avons pourtant pas épuisé le sujet et nous pourrions encore, en faisant un pas de plus, trouver matière
à de longs développements.

« Le droit international connaît, en effet, lui aussi, des
« *Contrats d'utilité générale passés au profit d'une collec-*
« *tivité* ». Nous citerons les traités internationaux pour les
postes, les télégraphes, les téléphones, les chemins de fer,
les canaux ; les traités de commerce (envisagés sous un
certain rapport) et aussi ce contrat spécial qui a fait couler tant d'encre depuis un siècle et menace d'en faire
couler davantage : le Concordat.

Mais ceci dépasse les bornes que nous nous sommes
assignées.

Et maintenant, qu'il nous soit permis de terminer par quelques mots de philosophie.

Nous avons soutenu du mieux que nous avons pu une thèse que nous croyons juste, certes, mais non exclusive et il nous semble que le moment est venu d'avouer, qu'en cette matière comme en toute autre, une large place reste ouverte à la libre discussion.

Pour notre part, nous avons l'intime conviction qu'aucune vérité rigide et formelle n'est absolue.

De même que le marbre ne se prête guère au modelage, de même, les formes juridiques tracées d'avance d'après un type immuable, ne sauraient toujours donner la mesure exacte de nos pensées.

On ne peut dire, estimons-nous, qu'il y a un certain nombre déterminé de moules dans lesquels viennent se fondre et prendre corps toutes les réalités juridiques.

Cela peut résulter de l'effort d'un cerveau, mais non de la marche normale des faits et des événements.

La seule vérité absolue est celle qui épouse chaque cas distinct en tous ses contours comme un vêtement dont la mesure varie avec chaque individu.

L'expression des idées défendues dans ce travail ne forme donc, en quelque sorte, qu'un canevas sur lequel des points de repère ont été tracés ; nous laissons à chacun le soin d'en remplir à sa guise les intervalles.

Vu : Le Doyen,   Vu : Le Président de la Thèse,

GLASSON.   SALEILLES.

Vu et permis d'imprimer :

Le Vice-Recteur de l'Académie de Paris,

L. LIARD.

TABLE DES MATIÈRES

Chapitre IV

Chapitre V

DEUXIÈME PARTIE

LES CONTRATS MUNICIPAUX

Chapitre I

A. ROUSSEAU, IMPRIMEUR-ÉDITEUR. — PARIS.

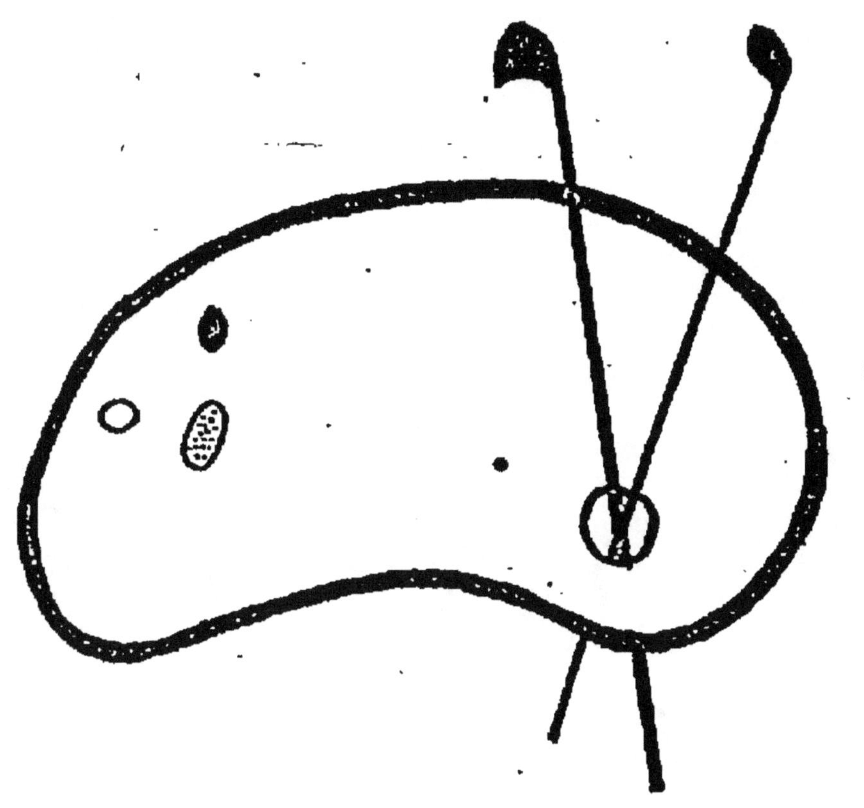